古代美術史研究

五 編

第6冊

碰撞與匯通——西畫東漸背景下的
明清油畫材料技法與畫理畫論研究

陳 畏 著

花木蘭文化事業有限公司

國家圖書館出版品預行編目資料

碰撞與匯通——西畫東漸背景下的明清油畫材料技法與畫
理畫論研究／陳畏 著 -- 初版 -- 新北市：花木蘭文化事業有
限公司，2023〔民 112〕
目 4+266 面；19×26 公分
（古代美術史研究　五編；第 6 冊）
ISBN 978-626-344-165-1（精裝）
1.CST：油畫　2.CST：西洋畫　3.CST：畫論　4.CST：明清史
618　　　　　　　　　　　　　　　　　　　　111021692

ISBN-978-626-344-165-1

9 786263 441651

古代美術史研究

五 編　第 六 冊　　　　　　ISBN：978-626-344-165-1

碰撞與匯通──西畫東漸背景下的
明清油畫材料技法與畫理畫論研究

作　　者　陳畏
總 編 輯　杜潔祥
副總編輯　楊嘉樂
編輯主任　許郁翎
編　　輯　張雅淋、潘玟靜　美術編輯　陳逸婷
出　　版　花木蘭文化事業有限公司
發 行 人　高小娟
聯絡地址　235 新北市中和區中安街七二號十三樓
　　　　　電話：02-2923-1455／傳真：02-2923-1452
網　　址　http://www.huamulan.tw 信箱 service@huamulans.com
印　　刷　普羅文化出版廣告事業
初　　版　2023 年 3 月
定　　價　五編 21 冊（精裝）新台幣 75,000 元

碰撞與匯通——西畫東漸背景下的
明清油畫材料技法與畫理畫論研究

陳畏　著

作者簡介

陳畏，男，1968 年生於北京。2014 年首都師範大學美術學院美術學專業研究生畢業，獲博士學位。現為首都師範大學美術學院教授，研究生導師，中國美術家協會會員，中國油畫學會會員，北京美術家協會理事。文章和作品曾發表於《文藝研究》《美術》《美術觀察》《美術研究》《中國油畫》《中國美術教育》《美苑》《美術大觀》《裝飾》《新華文摘》和《中國文化報》等多種專業核心期刊，出版有《陳畏油畫作品集》《陳畏——中國當代美術家精品集系列》《陳畏油畫肖像作品集》和《當代美術名家經典作品範本——陳畏》等專輯。

提　　要

　　明代隨著歐洲傳教士入華和商貿往來，油畫開始傳入中國，至清代中期，由於大批傳教士畫家入宮供職，以及南方口岸外銷畫的繁榮，油畫得以進一步傳播，本書即選取萬曆至乾隆這一階段，以歷史為線索，著眼於當時中國文化背景和社會環境，立足於油畫材料和技法，系統地釐清油畫由歐洲傳入中國的過程中，在材料技法和畫法畫理方面的發展脈絡，為重新審視中國早期油畫發展史提供一個新的視角。

　　油畫作為舶來品，初入中國所面對的是另一個完全不同且悠久的繪畫傳統，這勢必就造成了它在中國傳播和發展的曲折性，「顏色與用筆」的背後是兩個不同的繪畫傳統乃至東西兩種文化的碰撞。基於此，本書將油畫材料技法的研究融入西畫東漸的情境之中，探討中國繪畫形態及觀念所受的影響；同時，關注油畫在中國傳播發展的內在動因，進而將其置於西學東漸這一中西文化交流的大背景之下加以考量，視之為當時傳入中國的眾多西學之一，更多地從學理和文化層面來分析探討，以尋求其在中國美術融入世界美術過程中的意義和價值。

目次

導　言 ……………………………………………………… 1

　一、西畫東漸與油畫材料技法 ………………………… 1

　二、相關研究及參考 …………………………………… 3

　三、思路、結構及方法 ………………………………… 9

第一章　明清油畫傳入與傳播概論……………………… 13

　第一節　油畫和明清時期的西洋畫 ………………… 13

　　一、油畫辯義 ………………………………………… 13

　　二、油畫的產生及其在歐洲的發展………………… 15

　　三、明清時期的西洋畫 ……………………………… 18

　第二節　西畫東漸與油畫傳入中國 ………………… 18

　　一、西畫東漸解………………………………………… 18

　　二、油畫傳入中國的背景 …………………………… 20

　第三節　西畫東漸及油畫傳入期的時間界定……… 22

　第四節　油畫傳入的途徑及特點 …………………… 24

　　一、油畫傳入的三個途徑 …………………………… 24

　　二、三種途徑不同的特點 …………………………… 28

第二章　聖像東來──明代油畫的傳入與材料
　　　　技法考 …………………………………………… 33

　第一節　明代西洋油畫的傳入 ……………………… 33

　　一、利瑪竇之前西洋美術的傳入 ……………… 33
　　二、利瑪竇入華與西畫東傳 …………… 39
　　三、喬凡尼・尼古拉（尼閣老）及弟子 ……… 48
　第二節　明代油畫及材料技法舉隅 …………… 50
　　一、明末傳入的聖像畫 ………………… 51
　　二、明末中國早期油畫 ………………… 61
　第三節　對視──中西繪畫觀的交匯之一 ……… 78
　　一、國人對西洋繪畫的初步認識 ……… 78
　　二、西方人對中國繪畫的初步認識 ………… 83
　第四節　明代泰西畫法的影響 ……………… 85
　　一、泛論 ……………………………… 85
　　二、人物寫真 ………………………… 87
　　三、山水畫 …………………………… 89
第三章　中西變奏──清康雍乾時期油畫的傳播
　　　　與材料技法考 ……………………… 93
　第一節　康雍乾時期清宮油畫的傳播 ……… 94
　　一、清宮中的西洋「會技藝之人」 ……… 94
　　二、清宮畫院 ………………………… 102
　　三、欽天監及其在西洋繪畫傳播中的作用 … 113
　第二節　廣州口岸及外銷畫 ………………… 114
　　一、廣州口岸 ………………………… 115
　　二、乾隆時期的口岸外銷畫 …………… 119
　　三、口岸外銷油畫與宮廷油畫的區別 ……… 122
　第三節　康雍乾時期油畫材料技法考 ……… 123
　　一、畫材 ……………………………… 124
　　二、技法 ……………………………… 159
　第四節　碰撞──中西繪畫觀的交匯之二 ……… 189
　　一、國人對西洋繪畫及技法的再認識 ……… 189
　　二、對郎世寧新體畫的看法 …………… 196
　　三、西方人眼中的中國畫 ……………… 201
　　四、從審美情趣和文化心理透視中國人的
　　　　西畫觀 …………………………… 204
　　五、明清西洋繪畫由盛而衰及原因 ………… 209

第四章　泰西之法──明清時期的西洋畫法和
　　　　畫理畫論 ……………………………… 213
　第一節　西洋畫法 ……………………………… 213
　　一、明暗法 …………………………………… 214
　　二、透視法 …………………………………… 221
　第二節　西洋畫理畫論 ………………………… 230
　　一、利瑪竇論畫及《幾何原本》譯本 ……… 230
　　二、《遠鏡說》 ……………………………… 232
　　三、《畫答》 ………………………………… 236
　　四、《視學》 ………………………………… 237
結　語 …………………………………………… 241
參考文獻 ………………………………………… 245
附錄　14～18世紀中西繪畫對照及西畫東漸大事
　　　列表 ……………………………………… 255
後　記 …………………………………………… 265

導　言

一、西畫東漸與油畫材料技法

　　早在先秦時期，中西方之間的文化交流業已存在；至漢代，絲路開通，這種交流由西域而達希臘和羅馬，兩漢之際，佛教的東傳更是直接影響了中國文化，並最終成為了中國文化的一個有機組成部分；至唐，西來的大食、波斯文化一度盛行，景教初入中國；蒙元時期，疆域遼闊，橫貫歐亞，陸路和海路交通甚為發達；而至明清之際，由於地理大發現和海上航線的開通，東西方的直接接觸和真正大規模的文化交流成為可能。

　　從明末到清代，西畫東漸，歐洲繪畫經由兩個途徑傳入中國，一是作為宗教美術用品，由入華傳教士傳入；一是作為世俗美術用品，通過中西貿易的商貿渠道傳入。這些西來的歐洲繪畫，特別是在其中佔有相當大比重的油畫，由於迥異的繪畫效果和表現手法在當時中國社會引起了廣泛的關注，廣受各階層評議褒貶，流風所被，中國畫苑也為之興感。在傳播過程中，歐洲繪畫不可避免地與中國繪畫碰撞出火花，對中國繪畫產生了深刻而持久的影響，從歷史上看，這不是中西繪畫的第一次接觸和碰撞，但在特定的歷史情境和文化情境中，這一次接觸和碰撞的現實及結果，無論是在視覺方式上還是繪畫觀念上，其意義都是最為深遠的。

　　總的來說，在 16 世紀以前，東西方都依循著各自的發展軌跡前行，而不是像是今天這樣彼此日趨接近，此後，歐洲徹底走出了中世紀，而中國也開始了社會轉型，這是一個東西方文明彼此發現奇蹟、豁然開朗的時代，因而這一時期的西畫東漸就顯得別具意義。此時的中西方繪畫都還在最大限度內保有

各自的傳統，另一方面又在不斷地刺激、啟發和豐富著對方，這時彼此碰撞所激發的火花是最耀眼的，最為激蕩人心的，無疑也是最具有啟發性的。

　　歐洲繪畫特別是歐洲油畫在中國傳播的文化現象，如今越來越受到各方面研究者的關注，成為研究中國早期油畫的一個重要課題。相對於西畫東漸這一美術史宏觀層面的研究而言，材料技法問題是上述研究在微觀層面的深入和延展。文化的交流總是以物質交流為先導和基礎，而技術因素在其中的比重則體現了交流的深度和廣度，器物技能層面的變革往往能夠更加直接地反映出彼此的影響，所以研究中國油畫的發展就必然要涉及到油畫材料技法的傳播和發展。

　　1920 年徐悲鴻在北京大學畫法研究會任導師期間發表了《中國畫改良論》，文中提出了：「然藝術復須藉他種物質憑寄，西方之物質可盡術盡藝，中國之物質不能盡術盡藝，以此之故略遜。」〔註1〕充分表明了繪畫創作中材料的重要性，同時明確地將繪畫材料與繪畫技巧和藝術表現，即「物質」、「術」和「藝」三者聯繫了起來，說明此三者在繪畫藝術中不可分割的關係。從圖畫再現心理學的角度看，材料技法的重要性體現在：「藝術家只能描繪他的工具和他的手段所能描繪的東西。他的技法限制了他的選擇的自由。」〔註2〕繪畫風格支配著藝術再現，風格的客觀性受到繪畫工具的限制。在很大程度上講，油畫所特有的油性材料和由材料所帶來的相應的技法決定了油畫的畫種屬性，同時也形成了油畫的畫面風格特徵。

　　由於中國油畫史的研究是從 20 世紀 90 年代才開始起步，造成與之相關的其他領域研究的相對滯後，這一情況在油畫材料技法發展史研究方面則更為明顯。一直以來，國內現有的對油畫材料與技法的研究大多集中在對西方油畫材料技法的介紹研究，而對其在中國的傳播、發展並沒有給予足夠的關注，同時由於中國早期油畫缺少足夠的實物遺存和文獻記載，更形成了對這一問題進行全面梳理和系統研究的一大障礙，使得明清時期中國早期油畫的材料技法問題研究成為空白。

　　本書以歷史為線索，選取萬曆至乾隆這一歷史階段，立足於油畫材料和技

〔註1〕徐悲鴻：《中國畫改良論》，原載《繪學雜誌》第 1 期，轉自《藝術探索》1999
　　　年第 2 期，第 11 頁。
〔註2〕〔英〕貢布里希：《藝術與錯覺——圖像再現的心理學研究》，林夕、李本正、
　　　范景中譯，浙江攝影出版社 1987 年 11 月版，第 74 頁。

法，著眼於當時中國文化背景和社會環境，希望通過對這一時期油畫引進、傳播和發展的梳理，比較完整而系統地釐清油畫由歐洲傳入中國的過程中，在材料技法和畫法畫理方面的發展脈絡，能夠為重新審視中國早期油畫發展史提供一個新的視角；同時關注油畫在中國傳播、發展脈絡的內外動因，將這一材料技法的研究融入到西畫東漸的情境之中，探討中國繪畫形態及觀念所受到的影響；並進而將其置於西學東漸這一中西文化交流的大背景之下加以考量，以期賦予材料技法研究以更深層的意義。

二、相關研究及參考

油畫是一種獨具魅力的藝術表現形式，材料技法是它的載體；油畫傳入中國不僅是美術史上一個意義深遠的歷史事件，同時也是一個引人關注的文化現象，它因此也包含了更加豐富的內涵。將材料技法這一載體融入獨特文化現象之中，置於特定歷史情景之下，著重去探討其在中國傳播、發展的脈絡及對中國繪畫影響，是使這一研究深化的有效途徑。前人學者在與之相關的領域都有不同程度的探究，他們的研究成果都是極為重要並值得借鑒的。鑒於此，筆者對所有這些領域的研究給予同樣的關注，以期為本研究提供不同的角度和多層面的支持。

1. 明清繪畫史和中國早期油畫

潘天壽所著《中國繪畫史》出版於 20 世紀 30 年代，是我國繪畫專史研究的先驅性著作之一，此書附錄部分《域外繪畫流入中土考略》一文是比較早的涉及西洋繪畫在中國傳播的文章，從宏觀的角度將歷史上域外繪畫流入中國分為四個時期，並將其影響和變化做了逐一論述。其中在第三時期重點探討了「自明萬曆初年，至高宗乾隆末」西洋畫流入中國的發展演變，著重強調了這一時期歐洲來華傳教士畫家在清宮中的作用和影響。

戎克的《萬曆、乾隆期間西方美術的輸入》發表於 1959 年第 1 期《美術研究》，從美術史的角度較為全面細緻地分析了自明萬曆到清乾隆期間西方繪畫進入中國過程中的諸多主要史實，闡釋了這一過程中中國繪畫所受到的影響，對諸如西洋繪畫中透視法等畫理在中國的傳播也有較詳細的介紹，內容較《域外繪畫流入中土考略》更為充實具體，上述兩篇文章成文相對較早，囿於當時史料所限，文中所涉及的方面難免還不十分全面。

水天中發表於《美術研究》1999 年第 9 期的《油畫傳入中國及早期的發

展》和 1987 年發表於《中國油畫》的《中國早期的油畫》，分別論述了中國油畫的分期，第一階段為十七世紀至清末，第二階段為 1911 年至 1949 年，第三階段為 1949 年至 1978 年，第四階段為 1979 年至今。文章重點回顧了西方油畫傳入中國及其在中國的早期發展，提出「傳教士和商人輸入油畫，是由外而內的。對中國藝術家來說，是被動的接受。而藝術的成立，更有賴於主動引進。」〔註 3〕指出西方油畫傳入中國及其在中國的早期發展是經歷了一個由不理解到理解，由被動接受到主動研習的過程。這些都是從中國油畫發展史的角度所作出的理性分析。

胡光華的《明清西方油畫傳入中國研究》發表於 2004 年《美術》第 1 期，比較全面地探討了明清時期西方油畫傳入中國以及在中國發展的歷史進程，分析了不同時期油畫傳入的特點，「明代是西方油畫傳入中國的初期，油畫創作帶有濃厚的宗教色彩，18 世紀至 19 世紀傳入中國的油畫趨向多元發展，帶有鮮明的政治經濟特色。」〔註 4〕這無疑為以後的相關研究指出了相應的側重點。

由湖南美術出版社 2001 年出版的胡光華編著的《中國明清油畫》一書是我國第一部系統研究、考證明清油畫發展歷程的著作，深入剖析了明清時期中西經濟文化交流與西方油畫在中國的傳播、發展、影響及興衰成因，從而勾勒出中國明清油畫發展的歷史面貌。該書圖片內容豐富，為研究中國早期油畫提供了充分而詳盡的直接資料。

李超的《中國早期油畫史》出版於 2004 年 12 月，是目前國內最為系統、全面、詳悉地研究明清時期中國早期油畫的專史性學術著作。此書對 20 世紀之前的中國早期油畫的歷史進行了梳理，提出了近代西畫東漸的三個階段和與之相對應的三個重要模式：「畫法參照」、「材料引用」和「樣式移植」，分別以北方清宮油畫、南方口岸外銷油畫和上海土山灣畫館油畫為論述的主要焦點，闡述了西畫東漸過程中，油畫所形成的幾種獨特的形態以及中國西畫觀念的轉變過程，同時還闡述了中國油畫在本土化過程中的現實思考。《中國早期

〔註 3〕水天中：《油畫傳入中國及早期的發展》，《美術研究》1987 年第 1 期，第 61 頁。

〔註 4〕胡光華：《明清西方油畫傳入中國研究》，《美術》2004 年第 1 期，第 122 頁。關於中國早期油畫的相關研究文章還有聶崇正 1987 年發表於《中國油畫》的《中國早期油畫》，以故宮所藏中國早期油畫作品為例，結合清宮檔案文獻，著重介紹了清代宮廷油畫的發展狀況。

油畫史》雖以油畫史對研究對象，但立足於中西文化交流等人文研究的角度，綜合而全面地把握了大時代背景下西方油畫傳入中國時的種種相關文化現象和深層原因。

上海師範大學姚爾暢教授在《中國油畫中國畫材》2011 年第 1、2 期上發表的《中國近現代油畫材料技法述略》可以說是目前可見的較為全面的研究油畫材料與技法在中國發展歷程的文章。姚文按歷史順序比較系統地介紹了西方油畫材料與技法在中國的早期傳播，從模仿到嬗變的過程，以及建國以後俄羅斯學派的影響和新時期的發展，特別關注了油畫材料的引進、發展和應用，涉及內容全面，史料翔實，但限於篇幅，僅為略述，多作歷史梳理。

2. 中西交通與中西美術交流

歐洲油畫傳入中國這一西畫東漸的過程本身也是一種中西文化交流，涉及到中西交通，方豪的《中西交通史》在這方面提供了有益的參考。此書的第四篇《明清之際中西文化交流史》共分十四章，其中第九章「圖畫」分為「利瑪竇傳入之西畫及《墨苑》之翻刻」、「艾儒略、湯若望、羅如望傳入之西畫」、「明清間國人對西畫之讚賞與反感」、「康熙時宮中之西洋畫及作畫教士」、「西洋畫流傳之廣與教內外之傳習」、「郎世寧之中國畫與乾嘉間之西畫」、「艾啟蒙、王致誠、潘廷章諸人之成就」、「西士集體合作《乾隆戰功圖》之經過」、「清嘉慶前中國版畫所受西方的影響」九節，重點論述了自明末利瑪竇傳入西畫開始一直到清嘉慶時期西洋畫在中國的傳播、當時國人的反應以及中國繪畫所受西方的影響。《中西交通史》一書所涉及內容甚廣，研究兼重中西，能夠關注到歐美學者對中國的研究，並予以充分的重視，其書中所引的歐美漢學文獻無疑都具有代表性，為後來的研究奠定了基礎；另外方豪本人曾入天主教修道院學習並晉升司鐸，對西方天主教有深入的研究，而明清之際將西洋繪畫傳入中國的正是天主教傳教士，所以對這方面的發掘有助於探討西畫東漸之源頭及文化層面的意義，對此，方豪提供了一個研究方向。

向達於 1934 年中華書局出版的《中西交通史》，對中西交通史頗有啟蒙之功。其中第七章「明清之際之天主教士與西學」論述例舉了自利瑪竇入華以來，西方傳來的水法、火器、採礦、天文、數學、物理、哲學、藝術等，以及中國學術界所受到的影響；第八章「十八世紀之中國與歐洲」則重點闡述了歐洲十八世紀在建築、裝飾、學術、文學、藝術等方面所受中國的影響。其中在第七

章專有一段落介紹明清之際的西畫東漸。關於西畫東漸這一論題，向達最有代表性和最有影響的是其在 1930 年發表於《東方雜誌》上的《明清之際中國美術所受西洋之影響》一文，此文的意義可以說是具有拓荒性質的。文章起自明神宗萬曆之初，終於清高宗乾隆之季，共二百餘年。分設「明清之際中西交通之梗概」、「明清之際之西洋傳教士與西洋美術」、「明末清初畫壇中之西洋寫真術」、「清初畫院與西洋畫」、「民間畫家與西洋美術」、「清初中國建築上所受西洋之影響」、「清初瓷器與西洋化」和「綜論」等部分，從繪畫、建築和陶瓷等方面對明清美術所受西洋之影響進行了綜合全面的論述，在繪畫方面著力尤其多，內容具體詳實。在「綜論」部分還分析了西洋美術在中國的影響於乾隆之後式微的原因，並進一步提出了探求中國畫學未來的新途徑。

　　方豪和向達兩人對西方美術傳入中國及其影響的研究可以說是具有奠基性質的，兩人的著述都立足於中西交通和文化交流的高度，將西畫東漸視為西學東漸這一文化現象的一個組成部分，側重於以文化史為參照來研究西畫東漸的問題，這就為筆者的研究提供了一個更高的視點和更廣闊的視域。

　　日本學者關衛的《西方美術東漸史》考察了西方美術東漸的歷史，時間跨度自古希臘至近代，論及範圍為中國和日本，在其最後兩章有內容間接涉及到澳門和中國內地，且由於歐洲傳教士傳教途徑和方式的相似性，所以書中很多文獻資料都具有參考價值。

　　英國藝術史家蘇立文的《東西方美術的交流》是站在東西方文化互相滲透、互相影響的高度上來研究東西方美術交流的，是這一方面史料最為完備、論述最為詳盡的著作之一。此書時間跨度從近代到當代，範圍涉及到歐洲以及東方的中國和日本。第二章《中國和歐洲的美術：1600 年至 1800 年》重點探討了從明末利瑪竇入華到乾隆末年這段時間中國美術由於西方美術的傳入所帶來的一系列影響，蘇立文試圖從文化以及社會、政治、歷史等方面去尋找產生這些影響的答案。他所感興趣的是「東西方不同的藝術對東西方層次較高的藝術家所產生的影響和作用」〔註5〕，這是因為「在這些藝術家當中，東西方美術的相互影響，儘管時斷時續，還有著種種誤解，但絕不只是藝術的題材內容和表現技法問題。東西方美術的交流大大地開拓了這些藝術家和他們作品的觀眾的視野，東西方的藝術家不僅相互借鑒藝術創作的題材內容和表現手

〔註5〕〔英〕蘇立文：《東西方美術的交流》，陳瑞林譯，江蘇美術出版社 1998 年版，
　　　　第 3 頁。

法，而且對於彼此進行藝術創作的目的和理想有所瞭解。」〔註6〕這也就確立了他的研究對象和研究範圍。

王鏞主編的《中外美術交流史》是目前國內學者集體編寫的第一部探討中外美術交流的著作，內容涵蓋廣，注重圖文互證，其中專設一章論述明清時期中外美術交流。

另有龔之允《圖像與範式——早期中西繪畫交流史（1514～1885）》一書，專從繪畫方面對明清時期中西繪畫交流作了詳盡的梳理和論述，史料兼涉中西，豐富翔實，書中針對具體繪畫作品有較為詳盡論述。

上述著述從中西交流的宏觀角度來審視問題，但大都未涉及油畫材料技法等方面的具體問題，難以提供此方面的充足資料。

3. 畫院繪畫和口岸繪畫等專門研究

進入清代後，西方油畫在中國的傳播主要集中在兩個地域，以院畫為代表的北方宮廷和以商貿外銷油畫為代表的廣州口岸。前者由於大批歐洲傳教士畫家進入清宮成為了御用院畫家，使得西洋油畫得以在宮中廣泛傳播，進而在視覺方式和繪畫觀念上也影響了同時期的中國畫家；後者隨著海禁的解除、口岸通商及18世紀中西商貿活動的日益繁榮，大量用於外銷的油畫被中國畫師們繪製，這也在很大程度上促進了油畫在民間範圍內的傳播，可以說，北方宮廷和廣州口岸是清代西畫傳播的兩個最主要的途徑。

在清宮院畫領域有很多可供參考借鑒的研究成果。楊伯達的《清代院畫》一書1993年由紫禁城出版社出版，書中收錄了十一篇關於清代宮廷畫院、畫院畫家及作品研究的文章，其中既有《郎世寧在清內廷的創作活動及藝術成就》這樣的關於宮中西洋傳教士畫家的繪畫創作的研究，也有《〈乾隆射箭油畫掛屏〉述考》這樣針對具體油畫作品的研究，而且尤為重要的是作者是將郎世寧、王致誠等西洋傳教士畫家置於清宮畫院的氛圍內考察他們創作的發展變化，這樣既能反映出西洋畫家是如何使西畫的技法、畫法及西畫的視覺方式和繪畫觀念得以傳播，同時也能折射出宮廷特別是帝王趣味對畫家創作活動及創作風格手法的影響，兩者的碰撞和衝突以及調和和吸收。

聶崇正的《清宮繪畫與「西畫東漸」》一書2008年12月由紫禁城出版社出版，分上下兩編，其中下編《清宮繪畫中的「歐風」》專論西畫東漸中宮廷

〔註6〕〔英〕蘇立文：《東西方美術的交流》，陳瑞林譯，江蘇美術出版社1998年版，第3頁。

傳教士畫家的創作及其影響，詳細介紹了清宮中的西洋畫家及其在宮中的藝術活動，分析了歐洲繪畫題材、風格對清代宮廷繪畫的影響，提出了「中國和歐洲的美術交流明朝就已經初見端倪，只不過到了清朝才進入了高潮，並取得了顯著的成果。」而「清朝集中體現這種交流的是在皇室宮廷中，這是因為有若干名歐洲畫家來到中國後，在清朝皇宮內供職，成為清朝的宮廷畫家。」〔註7〕強調了清宮畫院在中西美術交流中的主導地位。

與北方宮廷院畫相對應的是廣州口岸外銷繪畫，陳瀅對此問題的一系列研究較為深入、系統，其《清代廣州的外銷畫》是國內較早的對此領域進行專門研究的文章，該文從歐洲來粵畫家的創作活動、在粵中國本土畫家的創作活動及嶺南文化獨有的特點對口岸外銷繪畫的出現、產生的影響等幾個方面，從繪畫史的角度對外銷畫的形成、發展，包括風格、技法進行了分析和考察。

胡光華的《西方繪畫東漸中國的「第二途徑」研究蠡論》對明清之際西畫東漸僅由耶穌會士獨佔鰲頭的歷史這一傳統觀點提出了質疑，文章比較全面地梳理和分析了前人的研究成果，進而提出了「西方近代繪畫東漸中國的歷史，還有另一個重要的發展階段，那就是中國清代西洋繪畫的崛起並外銷西方的歷史」〔註8〕，並稱之為「中國西畫的廣東時代」〔註9〕，和西洋繪畫在北方宮廷的傳播相呼應、抗衡，這無疑有助於拓寬西畫東漸的研究視角和方法。

江瀅河的《清代洋畫與廣州口岸》一書由中華書局於 2007 年出版，收集了新近的諸多研究成果，從不同方面對廣州的外銷繪畫及清代嶺南地區的洋畫做了綜合性的分析論述。全書分「清代洋畫及嶺南遺存」、「清代嶺南詩的洋畫觀」和「清代的廣州外銷畫」三部分。其中第三部分專論清代的廣州外銷畫，針對廣州外銷畫的起源、具體畫家和工作室、外銷畫的形式、題材及其創作特點等問題進行了深入的研究和分析，為口岸外銷繪畫研究提供了可供參考的詳實資料。

4. 傳教士與中西文化交流

西方油畫最早是由歐洲傳教士作為宗教美術用品帶入中國的，這一點已

〔註7〕 聶崇正：《清宮繪畫與「西畫東漸」》，紫禁城出版社 2008 年 12 月版，第 182 頁。

〔註8〕 胡光華：《西方繪畫東漸中國的「第二途徑」研究蠡論》，《美術觀察》1998 年第 1 期，第 73 頁。

〔註9〕 胡光華：《西方繪畫東漸中國的「第二途徑」研究蠡論》，《美術觀察》1998 年第 1 期，第 73 頁。

經是毋庸置疑的了，同時歐洲入華的傳教士也是西學東漸和中西文化交流的
踐行者，從利瑪竇到清宮之中的郎世寧、王致誠等宮廷畫家，無一不是傳教士，
他們對西畫在中國的傳播起到了重要的作用。

由臺灣光啟出版社與輔仁出版社聯合發行的《利瑪竇全集》和中華書局出
版的《利瑪竇中國劄記》記敘了利瑪竇在中國傳教的經歷，其中內容有涉及到
其所攜用於傳教的西洋美術作品和利瑪竇本人對中西藝術的一些觀感和見
解，前書還刊印了利瑪竇在華的書信，提供了大量一手材料，極具參考價值。

莫小也的《十七——十八世紀傳教士與西畫東漸》2002 年 3 月出版，是
一部全面研究傳教士和西畫東漸關係的專著，本書以十七和十八世紀為時間
節點，分兩部分剖析了不同時期傳教士在華活動及其與西畫東漸的關係，探討
了明末西方繪畫的東傳，清代西洋風繪畫的形成與傳播，比較了北方宮廷和江
南等不同地區、不同階層所受西洋繪畫的影響。以來華傳教士作為西畫傳播主
體進行研究，該書提供了一個新的視角。

與此類似，1938 年由土山灣印書館出版並於 2010 年重印的徐宗澤的《中
國天主教傳教史概論》是研究天主教東傳中國的重要著作，和方豪的《中國天
主教史人物傳》一樣，是研究中國天主教必不可少的參考書。另徐宗澤的《明
清間耶穌會士遺著提要》是研究明清間中西文化交流和耶穌會士著述及活動
的重要工具書。

三、思路、結構及方法

1. 探討的問題及思路

本書的研究對象既涉及了油畫的材料技法，同時也涉及了油畫在中國的
傳播，在此，有兩個基本問題對研究起到了導向性的作用，即：從什麼層面看
待材料技法問題和以何種視角審視油畫在中國的傳播。

材料技法對於繪畫而言屬於物質性載體，屬於「器」的範疇，但材料技法
的價值和意義卻遠不止於此，這正如指南針之於地理大發現，印刷術之於文明
的傳播，特別是在西畫東漸的歷史背景下和中西交流的文化情境中，對材料和
技法的研究更不應侷限於物質層面本身，否則就會陷入唯物質論和唯工具論
的泥潭，從而使對材料技法的研究淪為表面化。油畫對於中國人而言是舶來
品，明清之際剛剛傳入中國的時候並不為國人所詳知，甚至也沒有一個與之相
對應的確切稱謂，這和當時國人對油畫的材料屬性缺乏足夠的認識有直接的

關係；同時，油畫的種種迥異於傳統中國畫的繪畫效果大大地激發了國人的興趣，並逐漸認識到「其所用顏色與用筆與中華絕異」〔註10〕，開始從這種差異性上去瞭解這一外來繪畫。可以說，油畫進入中國，並不是像在一張白紙落墨那般開始的，它面對的是另一個完全不同且悠久的繪畫傳統，這勢必就造成了油畫在中國傳播和發展的曲折性，「顏色與用筆」的背後是兩個不同的繪畫傳統乃至東西兩種文化的碰撞。所以有必要將油畫及其材料技法在中國的傳播融入到西學東漸的特殊背景和情境之中，將其視之為眾多西學之一，更多地從學理和文化層面來分析探討，以尋求其意義和價值。

相對於風格流派、繪畫觀念、視覺方式等問題而言，材料技法對於繪畫的意義無疑處於微觀層面，它的作用和影響同樣也往往是隱性的，特別是當其隱匿於歷史當中的時候，我們更是難以全面而準確地去評判。如果我們以既往的眼光回望那段歷史，會發現：囿於文化傳統，明清時期中國傳統繪畫所受西洋畫法的影響並不十分突顯，中國畫的面貌並未有明顯的改變，尤其是正統和主流的中國畫家，他們大都延續了自身所傳承的體系，鮮見對外來繪畫形式和手法的借鑒，有些甚至對其有所牴觸。那麼，西洋畫風是否真的影響到了這一時期的中國繪畫？問題的癥結在於歷史觀。倘若以全球化的視角去審視明清時期的中國美術史，我們不難得出如下結論：明清時期的中國美術史不只是中國美術史中的一個階段性的章節，而是中國美術融入世界美術的一個重要過程，即使這是一個被歷史洪流裏挾的無意識過程；同樣，中國的早期油畫和受西方繪畫影響的中國繪畫雖然並未在當時成為中國繪畫的主流，但卻應被視為中國近代繪畫的先導。如果以這樣的視點看待明清時期的西畫東漸，我們會對西畫東漸的作用和影響有一個全新的評價，也會對作為繪畫載體的材料技法有一個更深度的發掘和帶有價值性的判斷。

正是基於對以上兩點的認識，本書選取明末至清中期西方油畫初入中國這一時間段，以歷史為線索，重點截取萬曆、康熙和乾隆等幾個時間節點，立足於技術層面，以作品為依據，從材料、畫法、畫理這幾個相關角度發掘、考察中國早期油畫之源頭，就微觀層面而言，這是一個單向度的輸入模式，在整個西畫東漸過程中表現為一種顯性的模式。另一方面，無論是油畫傳播的主體——西方畫家特別是傳教士畫家，還是油畫傳播的受眾——中國畫家和文人

〔註10〕〔清〕鄒一桂：《小山畫譜》，王其和點校纂注，山東畫報出版社 2009 年版，第 144 頁。

士大夫們，他們都是各自傳統和文化的承載者，由於處在特殊的歷史背景下，西畫東漸演化成為了碰撞和交流，而雙方文化根基越深、底蘊越厚，相互之間的作用就愈發強烈，這構成了宏觀層面的雙向交流模式，本書將此作為西畫東漸的隱性模式，它為明清之際西方油畫在中國的傳播提供一個大的社會和文化背景。

2. 本書結構

本書主要分為四部分。

第一部分概述了明清時期油畫傳入中國的歷史背景，簡述了油畫在西方產生和發展，以及其在中國的傳播途徑、階段和特點等。第二部分將視點聚焦於明末來華的歐洲傳教士及其所攜油畫聖像，追尋油畫在中國傳播的軌跡，探討其所產生的影響，並對現存的明代油畫作品進行了具體的分析。第三部分著力於清代康雍乾三朝宮廷和廣州口岸，以院畫和商貿外銷畫為研究重點，論述清康雍乾時期的油畫材料技法在中國傳播狀況以及中西繪畫間的碰撞和融通。第四部分具體分析了明清時期傳入中國的西方畫法畫理。

3. 研究方法

傳統中國繪畫史的研究注重文本，注重傳世的文獻資料，即使是視覺感受方面的內容也多依賴於前人的文本描述，這主要是因為在當時的歷史條件下，除木版印刷外，沒有其他更好的複製和傳播圖像的媒介和載體，隨著現代傳播媒介的發展普及，可視圖像的傳播更加便捷，充分利用實物和圖像資料，將文獻研究和圖像分析相結合，能夠更準確、直觀地把握繪畫作品的面貌和內涵。

明清歐洲油畫傳入中國，既體現為西畫的傳播過程，同時也包含中國繪畫回應的過程。一方面是西方繪畫在特定的文化情境中「以西順中」的適應性調整和變化；另一方面則是中國本土畫家對外來藝術的有選擇的接受和變通。在明清西畫東漸的大的背景下將中西繪畫做比較研究，瞭解各自的本質特徵、所依附的文化傳統以及相互碰撞後的變通融合，這無疑對油畫材料技法傳播的深入研究大有裨益。

另外在本書的研究過程中力圖把握好兩種關係：一是「器」與「道」的關係，「器」為材料技法，「道」為繪畫觀和審美觀，研究力求「見器見道」，本書研究的重點是西方油畫材料技法在中國的傳播，但背後各自的繪畫觀和審美觀同樣引人關注，中西藝術旨趣和美學理想始終左右著材料技法的選取和應用，在中西美術交流過程中尤其如此。

　　二是微觀和宏觀的關係，材料與技法問題可以說是美術史研究中的一個微觀問題，而西畫東漸這一中西美術方面的交流也僅僅是西學東漸和中西文化交流的一部分，但微觀總要放在宏觀的視野中審視才能體現其意義和價值，局部也同樣無法脫離整體而存在，材料與技法、西畫東漸和西學東漸，分別指涉了油畫傳入中國這一文化現象中在特定歷史境況下的相互聯繫的不同層面。

第一章　明清油畫傳入與傳播概論

第一節　油畫和明清時期的西洋畫

一、油畫辯義

　　油畫作為西方美術的一個重要組成部分，在明代後期開始傳入中國。從畫種和材料的角度來看，西方油畫在傳入初期並沒有確切的名稱，當時的國人只用「西畫」、「洋畫」和「西洋畫」這一帶有地域性的稱謂泛指所有自 16 世紀以來傳入中國的西方外來畫種，以示和中國傳統繪畫的區別，這其中既包括油畫，也包括版畫、水彩甚至工藝美術作品等，對西洋畫法也籠統稱之為「泰西法」，但由於油畫是西方繪畫中具有代表性的一種表現形式，所以往往也以「西畫」、「洋畫」和「西洋畫」等專指油畫。

　　《中國大百科全書》美術卷中對油畫定義為：用透明的植物油調和顏料，在製作過底子的布、紙、木板等材料上塑造藝術形象的繪畫。它起源並發展於歐洲，到近代成為世界性的重要畫種。

　　由以上油畫的定義可明確兩點：首先，油作為繪畫媒介的特性被突出出來，油畫的材料屬性決定了其畫種屬性；其次，油畫源於歐洲，對中國人而言是舶來品。

　　對於第二點學界存在不同的看法，因為早在兩千多年前，我國的文獻典籍中就有「油畫」一詞出現，「油畫」一詞在不同的歷史時期和背景下被賦予了不同的內涵，分別對應著不同的繪畫形態。

　　如果僅從「以油為繪畫媒介，用油彩繪」的角度來看，中國古代就已有油

畫的實例，多見於絹帛、木板、建築、漆棺和車乘彩繪等，最著名的如湖南長沙馬王堆一號漢墓出土的棺槨上的油色彩繪（圖1-1）；與此相對應的「油畫」稱謂在相關史籍文獻中也不乏記載，如《前漢書》中的「油畫軿車」、《晉書》中的「乘油畫雲母安車」以及唐《通典》中的「油畫絡帶」等〔註1〕。可以看出這種以乾性油作為媒介來繪製的「油畫」，中國自古就有，這是一種獨特的裝飾繪畫技法。

　　而作為舶來品的油畫是在明末開始傳入中國，至清代這一舶來品得到廣泛的傳播，與之相應，近現代意義上的「油畫」一詞也於此時出現。「『油畫』這兩個字，是由中國人根據以油調色作畫這一特點命名的，而不是像有的美術名詞，是從近代東鄰日本的漢字中借用來的。因為在清內務府造辦處的『各作成做活計清檔』中，『油畫』這一名詞屢見不鮮。」〔註2〕

圖1-1　湖南長沙馬王堆一號漢墓朱地彩繪棺（局部），西漢，湖南省博物館。

　　在此有必要從概念上將中國古代典籍文獻中提到的「油畫」和作為舶來品傳入中國而隨之出現的「油畫」加以區分。首先，前者更多的是指以油為特殊媒介的中國傳統裝飾工藝和繪畫技法，可以說是裝飾藝術的技術形態；而後者則是源於歐洲，受文藝復興時期思想影響，結合了當時透視學、解剖學、色彩

〔註1〕羅世平：《中國古代的油畫》，《美術研究》2005年第3期，第57頁。
〔註2〕聶崇正：《清宮繪畫與「西畫東漸」》，紫禁城出版社2008年版，第195頁。

學等學科研究成果，著重客觀、真實、嚴謹而理性地表現對象，建立在科學實證和人文精神基礎之上的一種藝術形態，此一「油畫」在明末傳入中國，和當時的「西洋畫」、「西畫」、「洋畫」等一樣都映射出明清時期西學東漸這一中西文化交流的歷史情境，也正是由於這一歷史情境以及油畫在西方繪畫中所具有的代表性，油畫也往往在特定的語境中被用來與「西洋畫」等通用，儘管「西洋畫」等涵蓋的範疇更廣泛。

　　另外應該強調的一點是：衡量一個畫種的依據，除去材料屬性之外，還有其特有的文化屬性和意識的自覺，它應該建立於自成體系，能夠自我更新、自我發展的基礎之上。作為西洋畫的油畫，自誕生以來，在材料技法、風格樣式、造型觀念和視覺方式等方面都形成了完備的體系，歷史傳承脈絡清晰，且蘊含西方人文精神和科學精神於其中。而反觀中國傳統工藝中以乾性油作為媒介的繪畫，如漆畫中的「描油」等，大多或依附於工藝美術，流於裝飾匠藝，或自生自滅，無持續的生命力和容納其他學科的包容力，更無向外輻射的影響力，並不具備應有的文化屬性和自覺意識，因而很難將其歸為一獨立的畫種。基於此，從畫種的文化屬性角度看，來源於西方的油畫更能準確地反映出油畫畫種的本質性特徵。

　　結合本文所涉及的歷史情境以及對於油畫畫種文化屬性的認識，後一種對油畫的詮釋——作為舶來品傳入中國的「油畫」，無疑是本文研究的著眼點。同樣出於上述兩方面原因，對西畫東漸時期油畫材料技法的研究，就不應只侷限於單純的物質層面和技術形態上，而應在歷史情境和文化屬性這兩個方面予以充分的關注，宏觀和全面地反映出油畫作為外來畫種，在明末至清中期——這一本土化的初期階段，在與中國傳統繪畫藝術相遇和碰撞過程中，其本質性特徵的融合和轉變。

二、油畫的產生及其在歐洲的發展

　　傳統繪畫大多以水性或油性兩種材料為調和媒介，中國繪畫是水性材料的一個代表，而歐洲的油畫則使用了油性材料。從嚴格意義上講，油畫並非一項新的發明，早在 8 世紀時，歐洲藝術家就開始使用油彩，它是借鑒了古代傳統油漆塗飾工藝，在坦培拉繪畫（tempera）和濕壁畫的基礎上，於 15 世紀到 16 世紀一百多年的時間中在歐洲逐漸發展而來的。

　　很早以前，羅馬人和埃及人就知道蛋膠材料，把它們作為顏料的黏合劑使用，而且「據確認，希臘人也很熟悉用雞蛋、牛奶、樹脂和膠作黏合劑的水彩

顏色」〔註3〕，從文獻記載的諸如各類畫家的手稿來看，中世紀到文藝復興以前的歐洲早期繪畫大多使用乳性調和媒介（即坦培拉乳液），以多次性間接畫法完成。契馬布埃（Cimabue，約1250～1300）把希臘的雞蛋坦培拉技法介紹到意大利，這直接影響到他的弟子喬托（Giotto di Bondone，1267～1336／1337）。喬托以現實主義手法使美術擺脫了拜占廷刻板的傳統，他的藝術是中世紀和文藝復興的分水嶺，他不僅繪畫技巧卓越，而且也奠定了文藝復興繪畫的現實主義基礎。欽尼尼（Cennini，約1360～1427）在他的《坦培拉技法》一書中，介紹了喬托的繪畫技法，這一技法對14世紀佛羅倫薩畫派甚至整個意大利都產生了巨大的影響，而且進一步波及到了法國南部和西班牙。

　　而在北方，佛蘭德斯〔註4〕一直是歐洲西北部重要的水路交通中心，商業繁榮，毛紡織手工業十分發達。11世紀時，佛蘭德斯發展成歐洲最富有的地區，開始了它的黃金時代，物質富足的同時帶來了文化的興盛，文藝復興在這裡也同樣取得了輝煌的成就。佛蘭德斯的繪畫大多是以祈禱書等手抄本插圖為基礎發展而來，為了在木板繪畫上獲得如手抄本那般明亮鮮豔的色彩效果，同時為了應對由時代和風格的變遷而引起的諸多問題，佛蘭德斯的畫家經逐步的探索在坦培拉的基礎上發明了油畫。應該說，坦培拉技法卓有成效地滿足了14世紀歐洲架上繪畫在技術和風格上提出的要求，但其易乾和注重線條的特性已經不能適應各種新的需求，隨著新觀念的出現，人們開始嘗試擴大藝術形式的表現範圍，希望在宗教主題之外能夠傳達更加豐富的內容。15世紀佛蘭德斯畫家們開始尋求那種具有流動性、溶合性且能經受時間檢驗的材料，他們選擇了沿用了兩個多世紀的、多用於實用性裝飾的油類和樹脂。從具體材料的角度而言，佛蘭德斯畫家嘗試在繪畫中用油為調混媒介取代坦培拉繪畫中的蛋黃和水的乳液調混媒介，這樣可以有效地解決坦培拉繪畫乾燥速度過快的問題，便於畫面的細緻刻畫；同時對於坦培拉繪畫不同色調之間難以融合以及不同明暗層次之間難以平緩過渡等由材料特性產生的技術難題都能夠完美解決。這使得油畫可以產生豐富柔和的色調和層次，極大地擴展了繪畫的表現力。

　　至15世紀上半葉，胡伯特‧凡‧愛克（Hubert van Eyck，1370～1426）

〔註3〕　〔美〕拉爾夫‧邁耶：《美術術語與技法詞典》，邵宏、羅永進、樊林等譯，江蘇教育出版社2005年版，第402頁。

〔註4〕　西歐的一個歷史地名，泛指古代尼德蘭南部地區，位於西歐低地西南部、北海沿岸，包括今比利時的東佛蘭德省和西佛蘭德省、法國的加來海峽省和北方省、荷蘭的澤蘭省。

和楊・凡・愛克（Jan van Eyck，約 1390～1441）兄弟採用了在坦培拉底層色上敷加油色罩色的方法，使油畫技法得以進一步完善，正是因為凡・愛克兄弟對油畫的發展作出了突出的貢獻，因此，後世將其稱為油畫的發明者（圖 1-2）。但從油畫的發展歷程來看，應該說油畫藝術並非一項新的發明，也並非個人的創造，而且嚴格意義上講，凡・愛克兄弟的繪畫技法只能稱為坦培拉——油畫混合技法。「這一技法是由瓊斯丟斯・凡・根特（Justut Van Gent）和美西納（1430～1479）介紹到意大利的。」〔註5〕此後的一百多年時間裏，油畫在歐洲逐步發展起來，傳到意大利的坦培拉——油畫技法後來經由威尼斯畫家的改進，到提香（Tiziano Vecellio，1488／90～1576）和丁托列托（Jacopo Tintoretto，1518～1594）的時代，他們所有的作品都已經使用油畫材料了，雖然在這些作品中，坦培拉的影響還明顯地存在。委拉斯開茲（Diego Velasquez，1599～1660）被普遍認為是在畫布上僅用油畫材料作畫的第一位歐洲繪畫大師，到此油畫發明史才可以說告一段落。

圖 1-2　楊・凡・愛克，《阿爾諾芬尼夫婦像》，1434 年，木板油畫，
　　　81.2×59.6 釐米，倫敦英國家畫廊。

〔註5〕〔德〕馬克斯・多奈爾：《歐洲繪畫大師技法和材料》，楊鴻晏、楊紅太譯，重慶出版社 1993 年版，第 336 頁。

三、明清時期的西洋畫

西洋畫簡稱西畫，也曾稱洋畫〔註6〕，指西洋的各種繪畫，因工具、材料的不同，可分為鉛筆畫、油畫、木炭畫、水彩畫、水粉畫等。西洋是古代中國人以中國為中心的一個地理概念，據說最早見於五代，元代《島夷志略》有東西洋之名，明代開始通行。西洋一詞在不同時期指涉的範圍不盡相同，明代以婆羅為界，以西為西洋，即現文萊以西的東南亞和印度洋沿岸地區，「鄭和下西洋」即指此地區；另外西洋也泛指歐洲，明代以大西洋指稱歐洲，以小西洋稱印度或臥亞，西洋畫中的西洋即取此義。自明清之際，歐洲繪畫傳入中國，國人遂將這些源自西方，越洋而來的繪畫稱為西洋畫，至清代，更出現中國畫一詞，常常和西洋畫並稱，用以顯示兩者的不同。一般意義上講，西洋畫概念的範疇涵蓋了各種西洋繪畫，它不僅包括發源於西方的油畫，同時也包括來自西方的水彩畫、版畫和圖書中的插圖等，而狹義的西洋畫則更多地是專指油畫。但關於這一時期的西洋畫也有不同的解釋，如美國學者高居瀚在其《氣勢撼人——十七世紀中國繪畫中的自然與風格》一書中則稱：「所謂西洋畫，指的是有插圖書籍中的那些圖畫與銅版畫，這些圖畫書籍被耶穌會傳教士帶進中國，並用以示之當時的中國人。」〔註7〕不過在此書中高居瀚也並未嚴格按照自己的西洋畫概念行文，有時也將油畫納入西洋畫之中。

在我國，作為畫種意義上的油畫一詞最早出現於清代。在此之前，油畫都被稱為洋畫或西洋畫，油畫一詞出現後相當長一段時間內，油畫和西洋畫兩種稱呼常常混用，所指涉的含義時有含混，這種混用的情況甚至一直延續到民國時期。應該說，西洋畫一詞是特定歷史時期的產物。

第二節　西畫東漸與油畫傳入中國

一、西畫東漸解

西畫東漸之說源於西學東漸。「西學」泛指近代傳播到中國的西方宗教、科技、哲學等學術思想，「東漸」見於中國古代典籍，如《尚書·禹貢》中有「東漸於海」，「東漸」用於文化和學術傳播的提法，最初為日本學者所創，清

〔註6〕《現代漢語詞典》，商務印書館 2002 年版。
〔註7〕〔美〕高居瀚：《氣勢撼人——十七世紀中國繪畫中的自然與風格》，生活·讀書·新知三聯書店 2009 年版，第 6 頁。

末民初，引入國內。「西學東漸」通常是指在明末清初以及晚清民初兩個時期，近代西方學術文化向中國傳播的歷史過程，1915 年由上海商務印書館出版的容閎自傳被翻譯為《西學東漸記》一書後，「西學東漸」的提法得到廣泛傳播。

西畫東漸是對西學東漸的借用。一般意義上的西畫東漸是指近代西方繪畫技法及其理論向中國傳播的過程，也是西方繪畫在東方逐漸本土化的過程。西畫東漸是西學東漸的一個組成部分，西畫作為西學的內容之一，也自明清之際開始進入中國，「利瑪竇繼來中國，而後中國之天主教始植其基，西洋學術因之傳入；西洋美術之入中土，蓋亦自利瑪竇始也。」〔註8〕對於西學東漸的分期，學界已有共識，即明清之際和清末民初兩個階段，與此相同，依歷史順序和相關特徵，我們可以將西畫東漸也分為兩個階段：明清時期的西畫東漸和二十世紀的西畫東漸。這兩個階段前後相續，但又有明顯的不同，明清時期西畫東漸的傳播主體是西方來華人員，繪畫更多地是作為宗教用品或世俗商貿美術品被傳入中國，而二十世紀的西畫東漸的主體是中國留學生，繪畫成為了文化移植的重要手段；前者是傳入，後者是引進。

「『西畫東漸』一詞，為本世紀中國美術界和學術界引用。比如 1936 年由商務印書館出版發行日本學者關衛於 1933 年所著，經由熊得山翻譯的《西方美術東漸史》，書名基本體現了這一節略詞約定俗成的引用習慣。『西畫東漸』體現了西方繪畫在東方逐漸本土化過程的一種文化現象。」〔註9〕國內從 20 世紀 80 年代起，西畫東漸一詞開始頻繁出現於各類相關研究之中，如朱伯雄的《西畫東漸二三事》、莫小也的《近年來傳教士與西畫東漸研究評述》、陳繼春的《澳門與西畫東漸》等。

油畫作為西方繪畫的主要形式，就是在西畫東漸的過程中傳入中國的，是西畫東漸的一個主要組成部分。誕生不久的歐洲油畫在中國明清時期，通過傳教士、外商和外籍移民以宗教傳教、商業貿易等方式在華傳播，這些歐洲油畫作品，無論是由傳教士帶入中國的宗教藝術作品，還是通過商貿活動傳入中國的世俗美術作品，大多都是經歷了歐洲文藝復興人文精神洗禮的近代藝術。

油畫的傳入過程開始於繪畫作品和繪畫技術的引進，進而逐漸引發出中西繪畫觀念和審美趣味的碰撞，促使我們對外來文化和民族文化心理進行深層的探究，從而使得這一過程從單純的技術引進真正能夠融入到中西文化交

〔註8〕向達：《唐代長安與西域文明》，重慶出版社 2009 年版，第 396 頁。
〔註9〕李超：《中國早期油畫史》，上海書畫出版社 2004 年版，第 14 頁。

流的層面，歸根結底，這是在東西方文化的相互發現、相互撞擊、相互理解、相互豐富的過程中產生的一種獨特的文化現象。

二、油畫傳入中國的背景

1. 外部背景

出於對東方的嚮往和對財富的渴求，以及基督教世界始終沒有放棄的同化東方異教徒的願望，歐洲人率先完成了海上航線的開通和地理大發現。地理隔閡的打破，客觀上進一步加強了東西方經濟、文化的交流。

7 世紀伊斯蘭世界的崛起使得中亞廣大地區成為相對基督教而言異教的勢力範圍，建立於 13 世紀的奧斯曼帝國更向西發展，並最終於 1453 年攻陷君士坦丁堡，滅拜占廷，成為地跨歐亞非的帝國，控制了歐洲和東方之間原有的波斯灣和紅海的商貿通道，這使得歐洲人不得不尋找其他的通往東方的通道。13 到 15 世紀初歐洲的諾曼人、卡塔洛尼亞人和熱那亞人都曾嘗試太平洋東岸和西非海岸的海上冒險，但到 14、15 世紀，葡萄牙人走在了前面。在 1498 年，達·伽馬到達印度西海岸貿易城市卡里庫特，東印度航線被發現，加之美洲的發現，東西方交通新的一頁，亦由此而揭開。1510 年葡萄牙人取印度西海岸臥亞（Goa）為根據地，進而印度東海岸，次年占滿剌甲（馬六甲），設印度總督掌管貿易和殖民事宜。1514 年葡萄牙商船開始出現在中國海岸，1535 年葡萄牙人正式入居澳門，1557 年葡萄牙人因助中國剿滅海盜有功，廣東總督特許其在澳門居留。隨後荷蘭、西班牙、英國、法國等國人，相繼而至。

隨著海上航行的開通和商貿往來，西方的傳教士也紛紛隨之而來。在 16 世紀之前，基督教曾在唐代和元代兩次進入中國，分別以聶斯脫利派（在中國被稱為景教）和天主教聖方濟各會為代表，而 17～18 世紀耶穌會士的大舉入華促成了基督教傳入中國的第三次高潮。耶穌會為天主教的主要修會之一，1534 年由西班牙貴族依納爵·羅耀拉（Ignatius Loyola，1491～1556）創立於巴黎，1540 年由教皇保羅三世批准，1773 年教皇克萊芒十四世頒布諭旨宣布解散，1814 年教皇庇護七世恢復。耶穌會可以說是在羅馬教廷反宗教改革的背景下誕生的，是羅馬教廷反宗教改革運動的主要武器，耶穌會自成立之日起，就開始向美洲、亞洲派遣傳教士傳教，其目的是為了彌補因宗教改革而失去的信徒並擴充自己的勢力。1542 年耶穌會士到達印度，1549 年到達日本，1552 年西班牙耶穌會士方濟各·沙勿略（Francis Xavier，1505～1552）在經歷

了印度和日本的傳教之後，來到了中國廣東沿海的上川島，希望自此進入中國
內地，卻因病溘然去世，但他為後來者開啟了道路。1562 年（嘉靖四十一年）
耶穌會士到達澳門，1583 年（萬曆十一年）羅明堅（Michael Ruggerius，1543
～1607）和利瑪竇（Matteo Ricci，1552～1610）獲准在廣東肇慶定居，並建起
了第一座教堂仙花寺，自稱「西僧」。羅明堅回歐洲後，利瑪竇則留居中國，
輾轉各地傳教，並於 1601 年（萬曆二十八年）進京覲見萬曆皇帝，呈獻了聖
像畫等物，其所採取的「入境而問俗」的傳教策略開創了中西交流的文化融合
之路。出於傳佈福音的目的，入華的西方傳教士多攜有大量相關宗教美術品，
特別是以油畫繪製的聖像畫，由此油畫聖像和其他西方美術品一起被帶入中
國。

2. 內部背景

　　晚明是中國歷史上最關鍵的社會轉型時期，中國傳統社會在這一時期發
生了被時人稱為「天崩地坼」的社會變遷，政治、經濟和社會生活等方面的變
化對思想文化也產生了巨大的衝擊。舊有體制的腐敗已無力打壓新生的事物，
在思想領域，自由和開放之風形成了一股威力巨大的潛流，以反對宋學的抽象
思維和王守仁哲學的反省傾向，抨擊專制的和過度集權的政治制度，至少在某
些社會階層中，這也是一種對傳統文化價值的破壞，相伴而來的是對經世致用
知識的嚮往和渴求。恰在此時，歐洲傳教士進入中國，他們在傳播宗教教義的
同時也帶來了西方的科學、文化。中國的知識分子和精英階層在當時相對封閉
的社會環境中對這些外來的文化思想充滿好奇和渴求，特別是對以天文、地
理、曆法和數學等為代表的西方先進科學技術有著超過以往的濃厚興趣，而文
藝復興以來的西方藝術也正是憑藉和科學的聯姻體現出其強大的生命力，這
無形當中增添了其在中國知識分子和精英階層當中的吸引力。

　　滿清入主中原，少數民族政權在其創立初期，在其所謂的正統性還未完全
確立之時，漢民族政權統治時占意識形態主導地位的傳統儒家思想並未一家
獨大，滿、蒙、藏等民族文化交融，對外來文化並無特別的排斥。對清統治者
而言，中華傳統文化（漢文化）和西方基督教文明同為外來文化，對這些外來
文化的提倡，是與有意將知識文化占為己有互為表裏的，這也使得異域的異質
文化有了傳播的土壤。另外，滿清帝王特別是康熙和乾隆對科技和文化藝術的
喜好也極大地促使了西方外來文化的進入。

　　中國藝術家自身的需要恐怕也是不容忽視的。明末開始的西畫東漸，「中

國美術家看到的不僅是一種新的美術樣式，更重要的是一種全新的觀察方法和表現方法。」〔註10〕由這種「全新的觀察方法和表現方法」所生發的西方繪畫的寫實手法引起了一部分中國畫家的積極反應，已逐漸被人所遺忘的北宋寫實畫風於此找到了新的替代者，「當外來的藝術可以滿足某種需要，並且接受這外來藝術的藝術家已充分認識到這種需要的時候，也就是藝術家有意識地朝著特定方向進行探索的時候，他們接受外來藝術的影響便最富有成果。」〔註11〕

如果將西畫東漸這一文化現象放置於中西文化交流的大背景去考量，以「全球化」的大視野來審視的話，可以看到，這一文化現象的肇始既與歐洲繼文藝復興與產業革命前後迫切希望瞭解和爭奪外部世界有關，也與明末中國社會轉型和「康乾盛世」時代的世界目光有關；而其終結，既與中西文化差異和西方殖民政策有關，也和清代中後期趨向於閉關鎖國有關。

第三節　西畫東漸及油畫傳入期的時間界定

油畫是西方繪畫的代表性畫種之一，歐洲油畫是伴隨著西畫東漸的過程傳入中國的，是西畫東漸的主要內容，可以說油畫傳入中國的過程也就是西畫東漸的過程。依歷史順序和相關特徵，西畫東漸大體被分為兩個階段：主體為西方來華人員（其中又以傳教士和商人為主）的明清時期的西畫東漸和主體為中國留學生的二十世紀的西畫東漸，前一時期為傳入和傳播，後一時期是引進和發展。本文所探討的問題涉及的是西畫東漸的第一個階段，具體體現為油畫實物的傳入和繪畫技法的傳授，作為一種文化現象，其大致發生在明末至清中期，而這也正是油畫傳入中國的二百年，所以有學者稱此階段的中國油畫為「中國早期油畫」〔註12〕。油畫到 19 世紀前期雖還有口岸外銷繪畫的商貿藝術活動一直在延續，但就其影響的範圍和意義而言，也只是一個尾聲了。

從明清時期歐洲油畫進入中國的整個過程來看，油畫是在明末初入中土，

〔註10〕〔英〕蘇立文：《東西方美術的交流》，陳瑞林譯，江蘇美術出版，1998 年版，第 313 頁。

〔註11〕〔英〕蘇立文：《東西方美術的交流》，陳瑞林譯，江蘇美術出版，1998 年版，第 314 頁。

〔註12〕梁光澤：《早期油畫的分期和發展脈絡——中國油畫史溯源之二》，《嶺南文史》2000 年第 1 期，另 http://artist.96hq.com/liangguangze_2117/news/15464.html 等。

而在清代開始了的傳播。雖然已經有證據可以表明，西洋畫在利瑪竇之前就已經傳入中國，但以目前留存下來的文獻可以比較肯定地確知最早關於西洋畫畫法的理論論述是出自利瑪竇，由此也可以明確的一點是：中國人在接觸到西洋畫的同時也接觸到了西洋畫理。「故西洋畫及西洋畫理蓋俱自利氏而始露萌芽於中土也。」〔註13〕但這畢竟只是萌芽，油畫在當時的中國內地鮮有傳習教授。「明季西洋畫傳入中國，為數甚夥，然教士而兼通繪事，以之傳授者，尚未之聞。」〔註14〕進入清代情況發生了很大的變化，大批具有油畫才藝的西洋傳教士陸續來到中國，相當一部分人進入清宮成為宮廷畫師，為皇室效力的同時還培養了許多擅長油畫技藝的中國弟子，使得油畫開始呈現本土化的趨勢，並進一步和傳統的中國繪畫相互影響交融；另有西洋傳教士主事欽天監，他們大多精於數理測繪，於潛移默化中傳播了西洋畫理，使得國人對西洋繪畫的認識也逐漸得到了深化。西洋繪畫在宮廷範圍內的繁盛於此時可謂成一時之極。

　　綜合看來，從明末到清代中期，具體而言即明萬曆至清乾隆時期，是油畫的傳入期。明清時期油畫的傳入及在中國的早期發展，具有歷史和文化的雙重含義，它融於西畫東漸的過程當中，體現出了中西文化在特定歷史時期碰撞、交流，中國早期油畫是油畫技術的引進與融合和油畫文化的引進與融合的雙重產物。

　　關於油畫傳入期的時間界定，本書主要參考了如下相關著述和觀點：

　　1. 方豪的《中西交通史》，在第四篇專論明清之際中西文化交流史，其中「圖畫」一章記敘了西畫東漸的過程——起於利瑪竇止於嘉慶前。「自利氏入華，迄於乾嘉厲行禁教之時為止，中西文化之交流蔚為巨觀。」〔註15〕向達《明清之際中國美術所受西洋之影響》，記敘了自明神宗萬曆初年以迄清高宗乾隆末葉二百年間，中國美術所受西洋之影響。向達將中國美術所受西洋之影響融於西學東漸的大背景之中，稱「自利瑪竇泛海東來，西方學術開始傳入中國。曆算格致哲理之學，先後崛起；以康熙為極盛，至乾隆而始衰。」〔註16〕

　　2. 蘇立文所著《東西方美術的交流》的第二章為「中國和歐洲的美術：1600 年至 1800 年」，作者將這一時間段視為西方美術傳入中國並對中國美術

〔註13〕向達：《唐代長安與西域文明》，重慶出版社 2009 年版，第 397 頁。
〔註14〕向達：《唐代長安與西域文明》，重慶出版社 2009 年版，第 400 頁。
〔註15〕方豪：《中西交通史》，人民出版社 2008 年版，第 487～488 頁。
〔註16〕向達：《唐代長安與西域文明》，重慶出版社 2009 年版，第 393 頁。

產生影響的重要時期。

3. 潘天壽的《域外繪畫流入中土考略》將域外繪畫流入中土分為四期，明末至清中期為其第三時期。「總之，西洋畫，自明萬曆初年，至高宗乾隆末，凡兩百年，其勢力殊強盛；……自乾隆末年，開始嚴厲之禁教後，西洋繪畫，在中土之勢力與影響，均驟然中斷。」〔註17〕

4. 戎克的《萬曆、乾隆期間西方美術的輸入》同樣記敘了從明萬曆至清乾隆時期，西畫東漸的這一重要階段西方美術的輸入及其影響。

5. 聶崇正在其《清宮繪畫與「西畫東漸」》一書中認為：從美術史的角度來看，17、18世紀正是中國和歐洲美術頻繁交流的高峰時期。

6. 以更廣的文化和政治的視角來看，乾隆朝可以作為清代由盛轉衰的分水嶺，清前後期的文化格局也因此具有不同的面貌和意義。「康熙、雍正、乾隆百三十餘年，學術、技藝最為進步之時代，武功之盛亦超出前古。蓋清朝之盛，至乾隆可謂達其極點。……嘉慶以後，國運不振，藝術日以衰頹。」〔註18〕

7. 耶穌會傳教士是西畫東漸的一個重要主體，其在華活動的時間段可作為一個主要的參照。自明末利瑪竇等來華到清乾隆年間厲行禁教為止，其間約兩百年，伴隨著歐洲天主教傳教士企圖使中國歸化的努力，西方文化包括西洋繪畫藝術大規模輸入中國，這就是所謂明清之際的「西學東漸」，並由此引發中西兩大文化在歷史上的直接匯通。第一批傳教士進入中國是在16世紀末，1775年在華耶穌會接獲羅馬教廷命令正式解散，而早期耶穌會中國傳教區的最後一位神父錢德明（Jean Joseph Marie Amiot，1718～1793）於1793年在北京去世，欽天監最後一位耶穌會傳教士監正葡萄牙人索德超（Joseph Bernard d'Almeida，1728～1805）於1805年卒於北京；1814年以繪畫供奉於宮廷的法國人賀清泰（Louis de Poirot，1735～1814）去世，他是最後一位留在中國的歐洲耶穌會士。

第四節　油畫傳入的途徑及特點

一、油畫傳入的三個途徑

關於油畫是經由何種途徑傳入中國的，當前國內學術界已基本形成了共

〔註17〕潘天壽：《中國繪畫史》，團結出版社2011年版，第266～267頁。
〔註18〕陳師曾：《中國繪畫史》，中華書局2010年版，第97頁。

識，普遍認為誕生於歐洲的油畫是經由歐洲基督教士來華傳教活動、中西通商貿易和中國留學生的學習傳授三條渠道在中國立足生根的。同時三個途徑也分別對應了油畫進入中國的三個階段，從時間順序來看，傳教士在明末萬曆年間（16、17 世紀之交）已將油畫帶入中國；18 世紀中葉開始，口岸外銷畫開始在廣州等地出現；而目前可考的最早留學國外的畫家關作霖，其活動年代應是 19 世紀初，而大規模的出國留學則是在 19 世紀下半葉了。

1. 傳教士來華傳教活動

自古以來，宗教便是藝術傳播的有效手段，宗教藝術帶有鮮明的全民性，可以影響到社會的各個階層。宗教藝術的創作目的最初在於宣揚教義而並不是藝術本身，但在其傳播過程中其初衷也會因環境和對象的改變而發生變化。「畫像雖為教會儀式之要具，而宣傳之力尤宏，故明清之際來華教士攜畫頗多，並不時向歐洲求索。」〔註 19〕羅明堅、利瑪竇和羅儒望等傳教士都有攜畫入華的史料記載，這些被帶入中國的宗教繪畫中，有相當一部分是油畫，可以說，傳教士攜畫入華是油畫傳入中國的最為主要的一個途徑。

明清之際來華的歐美人，大致分為三類：外交使節、商人和傳教士。而在清中期以前，來華最早、人數最多的便是天主教傳教士。如果以年代和人數而論，這其中最有影響的傳教會無疑是耶穌會（Jesuits）。1534 年耶穌會創立於巴黎，1540 年 9 月 27 日，教皇保羅三世發布《教會的軍事管理》通論，耶穌會獲得正式認可，依納爵・羅耀拉任首任會長。耶穌會派遣大量傳教士遠赴亞洲、美洲等地傳教，這一方面是為傳佈福音，另一方面也是為了擴充自己的勢力，這種宗教傳播和當時歐洲國家的殖民擴張相伴隨，沙勿略等耶穌會六傳教士即教皇應葡萄牙國王若望三世請求派往東印度的。值得注意的一點是，耶穌會強調教育，傳教士所到之處都興辦學校，學生可以免費入學，在宗教傳播的同時，也向輸出地傳播了文化，客觀上起到了文化交流的作用，這也使得耶穌會的影響有可能更深入地滲透到輸出地區的各個社會階層當中。在亞洲，耶穌會於 1542 年到達印度，1549 年到達日本，1562 年到達澳門，1583 年到達中國內地，1615 年到達越南。從明萬曆至清乾隆中葉教皇克萊芒十四世廢禁耶穌會（1773 年），入華的耶穌會士有四、五百人，遠多於其他在華的傳道會和 18 世紀在意大利與暹羅培訓的中國神職人員。

〔註 19〕方豪：《中西交通史》，人民出版社 2008 年版，第 634 頁。

　　17、18 世紀耶穌會士大舉入華。這些耶穌會傳教士主要來自葡萄牙、法國、意大利和西班牙等拉丁文化圈國家，其中各個時期都以葡萄牙和法國傳教士的人數居多。入華傳教士基本都是出身於中上層社會，而且相當一部分出身於貴族，「據迪岱先生統計，現在至少可以復原耶穌會中國傳教區的 247 位神父與修士們的社會出身，其中有 64 位是貴族出身。」「有 134 位出身於中產階級（有產市民階級），包括公證人、大學教授、藥劑師等。在 1582～1776 年間，出身於議員界的法國入華耶穌會士就有 22 人。」〔註20〕由於他們本身都是當時的社會精英，有著良好的教育背景和豐富的學養，所以他們在中國從事傳教活動熱衷於「上層路線」，結交皇親貴冑、文武百官、知識精英、社會名流，注重科學、文化和藝術的傳播，可以說他們走的是一條「文化傳教」之路，正是因為如此，歐洲繪畫得以進入中國宮廷和士人的圈子，為權貴和知識階層所識，而由此帶來的影響為他者所難以企及。

　　從明末到清中期這二百年左右的時間裏，傳教士入華出現了兩次高潮，這兩次高潮也分別對應著油畫在中國傳播的高潮。一次是萬曆末，以利瑪竇向萬曆皇帝進獻西洋油畫天主像開始，打開了西方傳教士進入中國上層精英階層、特別宮廷之門；一次是清康乾盛世，以郎世寧為代表的大批西洋傳教士畫家進入宮廷，服務於皇室，走出了一條致力於中西融合的繪畫之路。

　　2. 中西通商貿易

　　不同地域間的商貿往來和經濟活動往往是促進文化交流的重要途徑，中國和西方的交通往來已有兩千多年，期間印度、波斯以及古希臘、古羅馬文明大多或直接或間接地影響了中華文明。

　　自秦漢以來，南方沿海地區便開通了經由南海航道與東南亞、西亞，乃至東非沿岸的水路交通。廣州、寧波、杭州、溫州、泉州等地都曾先後設有市舶司，負責海外貿易。其中廣州作為口岸的歷史最久，漢武帝平定南方後，在廣東設珠崖、儋耳諸郡，瀕臨南海，徐聞合浦成為中國通南海各國的發舶之所，並遣使出訪。六朝時廣州同其他國家交通大盛，至唐代由於阿拉伯興起，南海貿易極盛，當時廣州稱廣府，南海諸國及波斯商船都停靠於此，外國人居留廣州的多達十幾萬人。至 15、16 世紀，隨著地理大發現和中西海上航道開通，加之奧斯曼帝國崛起後阻隔了東西方之間陸路的直接交通，海上航線特別是

〔註20〕　〔法〕謝和耐、戴密微等：《明清間耶穌會士入華與中西匯通》，耿昇譯，東方
　　　　　出版社 2011 年版，第 17～18 頁。

中國傳統的南海通道和廣州口岸的作用日益突顯出來，中西海上貿易因此也日漸頻繁。

在明末西方傳教士入華之前，就已經有歐洲的船舶和僑商到達了我國沿海地區，一些西方藝術品也隨之流入。這些早期流入中國的西洋美術品在一些文獻上雖有零星記載，但畢竟只是少許個例，真正大規模的藝術品商貿活動是在清代南方的通商口岸才出現的。自乾隆二十二年（1757年）江、閩、浙海關關閉後，廣州口岸作為中西方之間唯一的、最直接的交通橋頭堡，成為在商貿活動中最先接觸西方油畫的地方。

隨著商貿往來的逐漸頻繁，來自西方的新奇之物，包括相當數量的天主教美術品由廣州口岸進入內地，廣州口岸成為了一個名副其實的門戶。北方宮廷是西方傳教士主要活動的地區，而廣州等沿海口岸是傳教士進入中國內地並進一步北上的必經之地，傳教士想進入內地並進一步進入宮廷，效力皇室，都要經廣東巡撫等地方官吏向朝廷奏報，獲批後方可北上，在等候批覆的過程中，傳教士們或居廣州，或居澳門，他們所攜帶的宗教用品包括宗教繪畫等無疑會有機會見諸於公眾。

廣州的口岸繪畫也因中外港口貿易興起，隨著來華的外國人增多，對藝術品的需求也開始相應地增加，貿易畫應運而生，「從18世紀中葉開始，一直到19世紀中葉，在中國當時最大的港市廣州，出現了一批繪製西畫的中國人。他們以中國社會的風物為題材，繪製了大批的油畫、水粉畫和水彩畫。這些畫作為商品，銷售給來廣州的外國人，然後經商船流向歐洲。這一類的畫因此得名為『外銷畫』。」〔註21〕早期口岸畫家的作品大多是臨仿之作，藍本基本都是來自歐洲的銅版畫，隨著對油畫技法掌握的逐漸嫻熟，後期有獨立創作的油畫作品出現。這些作為貿易品的外銷畫形成了一種區別於宮廷院畫風格、別具特色且豐富多彩的藝術形式。

3. 留學生

從19世紀後期開始，特別是鴉片戰爭後，面對西方先進的科學技術，中國傳統文化由於長期處於封閉的環境和自足的心態之中，已顯出頹勢，在列強的堅船利炮之下甚至不堪一擊；近鄰日本通過學習西方變法維新的成功也深深地刺激了國人，引進西學、革新自強的呼聲日盛，在此背景之下出現了留學大潮。

〔註21〕陳瀅：《清代廣州的外銷畫》，《美術觀察》1992年第3期，第34頁。

隨著現代美術教育的開展和留學生赴海外學習，西畫傳播的主體和格局發生了根本的變化，西畫在中國的傳播方式從此由被動的輸入轉變為主動的引進，在關注繪畫材料技法等物質技術層面問題的同時，藝術觀念和文化思想層面的傳播也進一步展開，自此油畫開始走上了本土化的道路。

近代中國真正成規模的跨洋留學以 1872 年清政府派遣 120 名幼童赴美留學為始，經歷了 1896 年派遣赴日留學生、庚款赴美留學和留法勤工儉學運動幾個階段。據目前所掌握的資料，最早赴國外學習油畫的是 1887 年先赴美國後赴英國的李鐵夫，李鐵夫曾師從著名畫家蔡斯和薩金特，是第一個受過西方正規學院教育的中國留學生；周湘於 1898 年和 1900 年先後遊歷日本和歐洲，接觸了西洋油畫；1905 年李叔同成為赴日本留學專攻西洋油畫、學成歸國並致力於本土美術教育的第一人〔註22〕。

隨著海外留學生的學成歸來，他們在油畫實踐和油畫教育方面都發揮了巨大的作用，產生了深遠的影響。油畫在中國傳播的主體的轉變，進一步帶來了中西繪畫觀念的融合，最終促成了中國油畫近現代的轉型。不同於明清時期油畫的「傳入」，這一階段油畫的傳播，因特點和方式的差異，更應稱為油畫的「引進」期，它是油畫本土化的開始，也標示出油畫在中國的發展從此走上了自覺。

二、三種途徑不同的特點

西方油畫最早是在明末由傳教士傳入中國，在油畫傳播的不同時期，分別體現出不同的特點和面貌。總的來說，「明代是西方油畫傳入中國初期，油畫創作帶有濃厚的宗教色彩；18 世紀至 19 世紀傳入中國的油畫趨向多元發展，帶有鮮明的政治經濟特色。」〔註23〕

歐洲耶穌會士入華，目的是福音化中國，但他們也清醒地意識到，中國歷史悠久，文化根基深厚，基督教文化在中國不可能完全取代中國的民族文化，更不可能像在其他地方那樣徹底消滅本土文化，因此從利瑪竇開始採取了「中國文化適應政策」，在中國取得了初步的成功。傳教士在傳教過程中熱衷於把歐洲的科學技術和文化藝術介紹到中國，這些在一定程度上也是文化交流的

〔註22〕19 世紀初活躍於廣州的油畫家關作霖曾出洋學習油畫，歷歐美各國並回國從藝，但其是否可稱為留學生尚有異議。
〔註23〕胡光華：《明清西方油畫傳入中國研究》，《美術》2004 年第 1 期，第 122 頁。

媒介，他們對中國的文化傳播和滲透更多地是從中國的精英階層開始，通過炫耀西方科技文化的先進性，而鼓吹西方宗教的先進性，通過贏得精英階層的好感，進而在社會大眾中間扎根，可以說從一開始傳教士走的就是一條上層路線，這從利瑪竇向萬曆皇帝進獻油畫聖像，在肇慶、南昌和南北二京結交名流權貴，向他們展示或饋贈宗教美術作品等一系列活動中可以明顯感受得到。

　　到 17、18 世紀，由於康、乾兩朝帝王的志趣所致，加之禁教、延攬「有才藝之士」入宮效力等原因，傳教士們暫時淡化了他們的傳教活動，主要服務於宮廷，體現在繪畫上最為明顯的實例即以郎世寧、王致誠等為代表清宮傳教士畫家和他們創作的融中西風格於一體的清代宮廷院畫。郎世寧、王致誠等人雖身為傳教士，但其絕大部分作品已經完全褪去了宗教色彩，成為服務於皇權的世俗之作。另一方面，由於他們宮廷畫師的特殊地位，也使得西畫能夠產生更廣泛的影響，使得中西繪畫能夠在更高的層面上產生碰撞、交流乃至融合，這一意義則更為深遠。

　　而口岸外銷畫則與商貿目的密切相關，其作者主體為社會底層的畫家和畫匠們。這些畫家或畫匠中極個別人留洋歐美學習油畫技藝，如關作霖等，其他大多數直接跟隨來華的西方畫家學習或在外銷畫室中充當學徒、助手學習技藝。他們用一種完全不同於自己傳統的西方繪畫風格為西方買主作畫，有類似作坊一類的畫室，商業氣息濃厚，市場流行品位和題材成為繪畫作品的主導因素，應該說，外銷畫的繪製是以市場為導向的商品生產。外銷畫的特點是用西洋畫技法臨摹西洋作品或表現中國題材，「雖然外銷畫家中不乏技藝超群之人，但整體而言，程式化、機械化的臨摹構成畫匠『家法』，這種依樣畫葫蘆式的形象記錄方式最終被攝影術代替。因此，外銷畫並沒有形成藝術史上有獨立生命力的畫派，其歷史價值遠遠超過其藝術價值。」〔註24〕

　　對比清代北方宮廷中傳教士畫家的繪畫和南方口岸外銷繪畫，我們不難發現，宮廷中傳教士畫家身處宮廷畫師之位，其繪畫多為適應帝王審美需求和裝飾目的更注重材料和技法的變通；而南方口岸繪畫的主體則為身處社會底層的畫家和畫匠，他們在運用油畫材料和技法方面，更多以直接引用和模仿為主。口岸外銷畫從風格和樣式上看，大多為臨仿之作，在藝術創造性上並無突出之處；而宮廷傳教士畫家，以郎世寧為代表，以西方造型手法及畫理畫法為本，參用中國繪畫材料技法和審美情趣，注重中西繪畫的融合，其畫獨樹一幟，

〔註24〕江瀅河：《清代洋畫與廣州口岸》，中華書局 2007 年版，第 17 頁。

別成一體。

從正統文化的心理角度出發，最容易接納西方外來文化的，往往並不是那些對西方文化有較深刻認知的文人紳士階層，而是沿海口岸洋商和傳教士足跡所至之處的底層人士，所以世俗文化和外來文化更易通融，外銷畫畫家對迥異於中國傳統繪畫的西洋畫接受得更為徹底。

而文人畫家對待西方繪畫則持不同的態度。「西方風格的繪畫，和摻用西方寫實主義作的畫，即使達到讓人驚歎的水平，它也不適合士大夫去實踐的。在那個社會裏，文人學士即是審美情趣的最終審判者，他們的判斷就是一切。」〔註25〕在北京宮廷當中的中國宮廷畫師是這種文人學士的代表，當然他們不可能充當西方繪畫技法的直接實踐者，即使有所借鑒參用，也往往冠以「戲學海西烘染法」之名。

始於 19 世紀末盛於 20 世紀初的跨洋留學潮是促成二十世紀的西畫東漸的主要動因。渴望新學的文化青年成為這一運動的主體，他們大都接觸到了先進的西方科學、文化，接受了正規的學院教育，學成歸國後致力於教育普及，極大地促成了西方繪畫在中國的傳播。較之傳教士和口岸貿易這前兩種途徑，後者在文化屬性上發生了本質的轉變，「前者為局部性的技術參用，未納入本土的主流美術之列；而後者為大規模的文化移植，並逐漸納入本土的主流文化之列。前者在尚未納入主體文化的不自覺情境中，實行非融合觀念中的技術引進，其並未體現中國美術的現代性；而後者是在現當代西畫東漸的過程中，在逐漸納入主體文化的自覺情境下，進行融合觀念中的文化選擇，其體現了中國美術的現代轉型。」〔註26〕

縱觀近現代西畫東漸的整個過程可以看出，西方繪畫對中國繪畫的影響體現了一個從材料技法逐漸到視覺方式的漸進式轉變。如果套用中國傳統的體用之說，將材料技法視為用，而將視覺方式視為體的話，明清之際的油畫傳入所呈現的就是「中學為體，西學為用」的方式，這和 19 世紀後期洋務運動的指導思想是類似的，反映出在當時歷史時期國人接受西學和西方文化時所特有的內外有別及漸進接受的態度，所以這一時期的西方油畫的傳入所產生的影響更多的是體現在材料技法方面，而自清末民初開始，改良和革新之風日

〔註25〕〔英〕蘇立文：《明清時期中國人對西方藝術的反應》，載《東西交流論譚》，黃時鑒主編，上海文藝出版社 1998 年版，第 333～334 頁。

〔註26〕李超：《中國現代油畫史》，上海書畫出版社 2007 年版，第 9 頁。

盛，中學之體的根基飽受質疑，逐漸動搖，西畫的影響則趨向於視覺方式方面，前後兩個時期有著本質性的不同。

　　需要特別說明的是：本書所研究的時間段為 17——18 世紀，側重點在於材料技法和畫法畫理，同時考慮到上述所論及的油畫傳入不同時期性質和特點的區別，故未將「留學生的學習傳授」列入討論範疇。

第二章　聖像東來——明代油畫的傳入與材料技法考

第一節　明代西洋油畫的傳入

一、利瑪竇之前西洋美術的傳入

1. 早期文獻記載

明代以前，西洋繪畫就已傳入中國。元憲宗蒙哥大汗時期，方濟各會修士羅伯魯（William of Rubruick）奉法王路易九世之命出使蒙古，在和林曾去過當地的教堂，親眼目睹內中陳設的聖像；13 世紀後期，方濟各會修士意大利人孟高未諾（John of Montecorvino）開教北京，在北京建立了教堂並曾繪製六張描繪新約和舊約故事的聖畫〔註1〕。考慮到 15 世紀前半期油畫才在尼德蘭地區出現，所以從時間上看，上述聖像和聖畫都不是油畫。

一般普遍認為油畫是在明末萬曆年間由歐洲傳教士傳入，但實際上油畫進入中國的時間可能還要更早些。「然明際歐洲船舶及僑商之來我國者，既遠在教士之先，西洋藝術作品容易有流入者。」〔註2〕嘉靖十四年（1535 年）葡萄牙人正式入居澳門，此後到達澳門或進入內地的西方人日益增多，伴隨有西洋美術品流入中國。這時期的西洋美術作品雖鮮有實物遺存，但依照當今發掘的史料，可以證實在利瑪竇到達中國之前西洋美術在中國傳播的事實。根據葡萄牙

〔註1〕向達：《中西交通史》，嶽麓書社 2012 年版，第 31，第 33 頁。
〔註2〕方豪：《中西交通史》，上海人民出版社 2008 版，第 632 頁。

旅行家平托（F·M·Pinto）《遠遊記》的記載，1542～1548年間葡萄牙人活動的浙江寧波雙嶼港即有西洋繪畫和雕塑；1564年耶穌會士安德列·平托（Andre Pinto）在他給印度耶穌會士們的信中描述了人們半夜三更在海灘上搭起一座教堂，擺上了聖米迦勒的一幅畫像的情景；嘉靖四十四年（1565年）安徽人葉權遊澳門時，看到了教堂中的西洋畫，並記於其《遊嶺南記》中〔註3〕；1552年，耶穌會創始人之一聖方濟各·沙勿略（St. Francisco Xavier，1506～1552）多次試圖從海上進入中國未果，最終滯留並病逝於距中國海岸三十海里的上川島上（今屬廣東省台山市），在其遺物中，就有西方的宗教畫〔註4〕。從這些記載可以看出，明代在利瑪竇來到中國之前三十年就已經有不少西洋繪畫作品傳入中國內地和香港、澳門等地，而這時距油畫在歐洲被發明並逐漸成為當時重要的藝術表現形式不過百年的時間，據此可以推斷，這些傳入的西洋繪畫作品中應該不乏油畫作品。上述記載不會是孤例，隨著研究的進一步深入和此類相關文獻資料的陸續發現，相信還會有更多早期油畫傳入的佐證。

明末傳入中國的油畫大多以歐洲傳教士帶來的基督教聖像畫為主，這些聖像畫多是用於宗教目的，《基督像》《聖母像》《聖母子像》等宗教聖像畫往往還被傳教士作為傳佈福音的敲門磚進獻給東方國家的統治者。傳教士所攜聖像畫或來自歐洲，或在印度臥亞繪製，幾經輾轉後才進入中國，「又在基督教的傳道上，是必需圖畫的，所以這種圖畫，自必從歐洲攜來，同時，也必在臥亞描繪過。」〔註5〕隨著傳教士們逐漸在澳門和南方沿海地區站穩腳跟，西洋美術作品開始在中國傳播，西洋美術教育也初現端倪，有中國人開始繪製油畫。但由於各種原因，這些油畫作品，保存至今的實物不多，而能夠確定具體作者和創作年代的更為數寥寥。

2. 羅明堅及其貢獻

雖沙勿略至死也未能進入中國內地，但羅明堅最終實現了他的志願。羅明堅（Michel Ruggieri，1543～1607），字復初，生於那不勒斯王國斯皮納佐拉，法學博士，曾在朝中任顯職，1572年入耶穌會，1578年赴印度，後赴中國，並成功地打開了中國傳教的大門，1588年受范禮安委派回羅馬，負責籌備教

〔註3〕 上述具體內容參見湯開建《澳門——西洋美術在中國傳播的第一站》,《美術研究》2002年第4期，第40～41頁。
〔註4〕 陳繼春：《澳門與西畫東漸》,《嶺南文史》1997年第1期，第43頁。
〔註5〕 〔日〕關衛：《西方美術東漸史》，熊得山譯，上海世紀出版集團2007版，第225頁。

皇向中國皇帝遣使事宜，最終未能返回遠東，1607 年卒於意大利。

萬曆七年（1579 年）羅明堅奉命來華傳教，他先赴澳門，隨後由廣州進入了中國內地，並在肇慶建立了第一座教堂，為了傳播天主教的需要，羅明堅將聖像畫等西方宗教美術作品帶入了中國。

羅明堅到達澳門後，為傳教開始學習中文，「羅明堅神甫之第一位授業師為一中國畫師，利用其毛筆教授中國文字形義」〔註6〕，這恐怕也是天授之意吧。隨後羅明堅嘗試進入中國內地傳教，對於羅明堅帶入美術作品一事，在相關文章和美術史著作中有很多大致相近的記敘。

> 羅明堅進入廣州時，便把西洋美術帶入中國。他想在肇慶修建教堂。卻引起一位官員的懷疑，總督在檢查他們所攜帶的物品時，發現他們帶有幾張筆致精細五光燦爛的手繪聖像。〔註7〕

> 史料記載，最初傳入中土的歐洲油畫，是在明萬曆七年（1579 年），意大利傳教士羅明堅不遠萬里來到中國，隨身攜帶幾件「筆致精細，五花燦爛」之聖像。〔註8〕

> 1579 年（明萬曆七年）意大利耶穌會士羅明堅奉命來華，初在廣東肇慶設立教堂，當地總督曾檢查其所攜帶物品，「發現有一些筆致精細的彩繪聖像畫」。〔註9〕

> 1579 年（明萬曆七年），意大利傳教士羅明堅奉命來華，經澳門轉入肇慶，當地總督在檢查其所攜帶物品時，「發現有一些筆致精細的彩繪聖像畫。」中國人，特別是中國天主教教徒，當時只是從感官上接觸到西洋油畫的表現方式，他們對於技巧、立意方面的理解是缺乏的。〔註10〕

〔註6〕〔法〕費賴之：《在華耶穌會士列傳及書目》，馮承均譯，中華書局 1995 年版，第 23 頁。

〔註7〕戎克：《萬曆、乾隆期間西方美術的輸入》，《美術研究》1959 年第 1 期，第 48 頁，文中注釋：「見天主教十六世紀在華傳教志」。

〔註8〕劉淳：《中國油畫史》，中國青年出版社 2005 年版，第 7 頁，未注明引處。

〔註9〕李超：《中國早期油畫史》，上海書畫出版社 2004 年版，第 79 頁。文中注釋「引自羅明堅於 1584 年 1 月 25 日的一封書簡。見〔法〕謝和耐《中國和基督教》，耿升譯，第 127 頁，上海古籍出版社 1991 年 3 月出版。」但經查閱，謝和耐《中國和基督教》書並無此引文。

〔註10〕陳繼春：《澳門與西畫東漸》，《嶺南文史》1997 年第 1 期，第 43 頁，此文注釋引自向達《明清之際中國美術所受西洋之影響》，但查閱無此出處，疑誤。

　　現有確鑿的文獻記載表明，油畫傳入中國在明萬曆年間。率先把油畫帶進中國的意大利耶穌會傳教士羅明堅，他於 1579 年（明萬曆七年）奉命來華到廣東設立教堂，當他經澳門轉入廣東肇慶時，當地總督檢查羅明堅所攜的物品中，「發現了一些筆致精細的彩繪聖像畫」。我們知道「筆致精細」正是歐洲文藝復興時期油畫所具有的藝術表現特徵。因此，這些「彩繪聖像畫」應是最早傳入中國的西方宗教油畫。〔註 11〕

　　公元 1579 年，被後人稱為西方漢學之父的意大利傳教士羅明堅來到廣州，隨船攜帶有數幅筆致精細的彩繪聖像油畫，一般認為這是油畫傳入中國的最早記載。〔註 12〕

　可以看出，國內學者關於羅明堅攜帶「筆致精細五光燦爛的手繪聖像」入華一說，最早出現在戎克 1959 年發表於《美術研究》的《萬曆、乾隆期間西方美術的輸入》一文，後來學者多引用此文，但在《萬曆、乾隆期間西方美術的輸入》一文中注釋不甚詳細，只是標明「見天主教十六世紀在華傳教志 Aax Portes de la Chine les missionties du Xv1 Siecle. 裴化行 H.Bernard 作」，並未明確注明引文具體出處。值得注意的是在《天主教十六世紀在華傳教志》一書中有與此相似的文字，只是對象不是羅明堅，而是關於萬曆七年（1579 年）進入肇慶的方濟各會傳教士西班牙人阿爾法羅（Pierre Alfalo）等人的，茲摘錄於此：

　　　　這是一五七九年八月二日的事，及至八月二十一日，他們又到肇慶府過堂。總督檢點他們攜帶的物品時極其高興。其中被他特別注意的是一個光潔照人的黑玉，這是一塊祭臺所用的聖石，還有幾張筆致精妙五光燦爛的手繪聖像……〔註 13〕

　羅明堅是 1579 年 7 月到達澳門，到第二年才獲得了在廣州居住的權利（實際只是在廣州居留過夜的權利，關於此時間尚存異議，還有 1581 年才到廣州的說法〔註 14〕，但無論如何，羅明堅是明末第一個獲准在中國大陸岸上居

〔註 11〕胡光華：《明清西方油畫傳入中國研究》，《美術》2004 第 1 期，第 122 頁。

〔註 12〕姚爾暢：《中國近現代油畫材料技法述略》，《中國油畫中國畫材》第 1 期，第 1 頁。

〔註 13〕〔法〕裴化行：《天主教十六世紀在華傳教志》，蕭濬華譯，商務印書館，民國二十五年六月初版，第 166 頁。

〔註 14〕徐宗澤：《中國天主教傳教史概論》，上海世紀出版集團 2010 年版，第 105 頁。

住的天主教傳教士，其時不早於 1580 年），由此可以肯定，萬曆七年（1579年）將「筆致精妙五光燦爛的手繪聖像」帶入中國內地的應是西班牙傳教士阿爾法羅等人，而非羅明堅，這也是現有資料中，國人見到西方聖像畫的最早的記載。

　　但不可否認的是，羅明堅是明末在中國內地傳播西方美術的先驅。據裴化行《天主教十六世紀在華傳教志》的記載，是羅明堅幾經努力，兩次赴肇慶，才最終促成了建築教堂之事。萬曆十一年（1583 年），羅明堅獲准在肇慶建築教堂，次年初具規模，名「仙花寺」（圖 2-1）。教堂「裏面供奉著從西洋帶來的，圍繞著奇花的聖母像」〔註15〕，這裡的聖母像應該就是由羅明堅帶到肇慶的。

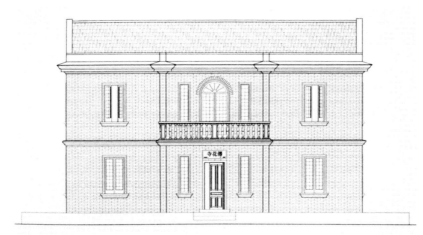

圖 2-1　肇慶仙花寺正面圖，原圖載於《利瑪竇——明末中西科學技術文化交融的使者》。

　　關於這幅聖母像細節我們從一些記載中能約略看出：「聖堂內正對大門是一座祭壇，上面點綴著各種為舉行教中儀式應用的物品，祭壇後面是一面影壁，影壁上面供著一張手抱嬰兒耶穌的聖母像，大概這張聖母像是由修士仿照羅馬聖母堂內著名的聖路嘉聖母像繪成。」〔註16〕進入聖堂的中國官吏和文人見到此聖母像多極力贊許「色調的調和與筆致的生動」〔註17〕，在此之前，國

〔註15〕〔法〕裴化行：《天主教十六世紀在華傳教志》，蕭濬華譯，商務印書館，民國二十五年六月初版，179 頁。

〔註16〕〔法〕裴化行：《天主教十六世紀在華傳教志》，蕭濬華譯，商務印書館，民國二十五年六月初版，281～282 頁。

〔註17〕〔法〕裴化行：《天主教十六世紀在華傳教志》，蕭濬華譯，商務印書館，民國二十五年六月初版，282 頁。

人還幾乎無法在公開場合接觸到西洋美術品,這無疑是開了一個先例。「一五
八三年(萬曆十一年)羅明堅得到在肇慶建立教堂的許可,開始建立一個名為
『聖母無染原罪小堂』的教堂。據記載那時便供有從西洋帶來的聖母像。大約
在澳門以外地區,第一次出現西洋畫以這一張為始。」〔註18〕當然以目前所掌
握的史料來看,這可能並非內地第一次出現的西洋畫,但其在美術史上的意義
和影響不可小覷,因為從某種意義上講,當時的教堂既是聖堂,同時也是傳播
西學包括西方美術的「天主學會」。

關於教堂中的聖像畫,儘管在不同的文獻和研究資料中,我們無法得到對
其材質清晰而詳盡的描述,但根據「色調的調和與筆致的生動」,我們多少能
夠作出基本的判斷:此聖像畫應該是一幅油畫。「1583 年(萬曆十一年)他(按:
羅明堅)與利瑪竇一同到達廣東肇慶,在當地建立教堂內懸掛聖母畫像,便有
可能是一幅西方油畫。」〔註19〕

作出這樣的判斷主要基於以下幾點:首先,在羅明堅和利瑪竇的時期,油
畫在歐洲已經發展成為十分成熟和主流的畫種,廣泛地應用在宗教領域,教堂
中以油畫繪製的聖像作為祭壇畫是相當普遍的;其次,16 世紀歐洲傳教士進
入日本時也帶有宗教美術用品,相關文獻記載證實其中就有油畫作品;另有記
載,在羅明堅和利瑪竇到達肇慶之前,就有歐洲傳教士曾在澳門繪製過宗教題
材的油畫,1582 年喬萬尼‧尼古拉和另外五名傳教士到達中國澳門,並在澳
門繪製了油畫《救世者》,「根據現有資料,這是西方傳教士繪於中國境內的第
一張油畫。」〔註20〕

羅明堅的功績是毋庸置疑的,正是通過他的不懈能力,耶穌會的傳教士們
才得以在中國內地立足並進一步發展他們的傳教事業,這是他們福音化中國
的第一步,誠如當時的一位耶穌會士所言:「這是我所喜愛的一人──指羅明
堅,因為他用謙遜、堅韌把中國關得很緊的大門打開;因為他是第一個主張用
中國的語言、文字將降生救世的道理在中國傳佈;因為是經他的手,在中國造
成第一座聖母無染原罪小堂,裏面供奉著從西洋帶來的,圍繞著奇花的聖母

〔註18〕 戎克:《萬曆、乾隆期間西方美術的輸入》,《美術研究》1959 年第 1 期,第 48
頁。
〔註19〕 〔英〕蘇立文:《東西方美術的交流》,陳瑞林譯,江蘇美術出版社 1998 年版,
第 341 頁。
〔註20〕 〔英〕蘇立文:《東西方美術的交流》,陳瑞林譯,江蘇美術出版社 1998 年版,
第 7 頁。

像，最後也是由他把智慧的利瑪竇領入中國。」〔註21〕

二、利瑪竇入華與西畫東傳

1. 利瑪竇及其在中國所從事的與美術相關的活動

利瑪竇（Mathieu Ricci，1552～1610），字西泰，1552 年出生於意大利中部教皇邦安柯那省（Ancone）的馬切拉塔（Macerata）。1561 年利瑪竇在馬切拉塔的耶穌會學校學習，1568 年到羅馬聖湯多雷亞學院預科學習法律，於 1571 年加入了耶穌會，繼續在耶穌會主辦的羅馬學院學習哲學和神學，並師從數學家克拉維烏斯（Christopher Clavius）學習天算，還學習了拉丁文和希臘語，其時范禮安（Father Alessandro Valignani）也是他的老師。1577 年利瑪竇參加了耶穌會派往印度傳教的教團，在葡萄牙等待出發的六個月裏，曾在科英布拉（Coimbra）的耶穌會創立的神學院學習神學。這所學院是由葡萄牙國王若望三世和耶穌會創始人依納爵聯合建立，代表著海外殖民勢力和天主教反宗教改革勢力的結合，是耶穌會訓練東方傳教團的一個學術中心。

1578 年 3 月 24 日，利瑪竇和其他 13 名耶穌會士從里本斯乘船前往印度傳教，到達印度果阿（Goa，也稱臥亞）後的四年中繼續學習神學。1582 年 4 月利瑪竇自果阿啟程，同年 8 月抵達澳門，從此開始了他在中國的傳教、工作和生活。在中國期間，他學習漢語，研讀並翻譯中國典籍，交遊士紳知識階層，長期浸淫中國文化，集歐洲文藝復興時期的諸多學藝和中國四書五經等古典學問於一身，將全部的精力投身於傳教事業，以非凡的毅力和智慧締造了中西文化交流的傳奇。他曾先後赴肇慶、韶州、南昌、南京和北京等地，1601 年抵京進呈貢物，頗得萬曆皇帝讚賞，賜留居京邸。利瑪竇入華傳教 28 年，其中最後 10 年在北京，1610 年卒於北京。利瑪竇著有《天學實義》《交友論》《畸人十篇》等，與徐光啟、李之藻等合譯、合著《幾何原本》《測量法義》《同文算指》等著作，繪製地圖《坤輿萬國全圖》（圖 2-2）。

「由於利瑪竇到達中國，中國和歐洲美術的交流才真正開始了。」〔註22〕利瑪竇在中國採取的是文化傳教的策略，傳教是最終目的，但其以西方科技文化和藝術吸引中國知識階層的做法卻對傳播西學起到了極大的推動作用，這

〔註21〕〔法〕裴化行：《天主教十六世紀在華傳教志》，蕭濬華譯，商務印書館民國二十五年六月初版，第 179 頁。

〔註22〕〔英〕蘇立文：《東西方美術的交流》，陳瑞林譯，江蘇美術出版社 1998 年版，第 43 頁。

無形中也促進了西方美術在中國的傳播。

圖 2-2　《坤輿萬國全圖》（李之藻刻本），1602 年，152×366 釐米，梵蒂岡圖書館。

　　萬曆十一年（1583 年）利瑪竇由澳門進入中國內地，並獲准正式居住在廣東肇慶府。在肇慶期間，利瑪竇和羅明堅一起建造了聖堂，這在當時被基督教世界視為傳教士入中國內地開教之始。為了傳教的需要，他們在收集和陳列各種來自歐洲的書籍的同時，「也不斷增添聖母和救世主的油畫和圖片」，因為「中國士大夫和官吏強烈貪求這類歐洲藝術品」〔註 23〕。利瑪竇本人來肇慶時就從澳門帶來了一幅《聖路加的聖母子》，這幅聖像畫是應耶穌會士的請求，於 1581 年送到澳門的〔註 24〕。

　　萬曆十三年（1585 年）羅明堅離開肇慶赴紹興，而利瑪竇一直定居於肇慶直到萬曆十七年（1589 年）住所被收回。在肇慶的 6 年間，利瑪竇多與當地文人名士過往，於是有機會展示那些被帶到中國的西洋美術作品。「司鐸們把帶來的禮品，公開陳列，任人展覽，其中有：一塊威尼斯出產的三棱玻璃鏡，一幅在羅馬繪成的極精緻的聖母瑪利亞像，還有許多小巧的珍物……」〔註 25〕對供奉於祭壇上的聖母像，人們更是敬禮膜拜，並對畫像的精美讚賞有加，「他們始終對這幅畫的精美稱羨不止，那色彩，那極為自然的輪廓，那栩栩如生的人物姿態。」〔註 26〕由於耶穌會士們成功地進入了中國，並在中國取得了異乎

〔註 23〕〔法〕裴化行：《利瑪竇評傳》，管鎮湖譯，商務印書館 1993 年版，第 101 頁。

〔註 24〕莫小也：《十七——十八世紀傳教士與西畫東漸》，中國美術學院出版社 2002年版，第 54 頁。

〔註 25〕〔法〕裴化行：《天主教十六世紀在華傳教志》，蕭濬華譯，商務印書館民國二十五年六月初版，第 244 頁。

〔註 26〕〔意〕利瑪竇、〔比〕金尼閣：《利瑪竇中國箚記》，何高濟、王遵仲、李申譯，中華書局 2010 年版，第 168 頁。

尋常的進展，整個基督教世界都受到了極大的鼓舞，他們從各地紛紛寄送對傳教有用的不同禮物，這中間就有很多的聖像畫。據記載，耶穌會會長阿瓜維瓦（Caudio Aquaviva）神父送來了一幅「羅馬著名藝術家繪製的基督畫像」；日本區主教柯羅（Gaspare Coehlo）送給教堂一幅「非常有益的大幅基督畫像，這是真正的藝術品，由尼古拉（Giovanni Nichola）繪製」；澳門神學院院長（卡普萊勒神父）轉交了一幅由菲律賓一位牧師送來的聖母畫像，畫面中聖母懷抱嬰兒耶穌，施洗者約翰虔誠地跪在他們面前，「這幅在西班牙畫成的畫，繪製美麗，觀賞悅目，因為它熟練地調用本色，人物栩栩如生」〔註27〕。

離開肇慶後，利瑪竇等人於萬曆十七年（1589年）來到韶州，建立了第二處傳教中心。在韶州期間，利瑪竇接受了瞿太素關於蓄髮留鬚、易僧服為儒服的建議。為了在新的居所開展傳教活動，利瑪竇曾計劃在中國的新年展示他帶來的一尊美麗的聖像，這是從新西班牙（墨西哥）運來的〔註28〕，這尊聖像此前一直藏於教堂內，沒有公諸於眾。

萬曆二十三年（1595年）利瑪竇欲北上進京，受挫後至南京，這是他第一次到南京，在試圖留居此地未果後到達南昌，並在南昌成功地開闢了傳教地。在南昌，裝束已經完全儒生化了的利瑪竇受到了人們的歡迎，并獲准在那裡定居傳教，建立第三處傳教中心。利瑪竇不僅贏得了巡撫陸萬垓的信任和賞識，而且還與寧王朱權的後人建安王父子交朋友。他送給建安王臥式時鐘、天文儀器、畫像等從歐洲帶來的禮物，還送給他《世界圖志》和《交友論》兩書，極得建安王歡心。為了傳教，利瑪竇在中國廣交文士，與畫家也有交遊。明代書畫家、鑒賞家、號稱「博雅君子」的李日華曾在《紫桃軒雜綴》卷一中這樣描寫利瑪竇：

> 瑪竇紫髯碧眼，面色如桃花。見人膜拜如禮，人亦愛之，信其為善人也。〔註29〕

萬曆二十五年（1597年）兩人在南昌會見時，他還曾贈詩利瑪竇，對他

〔註27〕〔意〕利瑪竇、〔比〕金尼閣：《利瑪竇中國箚記》，何高濟、王遵仲、李申譯，中華書局2010年版，第194頁。

〔註28〕《利瑪竇全集1》，劉俊余、王玉川譯，光啟出版社，中華民國七十五年十月初版，第213頁。另裴化行在《利瑪竇評傳》一書中稱此聖像為聖母畫像，「畫的是聖處女懷抱耶穌，聖約翰在下跪拜」，詳見裴化行所著《利瑪竇評傳》，管鎮湖譯，商務印書館1993年版，第147頁。

〔註29〕〔明〕李日華：《紫桃軒雜綴卷一》，中國國家圖書館明刻本，第26頁。

遠涉重洋來華傳教的殉道精神作了形象的描繪：

　　　　雲海蕩朝日，乘流信彩露。西來六萬里，東泛一孤槎。浮世常
　　如寄，幽棲即是家。那堪人歸夢，春色任天涯。〔註30〕

　　為了進一步拓展其事業，實現向北京發展的目的，很多被認為有助於此的物品都被運到了南昌，其中有一幀從西班牙寄來的聖母像、一幀救世主基督像。而此時擅長畫藝的修士游文輝也從澳門來到南昌，協助利瑪竇工作，不久他又隨利瑪竇北上。

圖 2-3　《程氏墨苑》插圖之《信而步海，疑而即沉》，木版畫，30.7×14 釐米，國家圖書館。　圖 2-4　《程氏墨苑》插圖之《二徒聞實，即捨空虛》，木版畫，30.7×14 釐米，國家圖書館。

　　萬曆二十六年（1598 年）利瑪竇從南昌啟程，隨禮部尚書王忠銘進京。在途經南京短暫停留期間，利瑪竇碰巧看到了自己在肇慶時製作的地圖《山海輿地全圖》的摹本，可見其傳播之廣。利瑪竇在此還被蘇州巡撫趙可懷（總督）留寓家中，他向後者展示了準備進京獻給皇帝的禮物——一幅非常講究的裝在一個透明玻璃框裏的救世主像。當利瑪竇在房間內向總督展示這幅聖像時，總督肅然起敬，用兩手打開鏡框的兩扇小玻璃門並掉過臉來，他向利瑪竇解釋

〔註30〕疏仁華、周曉光：《利瑪竇交遊與士大夫贈詩》，《歷史檔案》2012 年第 1 期，第 123 頁。

到：這決不是一個常人的像，這間屋子也不是供天地之主聖像的適宜地方。總督對聖像極其虔誠恭敬，供於家廟祭壇並禮拜，而且還邀請城中要人參觀這不可思議的聖像〔註31〕。

雖然由於朝日之間的戰爭，利瑪竇到達北京後並沒有能夠呆下來，但他把所帶來準備獻給皇帝的禮物讓皇宮太監過目審看，這裡面包括救世主像和來自西班牙的聖母像，而在搬運的過程中，由於不小心，聖母像的畫板裂成了三塊。

從北京返回後，利瑪竇在萬曆二十七年（1599年）又至南京並定居於此，建立了第四處傳教中心。在此，利瑪竇結識了南京禮部侍郎葉向高、徐光啟、思想家李贄和書法家祝世祿等人，葉向高後成為萬曆、天啟朝首輔，徐光啟於萬曆三十一年（1603年）受洗，後入閣為崇禎朝禮部尚書，為明末「聖教三柱石」之首，祝世祿在南京幫助傳教士們保管準備進獻給皇帝的禮物，這裡面就包括聖像。與這些人的交往為利瑪竇以後的傳教帶來了極大的便利，更為中西文化交流拓寬了道路。憑藉和上層的交往，利瑪竇在南京建了聖堂，「廳間立一祭壇，奉天主聖像於其中。」〔註32〕此後南京成為中國天主教最重要的傳教中心之一。為了支持南京的傳教會，澳門神學院院長李瑪諾神父還給利瑪竇等傳教士們送來一幅來自羅馬的聖母像，「是一幅據說是聖路加（Saint Luke）所畫原物的逼真的複製本」〔註33〕。應當地長官吳中明的要求，利瑪竇又重新繪製了《山海輿地全圖》，並在圖中使用了投影法，此圖後被鐫石複製，廣泛發行。特別值得注意的是，南京是明代兩京之一，人文薈萃，畫家雲集，「能吮筆者奚啻千人」（龔賢語），最為著名的即明末清初活動於此，以龔賢為代表的金陵畫派。有研究表明，金陵畫派包括龔賢本人在南京都曾接觸過西方繪畫作品或印有西方版畫的書籍，在一定程度上受到西方繪畫的影響，這在他們的作品中都有不同程度的體現〔註34〕。明末著名藝術理論家、畫家董其昌據說也與利瑪竇有過交往〔註35〕。這雖為推測，但根據利瑪竇在南京的交遊情況來看，

〔註31〕《利瑪竇全集2》，劉俊余、王玉川譯，光啟出版社，中華民國七十五年十月初版，第275頁。

〔註32〕徐宗澤：《中國天主教傳教史概論》，上海世紀出版集團2010年版，第184頁。

〔註33〕〔意〕利瑪竇、〔比〕金尼閣：《利瑪竇中國劄記》，何高濟、王遵仲、李申譯，中華書局2010年版，第377頁。

〔註34〕此方面內容參見高居翰《氣勢撼人──十七世紀中國繪畫中的自然與風格》。

〔註35〕〔英〕蘇立文：《東西方美術的交流》，陳瑞林譯，江蘇美術出版社1998年版，第52頁。

也不是沒有可能。

萬曆二十八年（1600年）利瑪竇等人從南京啟程第二次進京，途經山東時結識了在駐守山東濟寧的漕運總督劉東星，利瑪竇向其展示了準備進獻給萬曆皇帝的一幅繪畫作品《聖母子與施洗約翰》。由於總督夫人喜歡此畫，利瑪竇遂將一幅年輕的南京傳教士畫家的臨摹作品贈與了她〔註36〕，據推斷此摹品的作者應是隨利瑪竇一起赴京的修士畫家游文輝。

萬曆二十八年十二月（1601年1月）利瑪竇抵達北京，呈獻貢物給萬曆皇帝，其中有天主圖像一幅、天主母圖像二幅，這就是歷史上著名的利瑪竇進獻的聖像畫，在相當長的一段時間裏，此三幅聖像被認為是「明季西洋美術之最早傳入中國者」〔註37〕。在利瑪竇的貢品中還有帶銅版畫插圖的書籍，萬曆皇帝曾命宮廷畫師將利瑪竇進獻的一幅描繪煉獄的銅版畫複製放大並填上顏色，在複製過程中利瑪竇進行了指導。在北京期間，利瑪竇與李之藻合作，在萬曆三十一年（1603年）指導第三版地圖《坤輿萬國全圖》的刊印；次年又出版第四版地圖《兩儀玄覽圖》；萬曆三十三年（1605年）利瑪竇應安徽製墨名家程大約的請求，為他提供了四幅銅版畫，後被收入到《程氏墨苑》一書中（圖2-3、2-4、2-5、2-8），這四幅銅版畫分別為「克里斯賓·凡·德·帕塞的《罪惡之地的毀滅》、根據馬丁·德·沃斯的原畫由安東·威利克斯刻印的《耶穌基督和聖彼得》、納達爾神父書中的《耶穌在去埃梅厄斯的路上》，還有一幅更使人感到興趣，它是以油畫《塞維林的聖母》為藍本由威利克斯刻印的銅版畫。」〔註38〕其中第一幅作者帕塞為安特衛普教會長老，宗教畫家；第二、三幅的作者為生於安特衛普的佛蘭德斯畫家沃斯；第四幅是依據西班牙塞維利亞大教堂中南邊的禮拜堂內的「太古聖母」壁畫而來（圖2-6），風格明顯不同其他三幅〔註39〕。威利克斯依照「太古聖母」繪製了銅版畫，16世紀末傳入日本，長慶二年（1597年）長崎一家耶穌會學校複製了此畫（圖2-7），這一版本由倪雅谷帶給利瑪竇並由利瑪竇交程大約刻製成《程氏墨苑》中的《古代聖母像》。

〔註36〕 〔意〕利瑪竇、〔比〕金尼閣：《利瑪竇中國劄記》，何高濟、王遵仲、李申譯，中華書局2010年版，第387頁。

〔註37〕 方豪：《中西交通史》，人民出版社2008年版，第632頁。

〔註38〕 〔英〕蘇立文：《東西方美術的交流》，陳瑞林譯，江蘇美術出版社1998年版，第54頁。

〔註39〕 〔日〕小野忠重：《利瑪竇與明末版畫》，《新美術》1999年3期，第27頁。

圖 2-5　《程氏墨苑》插圖之《淫色穢氣，自速天火》，木版畫，30.7×14
　　　　釐米，國家圖書館。

圖 2-6　西班牙塞維利亞大教堂中的聖母像。

圖 2-7　佚名，《塞維利亞的聖母子像》，　　圖 2-8　《程氏墨苑》插圖之《古代聖
　　　　597 年，銅版畫，日本長崎大蒲　　　　　　　母像》，木版畫，30.7×14 釐
　　　　天主堂。　　　　　　　　　　　　　　　米，國家圖書館。

　　在北京期間，利瑪竇和著名書畫家張瑞圖曾有交往，並以《畸人十篇》相
贈，而張瑞圖賦詩作答：

> 昔我遊京師，曾逢西泰氏。貽我十篇書，名篇畸人以。我時方
> 少年，未省究生死。徒作文字看，有似風過耳。及茲既老大，頗知
> 惜餘齒。學問無所成，深悲年月駛。取書再三讀，低徊抽閫旨。始
> 知十篇中，篇篇借妙理。九原不可作，勝友乃嗣起。著書相羽翼，
> 河海互原委。孟子言事天，孔子言克己。誰謂子異邦，立言乃一揆。
> 方域豈足論，心理同者是。詩禮發冢儒，操戈出弟子。口誦聖賢言，
> 心營錐刀鄙。門牆談奧間，心恧千萬里。[註40]

2. 利瑪竇在西畫東漸中的貢獻、意義和影響

　　明末，西方文化能夠進入中國並廣泛傳播，利瑪竇發揮了巨大的作用，在
這方面他所突顯的歷史價值，要遠超他在基督教入華方面的種種努力。從中國

[註40] 疏仁華、周曉光：《利瑪竇交遊與士大夫贈詩》，《歷史檔案》2012 年第 1 期，
　　　第 124 頁。

美術史的角度來看，利瑪竇作出了兩大貢獻：一是呈獻油畫聖像給萬曆皇帝，
這被認為是有文獻記載的油畫第一次進入中國，特別是進入宮廷，使得油畫
（雖然由於並無實物留存，我們目前仍然無法確切地判定這次呈獻的聖像畫
的材料屬性，但多數學者均推斷此聖像為油畫）──這一源自歐洲的外來畫種
逐漸為士大夫統治階層和知識階層所認識和接受；二是轉贈《寶像圖》，將西
洋銅版畫贈與中國民間藝人，並由後者刊刻出版發行，進而在民間產生廣泛影
響〔註41〕。可以說通過利瑪竇，西洋美術從宮廷和民間兩個途徑得以在中國傳
播開來。

利瑪竇帶到中國的美術作品中包括了油畫和銅版畫作品，通過展示和贈
與，利瑪竇將這些當時還不為國人所知的外來之物傳播到中國；其次，利瑪竇
攜帶的油畫和銅版畫被當時的中國畫家臨摹複製，中國畫家也在自己的創作
中有意無意地借鑒「泰西之法」；另外，在面對源於兩種不同文化的中西繪畫
時，利瑪竇本人的淵博學識和藝術修養使他能夠系統地分析出其各自的特點
和不同的審美旨趣，這也是中西美術交流的一個重要的前提和基礎。

利瑪竇在中國的成功無疑對後來者起到了示範的作用，利瑪竇之後，挾聖
像而來和進呈者相繼。如顧起元《客座贅語》論及羅儒望：

> 其後徒羅儒望者來南都，其人慧點不如利瑪竇，而所挾器畫之
> 類相埒。〔註42〕

崇禎十三年（1640年），巴伐利亞（Bavaria）國王將彩繪的天主事蹟圖冊
一帙和天主聖像一座郵寄到中國，並委託湯若望轉贈崇禎皇帝。圖冊描繪了耶
穌一生事蹟，附有湯若望的翻譯文字，以羊皮紙精細裝幀而成；天主像為蠟製
彩塑，表現的是三王來朝。湯若望進獻圖畫和聖像這一中西美術交流史上的重
要事件被黃伯祿的《正教奉褒》所收錄〔註43〕。

誠如向達所言：「是知利氏而後，布教南都諸西教士多有挾西洋畫以俱者。
流風所被，中國畫苑為之興感，蓋亦有由矣。」〔註44〕

〔註41〕 有研究者認為，《程氏墨苑》刊印的四幅西洋銅版畫中，只有第四幅《古代聖
母像》是利瑪竇贈送給程大約的，前三幅並非是利瑪竇所贈，利瑪竇只是為這
三幅寶像圖擬定標題，撰寫羅馬注音圖注。
〔註42〕 〔明〕顧起元：《庚巳編·客座贅語》，譚棣華、陳稼禾點校，中華書局1987
年版，第194頁。
〔註43〕 《熙朝崇正集 熙朝定案（外三種）》，韓琦、吳旻校注，中華書局2006年版，
第275頁。
〔註44〕 向達：《唐代長安與西域文明》，重慶出版社2009年版，第396頁。

三、喬凡尼・尼古拉（尼閣老）及弟子

「對西方油畫在中國傳播具有建功立業意義的傳教士有羅明堅、利瑪竇和喬凡尼。羅明堅的貢獻是將西方油畫攜入中國內地；利瑪竇的歷史意義是開闢了油畫傳入中國的有效途徑；喬凡尼雖未入中國內地，但他在澳門的油畫創作活動和他在澳門培養的油畫弟子，以及他的弟子們深入中國內地的藝術活動，對明代油畫的發展所產生的深遠歷史影響卻是難以估量的。」〔註45〕

喬凡尼・尼古拉（Giovanni Niccolo，1560～1626），又譯尼閣老，意大利那不勒斯人，1577 年加入耶穌會，他是耶穌會派往遠東的專業畫家，同時也是一個美術教師、一個西方美術直接的傳播者。1582 年尼閣老與利瑪竇等人一起來到澳門，在此他繪製了油畫《救世者》，據記載這是目前可考的西方傳教士在中國境內畫的第一幅油畫。1583 年尼閣老被派往日本，後一直在日本進行繪畫活動和美術教學活動，他在日本的長崎、有馬和天草等地耶穌會設立的神學學校附設的美術學校中教授美術課程。1614 年日本禁教後，尼閣老又回到澳門並在聖保祿教堂內設立澳門第一所美術學校，這也是中國境內第一所傳授西洋繪畫的教學機構，不少中外傳教士在此就讀，其中較為知名的本土畫家有游文輝、石宏基、丘良稟和魏瑪竇等人。

尼閣老早年在意大利那不勒斯學習繪畫，那時正是意大利文藝復興尾聲，樣式主義、現實主義和巴羅克藝術也逐漸開始流行，尼閣老本人的繪畫風格自然會受到影響。尼閣老在日本有馬創立的耶穌會繪畫學校被命名為聖路加學堂，聖路加是福音書的作者之一，傳說他曾為聖母瑪利亞繪製肖像，所以 15 世紀以來佛蘭德斯和歐洲其他地區的畫家行業工會大都以他的名字命名，有馬的聖路加學堂無疑是沿用了當時歐洲的這一傳統，這也表明了耶穌會和尼閣老希望在日本傳播西洋繪畫的初衷，可以說聖路加學堂的創立是基督教藝術教育進入遠東的重要開端，突顯出歐洲傳教士在西畫東漸中的重要作用。

由於當時的中國和日本在耶穌會傳教初期屬同一教區，中日兩國的傳教士畫師們有機會往返於兩地，美術作品也在彼此間流通，特別是 1638 年島原之亂後，禁教令在日本被嚴格執行，很多原在日本的傳教士來到澳門和中國內地，這其中就包括像倪雅谷這樣的繪畫人才，他們在中國從事傳教等宗教活動的同時，還繪製了很多宗教美術作品，並且進行歐洲繪畫技法的傳授，對推動

〔註45〕胡光華：《明清西方油畫傳入中國研究》，《美術》2004 年第 1 期，第 122 頁。

西洋美術在中國的傳播作出了很大的貢獻。

　　游文輝（1575～1630），字含樸，1575 年生於澳門，1605 年進入澳門聖保祿修院，研修繪畫，還曾赴日本天草隨尼閣老學習繪畫。游文輝回國後在南昌開始協助利瑪竇傳教，並隨同利瑪竇一同進京，但那次進京沒有成功，他與郭居靜、鐘鳴仁返回南京，萬曆二十八年（1600 年）游文輝再次跟隨利瑪竇、龐迪我神甫北上，途經山東時濟寧時，利瑪竇將一幅《聖母子與施洗約翰》的臨摹作品贈與了漕運總督劉東星及夫人，此畫的作者可能就是游文輝〔註46〕。大約在萬曆三十一年（1603 年），他來到南京傳教，還向當地人傳授西畫技法。萬曆三十三年（1605 年），利瑪竇在南昌建立中國耶穌會初學院，游文輝是首批三位初學生之一。萬曆三十八年（1610 年）在利瑪竇彌留之際，游文輝守候在其身邊，後來游文輝又在眾教友的懇請下，畫了一幅利瑪竇的油畫肖像，即著名的《利瑪竇像》，這一油畫肖像一直被認為是利瑪竇肖像中最具代表性的作品之一，同時它也是目前可考的中國人所作的最早的一幅存世油畫〔註47〕。利瑪竇去世後游文輝曾經在南雄傳教，此後於萬曆四十五年（1617 年）在杭州府城外楊廷筠學士的小祈禱室中發世俗助理願。後游文輝一度因教難躲避於澳門，直至天啟三年（1623 年）重新開教才返回北京，後又再次來到杭州，並於崇禎六年（1633 年）在杭州去世。

　　倪雅谷（1579～1638），字一誠，西名 Jacques Néva，父為中國人，母為日本人，出生於日本，曾在日本有馬聖路加學堂跟尼閣老學習繪畫，後赴澳門和中國內地，主要從事教堂的裝飾工作。倪雅谷擅油畫，在跟隨尼閣老學習西畫的修士中，他的藝術造詣最高。萬曆二十九年（1601 年）倪雅谷隨范禮安到達澳門，萬曆三十年（1602 年）又與李瑪諾赴北京，在利瑪竇身邊工作。萬曆三十二年（1604 年）倪雅谷在北京為天主教堂繪製一幅表現《路加福音書》中聖母瑪利亞的祭壇畫，關於此畫，利瑪竇在 1605 年 2 月致馬類思（Louis Maselli）神甫的一封信中寫到：「去年聖誕，為了過節，我們在祭壇上用一幅

<hr>

〔註46〕〔英〕蘇立文：《東西方美術的交流》，陳瑞林譯，江蘇美術出版社 1998 年版，第 44 頁。
　　　　另見〔意〕利瑪竇、〔比〕金尼閣：《利瑪竇中國劄記》，何高濟、王遵仲、李申譯，中華書局 2010 年版，第 387 頁。
〔註47〕游文輝的《利瑪竇像》現存於羅馬耶穌會總會檔案館，畫布油畫，120x95 釐米，2010 年首都博物館舉辦的「利瑪竇——明末中西科技文化交流的使者」展覽曾展出此畫。

新的聖路克的懷抱聖嬰的聖母像取代了以前一直掛的天主像。這幅非常美麗的畫像是我們修院的一個年輕人畫的，他在日本是尼克勞神甫的弟子，這幅畫像非常出色。」〔註48〕萬曆三十四年（1606年）倪雅谷受命赴澳門，在新建的教堂三巴寺繪製了《昇天圖》；萬曆三十五年（1607年）他在南昌期間繪製中國式的彩色木刻「門神」，並為新建的兩個教堂畫了聖母像和耶穌像；利瑪竇逝世後，倪雅谷為墓室做了內部裝飾；在北京幫助李應試製作《兩儀玄覽圖》，還為一些新教堂繪製壁畫；萬曆四十五年（1617年）南京教案後回到澳門，作沙勿略的畫像。目前我們還未發現確切的倪雅谷的繪畫作品，僅澳門天主教藝術博物館保存有一幅傳為倪雅谷所作的油畫《聖彌額爾大天使》。

石宏基（1585～1644後），字厚齊，澳門人，曾在韶州擔任畫師和傳教士，1603年到北京協助利瑪竇工作，利瑪竇去世後又到杭州、處州、南京、絳州和建昌等地傳教。

魏瑪寶，1608年生於澳門，據推測應是澳門聖保祿學院美術學校畢業的學生〔註49〕，曾在內地傳教，被稱為「卓越的畫家」。

石宏基和魏瑪寶都未見美術作品存世。

作為耶穌會傳教士，尼閣老不僅自己致力於宗教美術創作，更為重要的是在日本和中國培養了一批服務於宗教事業的本土繪畫人才，其影響極為深遠，為西洋美術在東亞的傳播奠定了一個實質性的基礎。

第二節　明代油畫及材料技法舉隅

油畫作為外來畫種，明末傳入中國時並不為國人所知，對於油畫的特性，國人更缺乏足夠的瞭解和認識。如前所述，「油畫」一詞雖在漢代即已見諸文獻典籍中，但其所指並非近代意義上由歐洲傳入的油畫，專指歐洲舶來品的「油畫」一詞在清代才出現，所以明清時期的文獻中對由西方傳入的繪畫作品的材料屬性記載大多不甚明確，加之目前已鮮有那一時期油畫的實物遺存，這就使得我們在今天考察中國早期油畫時，很難依據當時的文獻描述對傳入中國的歐洲繪畫作品作畫種屬性上的明確判斷，這一困難在研究明代油畫時尤

〔註48〕〔法〕伯希和：《利瑪竇時代傳入中國的歐洲繪畫與版刻》，李華川譯，中華讀書報2002年11月6日。

〔註49〕湯開建：《澳門—西洋美術在中國傳播的第一站》，《美術研究》2002年第4期，第43頁。

為突出。

考慮到上述困難，本書嘗試從兩方面入手來分析和探討此時傳入的油畫的樣式、風格和技法特點。首先是參照歐洲油畫在同時期材料技法的特點，因為最初進入中國的傳教士都來自歐洲，他們帶入中國的油畫等宗教美術用品也大都由當時的歐洲藝術家所創作；其次參考東鄰日本同時期傳入的歐洲油畫作品和相關文獻記載，因為中日兩國西畫東漸的方式有著高度的相似性，16世紀40年代就有歐洲人到達日本，聖像等宗教美術品隨傳教士進入日本的時間也要比中國略早，現今在日本還保留有部分16、17世紀的早期油畫和與之相關記載。

一、明末傳入的聖像畫

在關於明末歐洲傳教士入華從事宗教活動的相關記載中，曾多次提到作為宗教美術品的西方聖像畫，特別是利瑪竇入京向萬曆皇帝呈獻「天主圖像一幅、天主母圖像二幅」，更被看作是中國美術史上的一件大事。那麼這些西方聖像畫到底為何物？這些當時被傳教士帶入中國的聖像畫的材料屬性和表現手法又是怎麼樣的？這些都頗值得關注。

聖像畫，簡稱聖像（icon），來自希臘語 eikon，形象、圖像之意，是指表現基督、聖母和聖徒的肖像，以及神靈或神跡的畫像，為天主教或東正教的傳統藝術品。聖像具有神聖性，被用作宗教活動的對象，作為形象能夠使祈禱者的思想和情感得到昇華。公元3世紀已經有基督肖像出現，6世紀時聖像與宗教遺物等成為了崇拜的對象，聖像畫於拜占廷最具代表性，它被東方基督教徒視為與聖人進行精神交流的必不可少的媒介。由於基督教經典的表述問題以及信眾對教義的理解不同，8、9世紀時曾發生「聖像破壞運動」，導致聖像被大規模損毀，聖像崇拜被禁止，這種情況直到843年東羅馬帝國和教會妥協，聖像崇拜才得到恢復，聖像製作也得以復興。

聖像是一種宗教藝術品，它具有藝術性，更具有精神性。聖像是洞見精神世界的窗口，因而它具有特殊的表現語言，嚴守一定的規制。如聖像畫中的形象是直接面對祈禱者的，所以都被畫成正面或四分之三正面；聖像畫在表現時多使用符號、象徵的手法等等。

從材料技法以及風格樣式方面來看，「東正教堂中的有關基督、聖母瑪利亞或其他宗教題材的聖像，有拜占廷風格的繪畫、鑲嵌畫、黑金鑲嵌和另外一種二維的或淺浮雕的形式。最典型的聖像畫是用蛋膠色畫在小塊木鑲板上的，有時用

銀或其他金屬做精細的錘壓凸紋裝飾以突出畫的中心部分。」〔註50〕早期聖像
畫保留了不少古希臘肖像的成分，平整嚴謹，光色分布平均；從 9～11 世紀開
始，古希臘藝術風格的影響逐漸減弱，非自然主義審美傾向盛行，拜占廷聖像開
始出現靈性化的藝術形象（圖2-9）；12、13 世紀聖像畫出現了少見的多樣化趨
勢，題材和形式也相對豐富；14、15 世紀拜占廷帝國衰落，但聖像畫藝術卻相
對繁榮，出現了新的主題和新的形式，這一時期被稱為「帕列奧洛格復興」，是
重新向古希臘藝術的回歸（圖2-10）；1453 年君士坦丁堡被奧斯曼帝國攻陷，東
羅馬帝國滅亡，一部分拜占廷畫家移居克里特島，晚期拜占廷風格在聖像畫中得
以延續，同時還借鑒了西方的哥特式手法，藝術家開始在聖像畫上簽名，而這是
以前沒有的。而在西方世界，原來一直由拜占廷風格主導的意大利繪畫，經由文
藝復興，開始了新的變革，對古希臘羅馬文化遺產的重視以及北方自然主義的影
響，使得一種富有生命力的人文主義藝術繁榮起來，這對當時和以後的聖像畫都
產生了巨大的影響，15 世紀油畫的發明也使得聖像畫在傳統的坦培拉蛋膠材料
之外有了新的表現媒介，此後，油畫聖像開始流行。

圖 2-9　《弗拉基米爾聖母像》，11 世紀
　　　　晚期～12 世紀早期，木板蛋彩，
　　　　77.5×53.5 釐米，莫斯科特列恰
　　　　科夫美術館。

圖 2-10　《靈魂拯救者基督像》，14 世紀
　　　　早期，木板蛋彩、銀、亞麻，92
　　　　×67.3 釐米，奧赫里德聖克雷芒
　　　　聖像畫館。

〔註50〕〔美〕拉爾夫·邁耶：《美術術語與技法詞典》，邵宏、羅永進、樊林等譯，江
　　　　蘇教育出版社2005年版，第193頁。

從明末開始，歐洲傳教士出於傳教的目的將聖像畫這類宗教美術品帶入中國。阿爾法羅等人所攜帶的「致精妙五光燦爛的手繪聖像」令中國官員極其高興，這可能多少有些出乎傳教士們的意料，同時也會給他們一些有益的提示：聖像畫可以成為溝通彼此、傳播信仰的有效手段。隨後羅明堅的一系列活動進一步驗證了這一點，他收集並公開展示聖像，頗得中國人的贊許，吸引了更多中國人的關注，使得入華的歐洲傳教士意識到聖像畫的重要性。自此之後，大量聖像畫被傳教士們帶入中國，使這種宗教藝術形式開始逐漸為國人所識，聖像畫也因此成為明末進入中國的西洋繪畫中最重要同時也是最具有代表性的一類。

（一）材料探究

1. 利瑪竇所攜天主教聖像

利瑪竇自進入中國內地後，為傳教之故一直攜帶有天主教聖像，在肇慶和南京等地傳教期間，將聖像置於教堂或寓所，還曾以之示人，而他在萬曆二十八年進獻給神宗皇帝的貢品中就有天主教聖像三幅。這些聖像畫屢見於當時文人的筆記或著述，如明人顧起元在其《客座贅語》中就記載了利瑪竇帶到南京的聖像，並對聖像的材質有所描述：

> 畫以銅板為幀，而塗五采於上，其貌如生。〔註51〕

文中關於「畫以銅板為幀，而塗五采於上」的描述，涉及了這些聖像畫的材質，引發了學者們的特別關注，因為這在很大程度上決定了利瑪竇所攜之畫的畫種屬性。

日本學者小野忠重在其《利瑪竇與明末版畫》一文中認為顧起元所說的這一幅被置於南京教堂中的聖母像是版畫，「這些畫表面著色濃重，易被認為是手繪的畫，實際上只是版畫，它們輕便易帶，才能越過萬里波濤攜入中土，成為傳教的合適用品。」並推斷大部分這類繪畫都是「在西歐天主教版畫中心安特衛普雕刻的版畫。」〔註52〕

國內學者也有類似看法。胡光華認為此畫是「天主教彩色銅版畫」〔註53〕，

〔註51〕〔明〕顧起元：《庚巳編·客座贅語》，譚棣華、陳稼禾點校，中華書局1987年版，第194頁。

〔註52〕〔日〕小野忠重：《利瑪竇與明末版畫》，《新美術》1999年第3期，第26頁。

〔註53〕胡光華：《傳教士與明清中西繪畫的接觸與傳通（上）》，《美術觀察》1999年第10期第81頁。

其在另一文章《明清西方油畫傳入中國研究》中也表述了同樣的觀點並作了進一步的引申：「萬曆年間顧起元在《客座贅語》卷六『利瑪竇』條中說利氏攜來的天主教繪畫『畫以銅板為幀，而塗五采於上，其貌如生。』顧氏所述的天主教彩色銅版畫，當為油畫複製品，它與利氏進獻給明神宗的繪有歐洲王公貴族和天使教皇的銅版畫同為一轍。」〔註54〕莫小也傾向於這種看法，「如按字面『畫以銅版為幀』，可以理解為在原黑白銅版畫印刷基礎之上手繪色彩，其明暗特徵遠遠超過木版畫，具有強烈的體積感和逼真效果。」不過他並沒有排除另外的可能性，即「南京展出的聖像畫也可能是繪於銅版上的油畫作品。」〔註55〕

不過也有人對此持不同意見。戎克就不認為這是一幅版畫，他指出：「這幀卻是畫板的意思」〔註56〕，這可能是一幅用銅版作畫板的畫作。聶崇正則根據其他相關記載對聖像畫的性質作出推斷：「前文提及《無聲詩史》一書中所說利瑪竇攜來的美術作品，可能就是油畫。」〔註57〕袁寶林在《比較美術教程》一書裏則更為肯定地分析此聖像確乎為一幅畫在銅板上的油畫，而且進一步推斷，利瑪竇獻給萬曆皇帝的天主像和天主母像是「相當有代表性的最早傳入中國的西方油畫了」〔註58〕。

用水性顏料在印製好的黑白銅版畫上加色的做法在歐洲是比較常見的，但細究文字，幀即幀，作名詞為「畫幅」之意；另可為量詞，即「幅」之意〔註59〕。顧起元這裡所說「畫以銅板為幀」，毫無疑問是將「五采」畫在了銅板上，而不是畫在印有銅版畫的紙基上。若是將水性顏料附著在銅板上，恐怕是很難做到的，結合文字所描述的畫面的栩栩如生的立體效果，可以肯定此畫是使用油畫材料附著在銅板之上的油畫作品。

另外，在歐洲作為供奉於祭壇之上的聖像，早期多為壁畫、鑲嵌畫、坦培拉，從文藝復興開始多為油畫，鮮見有版畫的實例。相反，繪製在銅板上的油畫，在16、17世紀的歐洲並不罕見。馬克斯·多奈爾所著《歐洲繪畫大師技

〔註54〕胡光華：《明清西方油畫傳入中國研究》，《美術》2004年第1期，第124頁。
〔註55〕莫小也：《十七——十八世紀傳教士與西畫東漸》，中國美術學院出版社2002年版，第54頁。
〔註56〕戎克：《萬曆、乾隆期間西方美術的輸入》，《美術研究》1959年第1期，第49頁。
〔註57〕聶崇正：《清宮繪畫與「西畫東漸」》，紫禁城出版社2008年版，第185頁。
〔註58〕袁寶林：《比較美術教程》，高等教育出版社1998年版，第74頁。
〔註59〕《古代漢語字典》，商務印書館2005年版，第1041頁。

法和材料》一書中記載，作為架上繪畫的底材，「銅板曾被荷蘭的『小小大師們』大量使用。」〔註60〕2013 年在中國國家博物館展出的《道法自然——大都會藝術博物館精品展》中有一幅小楊・勃魯蓋爾的名為《地獄中的埃尼阿斯與女巫》的作品，即為 17 世紀 30 年代銅板油畫，應視為這方面的實例，而且此畫與前述利瑪竇所攜之畫的年代也相差不遠。同樣，日本還保存有不少此類以銅板為底材的歐洲宗教油畫，「可是小小的作品因秘藏的便易，現存的也還不少。其材料，用油漆塗在銅板上的多，有時也有用黃銅板的，也有用油漆描在布上的。其題材，像聖母抱基督的居多，也有單描婦人和小兒的，其大小，從豎五寸五分五尼，橫約四寸九分到豎約八寸，幅約六寸四分的多。有時也刻上文字，如東京帝室博物館藏的黃銅板畫的一面則有 Pontis Fir 的文字。」〔註61〕這些宗教美術作品應該是由西方傳教士帶入日本，經歷了寬永十五年（1638 年）島原叛亂後的全面禁教而保存下來的，其時間也應該和利瑪竇來華相近。可見，顧起元《客座贅語》中所記載的，利瑪竇帶到南京來的這幅以「銅版為幀」的聖像畫應該是一幅畫在銅板上的油畫。

2. 利瑪竇呈獻之畫

萬曆二十八年（1601 年），利瑪竇入京覲見萬曆皇帝並呈獻貢品。這在中西文化交流史和中國美術史上都是一個重要的歷史事件，據黃伯祿《正教奉褒》記載：

> 大西洋陪臣利瑪竇謹奏，為貢獻土物事。……謹以原攜本國土物，所有天主圖像一幅、天主母圖像二幅、天主經一本、珍珠鑲十字架一座、報時自鳴鐘二架、《萬國圖志》一冊、西琴一張等物，敬獻御前。此雖不足為珍，然從極西貢至，差覺異耳，且稍寓野人芹曝之私。〔註62〕

其中「天主圖像一幅、天主母圖像二幅」在利瑪竇的具疏中位列貢品之首，足見其價值和重要性。那麼這裡的天主像和天主母像與顧起元《客座贅語》中記載的銅板油畫有何關係？它們的材質又是什麼？文獻沒有直接的記載，同

〔註60〕〔德〕馬克斯・多奈爾：《歐洲繪畫大師技法和材料》，楊鴻晏、楊紅太譯，重慶出版社 1993 年版，第 41 頁。

〔註61〕〔日〕關衛：《西方美術東漸史》，熊得山譯，上海世紀出版集團 2007 年版，第 274 頁。

〔註62〕《熙朝崇正集　熙朝定案（外三種）》，韓琦、吳旻校注，中華書局 2006 年版，第 259 頁。

樣需要我們根據不同的線索來分析推斷。

先看聖像畫的材質。費賴之在《在華耶穌會士列傳及書目》中引用雅利克神甫《在印度發生的最令人難忘之事》一書的內容，記載得較為具體詳細：「貢品中有大小自鳴鐘各一，油畫三幅，內聖母像一幅，聖子耶穌偕施洗約翰像一幅，救世主像一幅，鏡數面，三角玻璃兩件，聖課日禱書一冊，手琴一具。」〔註63〕在這裡明確指出利瑪竇所呈獻的聖像是三幅油畫。水天中在《油畫傳入中國及其早期的發展》一文中也持相同觀點：「利瑪竇給萬曆皇帝送來了油畫聖像」〔註64〕，認為呈獻之畫是油畫。既然是貢品的首項，決定著利瑪竇等耶穌會士在中國傳教事業的命運，理應珍貴難得，於是油畫被認定是最為合適的選擇，「有人認為進呈的是寶像圖，顯然不對，肇慶的記錄可以為證，他們自己供奉的就有油畫，而且是相當有名的作品。而寶像圖還不如意大利原印的美術作品，他決不會用那種畫給可以決定他命運的皇帝。何況在進呈表中還明白地寫著『極西貢來』字樣。」〔註65〕

這些「相當有名的作品」自何而來，我們或許能大致發現一些來龍去脈。據《利瑪竇中國劄記》記載，1583年由於羅明堅、利瑪竇等耶穌會士們在中國內地傳教取得了異乎尋常的進展，整個基督教世界都為之興奮異常，他們將各種聖像畫寄送到肇慶，包括耶穌會會長阿瓜維瓦神父送來的一幅羅馬著名藝術家繪製的基督畫像；日本區主教柯羅送給教堂的一幅由尼古拉繪製的藝術水準很高的大幅基督畫像；還有在西班牙畫成的聖母畫像，畫面中聖母懷抱嬰兒耶穌，施洗者約翰虔誠地跪在他們面前〔註66〕。徐宗澤在《中國天主教傳教史概論》一書的附錄部分專有文字論及利瑪竇呈獻萬曆皇帝的貢品：「所說天主聖母像，一是仿聖路加所畫的聖母像；一是聖母抱耶穌，和聖若翰保弟斯大；所說天主像，就是耶穌救世主像。三像都是油畫的，可見很貴重的。」〔註67〕此處

〔註63〕〔法〕費賴之：《在華耶穌會士列傳及書目》，馮承均譯，中華書局1995年版，第38頁。

〔註64〕水天中：《油畫傳入中國及早期的發展》，《美術研究》1987年第1期，第57頁。

〔註65〕戎克：《萬曆、乾隆期間西方美術的輸入》，《美術研究》1959年第1期，第49頁。另《正教奉褒》為「極西貢至，差覺異耳」，《熙朝崇正集》為「然出自西貢，至差異耳」，均與戎克引文略有差異。

〔註66〕〔意〕利瑪竇、〔比〕金尼閣：《利瑪竇中國劄記》，何高濟、王遵仲、李申譯，中華書局2010年版，第194頁。

〔註67〕徐宗澤：《中國天主教傳教史概論》，上海世紀出版集團2010年版，第205頁。

所說的三幅聖像描繪的內容和上述《利瑪竇中國劄記》所說的他們在肇慶收到的聖像極為相近，大概指的就是相同的東西，當然這只是一種可能，因為「利瑪竇所攜聖母抱耶穌像頗多，故除呈獻神宗外，國人亦多獲見者。」〔註68〕

利瑪竇第一次到北京的時候，曾將所攜帶的準備獻給皇帝的禮物向宮中太監展示，「當那尊聖母像被抬起來放在地上時，它從搬夫的手中脫落，被摔成了三段。」〔註69〕據此可以看出，此聖母像應該是畫在木板上的，木板作為繪畫的支撐體在歐洲是比較普遍的，特別是用於坦培拉繪畫和文藝復興早期的油畫中，自威尼斯畫派興起後，畫布才開始被廣泛運用。這幅聖母像需要搬夫搬抬，而且脫手後摔斷，說明重量較沉且尺幅不會太小（王慶餘在《利瑪竇攜物考》一文中稱「兩幅聖母像，一尺半高」〔註70〕，此說不知出自何處），所以進一步推測這幅畫的畫板原來就有可能是拼接起來的，這種拼接木板製作畫板的方法多見於尺幅較大的繪畫，因為大尺幅的作品很難找到完整的板材。這幅曾摔斷的聖母像是否就是後來利瑪竇第二次進京獻給萬曆皇帝的三幅聖像中的一幅，我們大致能作出肯定的判斷，因為後來摔斷的三段又被重新拼合起來，「而較它完整時更有價值」〔註71〕。這張聖母像有可能就是聖母抱耶穌、有施洗約翰的那幅。

另外《正教奉褒》中記載了明末耶穌會士湯若望向崇禎皇帝進呈圖像一事：

> 崇禎十三年十一月，先是，有葩槐國君瑪西理餙工用細緻羊鞟裝成冊頁一帙，彩繪天主降凡一生事蹟各圖，又用蠟質裝成三王來朝天主聖像一座，外施彩色，俱郵寄中華，託湯若望轉贈明帝。若望將圖中聖蹟，釋以華文，工楷謄繕。至是，若望恭齎趨朝進呈。〔註72〕

文中同樣也涉及到了繪畫材質，在此將其與利瑪竇呈獻給萬曆皇帝的聖像作一比照，可以看出，這裡所言的「彩繪天主降凡一生事蹟各圖」不是油畫，

〔註68〕方豪：《中西交通史》，上海人民出版社2008年版，第632頁。

〔註69〕〔意〕利瑪竇、〔比〕金尼閣：《利瑪竇中國簡記》，何高濟、王遵仲、李申譯，中華書局2010年版，第334頁。

〔註70〕王慶餘：《利瑪竇攜物考》，《中外關係史論叢第一輯》，世界知識出版社1985年版，第79頁。

〔註71〕〔意〕利瑪竇、〔比〕金尼閣：《利瑪竇中國簡記》，何高濟、王遵仲、李申譯，中華書局2010年版，第334頁。

〔註72〕《熙朝崇正集‧熙朝定案（外三種）》，韓琦、吳旻校注，中華書局2006年版，第275頁。

而應是羊皮紙手繪插圖或著色版畫。

（二）風格手法辨析

關於明末由羅明堅、利瑪竇等人帶入中國的油畫聖像的風格和繪畫技法，由於沒有實物留存，我們只能根據現有的文獻記載並參照同時期歐洲的繪畫來進行推測。

在肇慶第一座聖母無染教堂初建之時，我們看到了聖母像和救世主像的記載：一幅是「手抱嬰兒耶穌的聖母像」，「大概這張聖像是由聖方濟各博而日亞會的修士仿照羅馬聖母堂內著名的聖路嘉聖母像繪成」〔註73〕，此畫尺寸不大但技巧嫻熟，是一幅十分精緻的作品；另一幅是尼閣老用西洋畫法繪成的「全能像」，應該是羅明堅、利瑪竇等人的翻譯門代從澳門帶回來的耶穌像。最初聖母像被供奉於祭臺後影壁上，進入教堂的中國人見到此聖母像後，都極力稱讚畫像色調柔和、筆致生動、栩栩如生，但由於常被混淆為觀音，聖母像後被救世主像所取代。

關於第一幅聖母像，蘇立文《東西方美術的交流》一書在論及利瑪竇帶來的宗教畫時曾提到了「有一幅可能是羅馬的聖瑪利亞・馬喬列教堂中6世紀製作的《路加福音書的聖母瑪利亞》的臨摹作品」〔註74〕，應該指的就是這一幅聖母像。聖瑪利亞・馬喬列教堂（Basilica di Santa Maria Maggiore）也叫大聖母堂，是古羅馬聖母瑪利亞天主教教堂，建於五世紀，後多次改建，內部裝飾變動較大，但也保留有十二幅五世紀的馬賽克畫，教堂內的《路加福音書的聖母瑪利亞》是否作於六世紀待考。此畫中的聖母為半身像，雙手懷抱嬰兒耶穌，身上內著紅衫，外著藍色連帽斗篷，在額頭處繡金色十字架，目光安詳，直視前方；耶穌著黃衫，坐在聖母臂彎之中，仰頭望聖母，左手持書卷，表示神的律法，右手前伸，為母親祝福，並通過聖母的臉為觀者祝福；兩人頭後皆有金色光環。整幅繪畫中人物端莊古樸，造型概括，用明暗法進行立體塑造，面部和衣飾處理均有較細緻的刻畫，特別是聖母五官的造型有肖像畫的影響；畫面色彩單純，人物衣著顏色只有紅、黃、藍三色，背景近乎平塗；光線平均分布。從風格上判斷，此聖母像是早期基督教風格，聖像平整嚴謹，還保留有古希臘

〔註73〕〔法〕裴化行：《天主教十六世紀在華傳教志》，蕭濬華譯，商務印書館民國二十五年六月初版，第281頁。

〔註74〕〔英〕蘇立文：《東西方美術的交流》，陳瑞林譯，江蘇美術出版社1998年版，第46頁。

肖像畫的成分（圖 2-11）。2010 年《利瑪竇——明末中西科學技術文化交融的使者》展覽中曾展出一幅此聖母像的摹本，畫於 16、17 世紀，布面油畫，當時利瑪竇等人帶到中國的那幅聖母像應與此相似（圖 2-12）。

圖 2-11　羅馬聖瑪利亞·馬喬列教堂（Basilica di Santa Maria Maggiore）及其中的聖母像。

圖 2-12　《聖母瑪利亞大教堂聖母像》摹本，16～17 世紀，畫布油畫，120×80 釐米，羅馬奎里納勒街聖安德列教堂。

　　另一幅是救世主像，裴化行稱其為「全能像」。所謂「全能像」即全能者基督像（Almighty），「全能像」是一種流傳最廣的基督像。全能者（Pantokrator，希臘語，意為萬物的統治者）不是人間受難的基督，而是第二次降臨作為末日審判者的基督，是具有無上權力和榮耀的救世主。教堂的穹隆被看作基督昇天和再次降臨的地方，所以教堂穹頂常被用來描繪這類聖像。這類基督像一般分三種姿態：全身像、半身像和坐在寶座上的形象，其中又以半身像最為普遍，畫中基督面向觀者，一手拿經書，另一手抬起，為世界祝福。尼閣老的這幅「全能像」是用西洋畫法繪成，確切的繪畫風格和技法特點我們已無從得知，但從他在中日兩國教授的弟子的作品中會有所體現，如倪雅谷的木板油畫《聖彌額爾大天使》，這種「西洋畫法」無疑是一種不同於中世紀拜占廷式的、受文藝

復興洗禮的意大利式古典風格。

至於利瑪竇進獻給萬曆皇帝的三幅聖像，我們首先有必要弄清這三幅油畫所畫的內容，以及出自何處、何人，這對我們在沒有實物的情況下分析畫作的風格技法是會有所幫助的。

在《熙朝崇正集》卷二《貢獻方物疏》中有利瑪竇貢物的詳細說明，其中，時畫：天主聖像壹幅，古畫：天主聖母像壹幅，時畫：天主聖母像壹幅〔註75〕。可見利瑪竇所獻的聖像有古畫也有新畫。

新畫天主聖像即基督像，蘇立文認為可能是尼閣老的作品，「1587年他在長崎製作了一幅《救世主基督》的繪畫，後來贈送給中國的教會，也許這就是1601年由意大利傳教士利瑪竇帶到北京呈獻給中國萬曆皇帝的那幅畫。」〔註76〕但關於耶穌像應該還有其他的版本，耶穌會會長阿瓜維瓦神父贈送中國傳教團的那幅「羅馬著名藝術家繪製的基督畫像」，既為名家所繪，而且更符合利瑪竇所說的「極西貢至」和「本國土物」，所以筆者認為進獻的新畫天主像應是阿瓜維瓦神父所贈之畫。此畫是三幅聖像中尺幅最小的，為一幅十分精緻的小救世主像，極有可能就是萬曆二十六年（1598年）利瑪竇向蘇州巡撫趙可懷展示的那幅非常講究的裝在透明玻璃框裏的聖像。《利瑪竇中國劄記》中稱這一聖像是耶穌受難十字架像〔註77〕，但這一說法不一定可信，尚待進一步考證。因為十字架上的耶穌所傳遞出的「受難」和「代贖」等宗教象徵意義很難為當時的中國人所理解，往往會被曲解為害人的巫術。利瑪竇入京前，太監馬堂曾在傳教士們的物品中搜出木刻的「苦像」——耶穌受難像，馬堂即視之為一種魔法道具，引起種種猜忌，所以在獻給皇帝的聖像選擇上利瑪竇應該有所考慮。

兩幅聖母像，一新一古，結合費賴之和徐宗澤的記述可知，其中一幅應是仿羅馬路加聖母像，即羅馬的聖瑪利亞·馬喬列教堂中的聖母像，是聖母懷抱耶穌的形式，所以這幅聖母像應該是前文提到的澳門神學院院長李瑪諾神父贈送的「聖路加（Saint Luke）所畫原物的逼真的複製本」。這是作為獻給萬曆

〔註75〕《熙朝崇正集·熙朝定案（外三種）》，韓琦、吳旻校注，中華書局2006年版，第20頁。

〔註76〕〔英〕蘇立文：《東西方美術的交流》，陳瑞林譯，江蘇美術出版社1998年版，第7頁。

〔註77〕〔意〕利瑪竇、〔比〕金尼閣：《利瑪竇中國劄記》，何高濟、王遵仲、李申譯，中華書局2010年版，第403頁。

皇帝的禮物，由郭居靜神父從澳門帶到南京的。裴化行認為在肇興時，教堂就供奉有聖路加的聖母像，如果如其所說，那麼從時間上講這幅聖母像和肇興的應該不是同一幅。作為貢品的聖母像原作雖然我們不得而見，但比照它的原本——羅馬的聖瑪利亞·馬喬列教堂中的聖母像，我們可知，這就是所說的古畫，這幅古畫和上述供奉於肇慶教堂內的那幅聖母像風格手法應該是一致的，體現出一種早期基督教繪畫風格。

另一幅聖母像中聖母懷抱耶穌，有施洗約翰，這應該是利瑪竇劄記中所說的，在肇慶時由澳門神學院院長轉交的聖母像《聖母子與施洗約翰》，或者是這幅聖母像的摹本。萬曆二十八年（1600 年）利瑪竇第二次進京路過山東濟寧時，曾將此畫作為準備進獻給萬曆皇帝的貢品展示給漕運總督劉東星，並贈與他一幅臨摹品。「這幅在西班牙畫成的畫，繪製美麗，觀賞悅目，因為它熟練地調用本色，人物栩栩如生」〔註78〕。這裡的「本色」，應該是指自然的顏色，即此畫用色自然，加之人物描繪栩栩如生，可以肯定這是一幅完全擺脫了早期基督教藝術那種程式化造型和用色，具有文藝復興時期風格的細膩寫實的油畫作品，而作為時畫，它與前一幅聖母像分別體現了歐洲不同時期繪畫的面貌特徵。

二、明末中國早期油畫

1.《野墅平林圖》

《野墅平林圖》，明，四扇屏，絹本設色，縱 218·2 釐米，每幅橫 65.7、71、71、65.5 釐米，總寬度 273.2 釐米，現藏於遼寧省博物館。此畫原為清宮內務府藏品，清末入著名鑒藏家、翰林院編修蔡金臺之手。上世紀五十年代初，此畫由周懷民和于省吾共同購買收藏，1981 年捐贈給遼寧省博物館（圖 2-13）。

據傳《野墅平林圖》的作者為利瑪竇。當年蔡金臺得到此畫後曾交清末北京著名的裱畫作坊二友山房重新裝裱，發現畫的背後角絹與托紙處有原簽，揭之誤成兩片，上有「利瑪恭」三字最為明顯，其餘的字跡均模糊不清，無法辨識，因怕傷及作品，沒有復揭，蔡金臺就是據此斷定此畫為利瑪竇所作。這幅作品的前後裱邊都寫有清末和近代的題簽、跋文，有些內容記錄了此畫的來歷

〔註78〕〔意〕利瑪竇、〔比〕金尼閣：《利瑪竇中國劄記》，何高濟、王遵仲、李申譯，中華書局 2010 年版，第 194 頁。

及裝裱情況，蔡金臺的推斷也以跋文題寫在第四幅的右上方：「頃忽被張君之友於潢褙時揭得背簽，現有利瑪二字，然則實為明時西洋利瑪竇筆矣。」於此，《野墅平林圖》為利瑪竇所繪被蔡金臺首次提出，蔡金臺隨後還進一步推斷《野墅平林圖》是利瑪竇入宮進呈之物，「《石渠寶笈》載，有利氏《天主傳道圖》巨幅，乃明時經進，此殆其同時並呈者。」畫上還有二友山房的裱後題記和印章，題曰：「當初裝裱此畫時背面發現『利瑪』二字。」周懷民正是根據蔡金臺和二友山房的題記作出和蔡金臺同樣的推斷。在重新裝裱後的《野墅平林圖》的第三、第四幅分別留有當代書畫家和書畫鑒定專家謝稚柳的題簽：「利瑪竇畫野墅平林圖通景其三」和「利瑪竇畫野墅平林圖通景其四」，下鈐「謝稚柳」白文方印和「稚柳」朱文方印各一，以示對利瑪竇作為《野墅平林圖》作者的肯定。曾見過此畫的意大利記者伊拉里奧·菲奧雷也強調：「它出自利瑪竇之手是可信的，全世界從事利瑪竇研究的專家們也都認為如此。」〔註79〕

但對此的質疑卻一直存在，特別是關於利瑪竇是否擅畫這一問題，還存在著諸多爭議。裴化行認為利瑪竇是精於繪畫的：「利瑪竇即便立刻展示給中國人他是精於數學，精於製造鐘錶及日晷，精於物理學、繪畫學，精於雕刻術及繪製地圖術，但是他絕隱蔽他的信德及司鐸的品德。他是單用博學者的活動為開啟純正宗教的接近工作。」〔註80〕另外據有關記載，利瑪竇在羅馬學院的第二年還學習了三個月透視學〔註81〕，這是作為畫家必備的知識；他對中西繪畫的不同有著敏銳而深刻的認識，發表了不少與之相關的評論；利瑪竇在中國繪製的地圖目前也有實物留存。但具有繪畫理論知識是否就一定具有繪畫技能，這一問題有待進一步探討；地圖和繪畫的繪製也有很大的不同，難以相提並論。持不同觀點者更認為，利瑪竇在華二十八年，並未有關於其繪畫作品和繪畫活動的記載傳世，所以利瑪竇作為一個畫家的論點難以成立，他也不可能是此畫的作者。

那麼如果不是利瑪竇，《野墅平林圖》一畫的作者又會是什麼人呢？陳瑞林認為：「至於現藏中國遼寧省博物館傳為利瑪竇所作的油畫，似乎不大可能出自這位著名的早期來華傳教士之手，更有可能是接受了西方美術影響的清

〔註79〕〔意〕伊拉里奧·菲奧雷：《畫家利瑪竇》，白鳳閣、趙泮仲譯，《世界美術》1990 年第 2 期，第 26 頁。

〔註80〕〔法〕裴化行：《天主教十六世紀在華傳教志》，蕭濬華譯，商務印書館，民國二十五年六月初版，第 276 頁。

〔註81〕《利瑪竇行旅中國記》，上海博物館編，北京大學出版社 2010 年版，第 95 頁。

代中國畫師的作品。」〔註82〕林梅村則根據利瑪竇與耶穌會畫師倪雅谷的關係推斷，《野墅平林圖》的作者就是這位來自日本的兼通東西方繪畫技巧的華裔畫師，此畫是倪雅谷於 1602 年 7 月至 1604 年 12 月第一次進京期間所畫，而由利瑪竇題款後進獻給萬曆皇帝的作品。不論此畫的作者是誰，有一點可以確定，即此畫和利瑪竇有一定關聯，至少和明清時期的西畫東漸有一定的關聯，這從畫面中所呈現出中西雜糅的技法運用就能看出端倪。

　　伊拉里奧·菲奧雷曾在周懷民家中見到過《野墅平林圖》，他認為此畫描繪的是京郊秋景。關於這四扇屏條所組成的畫面中的景物，他有如下具體的描述：「一屏畫的是雜草叢生的湖邊矗立著一棵大樹，掩映著中景的樹林和遠景的建築，它可能是達官貴人的樓閣。接著是小湖的風光，北京郊區這類池、塘、湖、泊比比皆是，一座小橋在平滑如鏡的湖面最狹窄處連接著小湖的兩岸。三屏描繪同樣的風光，在小湖北岸，遠處隱約可見山巒疊嶂，好像是從頤和園後面看到的香山一樣。最後畫的是小湖的源頭，近景是兩株非常漂亮的大樹，不是松樹便是杉樹，還有蘆葦叢和中景的樹林，閃閃發光的黃色樹冠，那可能是黃櫨。香山的山坡生長的正是這種秋天樹葉變紅的樹，每到深秋，漫山紅遍，如火如荼。」〔註83〕這裡推測的成分顯然大於考據。另有研究認為此畫所表現的並非是京郊，而是燕京西涯（什剎海亦稱西涯之海）八景之一的「銀錠觀山」，畫中小橋即當時還是木製的銀錠橋，遠處隱約可見的兩座小山為景山和北海的瓊島，而掩映在樹林之中的建築則是銀錠橋東岸的建於元代後來損毀的海印寺。

　　《野墅平林圖》的裝裱採用四扇屏形式，伊拉里奧·菲奧雷認為是用來裝飾教堂祭壇的。「這幅畫本可以鑲在一個大畫框裏，卻採用中國裱畫方法，是分四屏裱在畫軸上的。它大概是用來裝飾教堂祭壇的，也可能就是為北京大教堂而創作的。」〔註84〕以相互有一定關聯的組畫形式來作祭壇畫或裝飾教堂，這樣的例子並不鮮見，類似的方式在東正教堂中也有，如聖像屏（iconostasis）就是一種用以分割聖堂與中殿並畫有聖像的屏風或隔板，但是以風景畫來裝

〔註82〕〔英〕蘇立文：《東西方美術的交流》，陳瑞林譯，江蘇美術出版社 1998 年版，341 頁。
〔註83〕〔意〕伊拉里奧·菲奧雷：《畫家利瑪竇》，白鳳閣、趙泮仲譯，《世界美術》1990 年第 2 期，第 26 頁。
〔註84〕〔意〕伊拉里奧·菲奧雷：《畫家利瑪竇》，白鳳閣、趙泮仲譯，《世界美術》1990 年第 2 期，第 26 頁。

飾教堂的祭壇似乎有待商榷。考慮到畫作原簽上「利瑪恭」的題款，以及此畫
出自宮禁等因素，《野墅平林圖》很有可能並非用於裝飾教堂，而是利瑪竇進
呈萬曆皇帝的貢物。有研究認為之所以選取屏風的裝裱形制，可能和利瑪竇來
華後製作地圖的經歷有關。利瑪竇為了製作大幅地圖，曾多次接觸中國的屏風
畫。「利瑪竇在劄記中提到，他的中國好友、南京的工部主事李之藻『搞到一
份再版《皇輿全圖》，盡可能予以放大，以至尺寸超過一人高，刻印為六塊，
可以展開如屏風。利瑪竇補充以若干王國，加以注釋，若干士大夫賦詩題之』。
利瑪竇還在 1608 年 8 月 22 日信上說『有一天忽被皇上傳召入宮，由太監降
旨命獻六軸十二幅絅印《坤輿全圖》』。在為李之藻、明神宗製作六軸版《坤輿
萬國全圖》，以及為朝鮮人李應試（李保祿）製作八軸版《兩儀玄覽圖》（現藏
遼寧省博物館）過程中，利瑪竇熟悉了中國古老的繪畫形式屏風畫。」〔註85〕
這種推斷應該是可信的。

圖 2-13　傳，利瑪竇，《野墅平林圖》屏，明代，絹本設色，屏 1：218.2×65.7 釐米，屏
2：218.2×71 釐米，屏 3：218.2×71 釐米，屏 4：218.2×65.5 釐米，遼寧省博
物館。

〔註85〕林梅村：《野墅平林圖考》，《文物》2010 年第 12 期，第 70 頁。

　　關於此畫所使用的表現技法，大部分研究者的認識基本趨於一致，即採用了寫實的手法，強調立體造型，具有較強的光影感和透視感，中西結合，「以歐洲的技法繪成的，更確切地說，是以意法學派的技法繪成的」〔註86〕，「這是把西方繪畫藝術同中國傳統繪畫藝術融為一體的第一幅藝術珍品」〔註87〕，「有典型的明代山水畫風格，但又浸透著鮮明的西畫技法」〔註88〕，「這中西畫法的融合，正是以中國畫為主體的交融。」〔註89〕但在作品所使用的材料上，各家的觀點卻存在著很大的分歧。「使用中國毛筆，畫在明代絲絹之上。用墨勾勒，用中國顏料石青石綠，赭石渲染。」〔註90〕「重彩素絹，用中國工具和顏料」〔註91〕，「用墨勾勒」和「重彩素絹」的描述已經明確無疑地表明了中國畫的材質特性，林梅村在《野墅平林圖考》一文中更直接指出《野墅平林圖》就是中國畫，「《野墅平林圖》與尚蒂伊耶穌會檔案館藏《沙勿略像》屬於同一類繪畫，採用西洋繪畫技法創作中國繪畫。」〔註92〕（《沙勿略像》一畫在文中已被作者認定為水墨畫。）然而來自另一方面的描述則是：「這是幅畫在絹素上的寫實油畫」，「協調而飽滿的『潑油』結塊向人們證實，它的作者不是中國人」，而且由於當時的客觀條件所限，利瑪竇無法找到適用的顏料，造成了日後畫面油彩的剝落，「由於油彩是畫在絹素上的，天長日久，四屏之中的兩屏已經可怕的破碎了，在打開屏幅時，有一塊塊油彩碎片剝落下來……」〔註93〕這裡的種種細節，「潑油結塊」、剝落的「油彩碎片」等又將作品所具有的油畫材質的特性揭示出來。

　　筆者曾赴遼寧省博物館觀摩此畫，可以確定的是，此畫使用中國毛筆，畫在絲絹之上，是否如有的學者認為的那樣，使用的是明代的絲絹，尚無法確認。樹幹、石塊等大多用墨勾勒，用中國畫顏料石青、石綠、赭石渲染，畫面平整，

〔註86〕〔意〕伊拉里奧・菲奧雷：《畫家利瑪竇》，白鳳閣、趙泮仲譯，《世界美術》1990 年第 2 期，第 26 頁。

〔註87〕〔意〕伊拉里奧・菲奧雷：《畫家利瑪竇》，白鳳閣、趙泮仲譯，《世界美術》1990 年第 2 期，第 26 頁。

〔註88〕林梅村：《野墅平林圖考》，《文物》2010 年 12 期，第 67 頁。

〔註89〕楊仁愷：《明代繪畫藝術初探》，載《中國美術五千年》第一卷，人民美術出版社 1991 年版，第 325 頁。

〔註90〕林梅村：《野墅平林圖考》，《文物》2010 年 12 期，第 67 頁。

〔註91〕李超：《中國早期油畫史》，上海書畫出版社 2004 年版，第 94 頁。

〔註92〕林梅村：《野墅平林圖考》，《文物》2010 年 12 期，第 76 頁。

〔註93〕〔意〕伊拉里奧・菲奧雷：《畫家利瑪竇》，白鳳閣、趙泮仲譯，《世界美術》1990 年第 2 期，第 26 頁。

並未見伊拉里奧·菲奧雷所說的『潑油結塊』等油畫材料特徵，從材料上講，應該是使用傳統的中國繪畫材料和工具。手法上有典型的中國傳統山水畫風格的印跡，但又浸透著鮮明的西畫技法，具體表現為：整幅繪畫採用了西方繪畫的透視方法，類似於對景寫生式的平視效果，完全不同於中國傳統山水畫的「三遠」構圖方法；畫面中各種景物的比例關係恰當，無「人大於山，水不容泛」等中國傳統山水畫中常出現的比例問題；有遠、中、近景的畫面層次劃分，符合西方風景畫營造畫面的方式，近實遠虛，近景刻畫細膩，遠景朦朧自然，有一定的透視把握和空間處理技巧；注重明暗塑造和立體感的表現，畫面有光影和明暗變化，前景的樹幹黑白對比鮮明，立體感突出，中、遠景中的樹木畫出了投影，用以強調光感，看得出畫家具有相當的素描造型功底；從樹幹的刻畫可以看出作畫程序是先暗部再逐漸過渡到亮部，亮部的顏色是覆壓在暗部的墨色上的，同樣樹葉和草叢的刻畫方式也是先用墨、石綠等鋪設暗部的色層，在其上再逐層添加亮色，草和樹葉的亮部還加白粉提亮，這種手法不同於水墨畫的漸淡而濃，而與油畫先畫暗部色層再畫亮部色層的方法很相似；樹冠的枝葉除明暗變化外，在石綠中有意加入了赭石等顏色的變化，使顏色具有一定的豐富性。

但此畫在處理上也有一些細節頗值得回味。其一，中國畫中的松樹造型往往枝幹多變，或具蟠虯之勢，或抱節自屈，其意象化的造型承載著獨特的審美旨趣，而此畫前景的松樹挺拔有餘而變化不足，在寫實中忽視了中國畫賦予松樹造型的特殊韻味；其二，畫中山石處理，特別是第三、四幅的近景的山石，不僅排列稍顯呆板，中國畫中畫石技巧講究的奇正形態難以體現，而且在處理上略顯缺乏章法，看起來作者在用西方的手法表現中國題材時還未完全找到應對策略；其三，畫中湖面的遠景作者採取了不同於傳統中國畫的手法，用石色提亮，用以營造出一種光線照射的效果，但此處色層剝落嚴重，看似對石色顏料控制力不足。無論從審美意趣還是表現手法抑或材料運用方面，都顯示出作者對中國繪畫尚未了然於胸，精琢於技。如若再看畫面中雲和水的表現，西洋繪畫的痕跡則體現的更為突出，中國傳統繪畫中歷來雲、水的表現要麼虛化處理，以暗示其虛幻不定，要麼以雲紋、水紋來刻畫，象徵性地強調其流動不居，要之，都是暗示，而不是直接的表現，而此畫中雲的實體感所帶來的效果完全不同於中國畫中雲的縹緲，特別是第二幅頂部團塊狀的雲朵；水亦如此，雖也表現波紋，但在和岸交接處都以亮色提出，用以表現光在水中的反射效

果，遠景水面上的大面積亮色更是如此，所謂波光粼粼，是借光來表現水。從這裡又可以看出作者對西方繪畫造型的熟絡。伊拉里奧·菲奧雷所說的也許不錯，此畫並不像是中國畫家所作，但作出這個判斷並非是依據「協調而飽滿的『潑油』結塊」，而是繪畫手法上的諸多特徵，同樣從繪畫風格上來看，「意法學派」的提法也不無道理，在這幅作品中，我們確實能夠看到從文藝復興一直到巴洛克時期南歐繪畫的影子。

新的問題隨之而來，畫面中的小橋（第三幅）和屋舍（第四幅）的比例和透視存在明顯的問題。樹叢中的屋舍似乎過於矮小，低於畫面的視平線，從比例上看人是無法進入其中的，屋舍和小橋在視平線上的滅點沒有匯聚在一處，半掩的屋門和屋舍的透視毫無關聯……若非刻意為之的話，一個熟練掌握西方繪畫造型技巧的人完全可以避免在畫作中出現這樣的錯誤，畢竟透視學在15世紀的歐洲已經發展得相當完備，透視學的理論和技法也早已為畫家藝匠們所掌握，《野墅平林圖》中這些透視方面的問題使此畫作者的身份忽然變得不明朗起來。是尼閣老的弟子倪雅谷還是另有其人？是否還有其他的可能，即畫中的屋舍和橋並非作者的原創，而是參照或直接借用了中國畫中的形象，用以暗示所描繪景物的地域特徵或中國韻味，畢竟這類物象在中國山水畫中是十分常見的。

可以說，到目前為止《野墅平林圖》還是一幅充滿爭議的畫作。首先，作品雖與利瑪竇有關，但尚無法確定作者是否為利瑪竇本人；其次，畫作所描繪的景物為何處等還存在異議；另外，技法上還有很多明顯的相互衝突之處。這些都還需要進一步深入研究探討。但綜合起來看，可以肯定的是：《野墅平林圖》的作者是在嘗試以傳統中國畫的工具材料、以西方繪畫的手法來表現景物，以達到「把西方繪畫藝術同中國傳統繪畫藝術融為一體的」的效果，這在明末是相當難能可貴的一種探索。

2.《木美人》

《木美人》，佚名，明，雙幅木板油畫，左160×41.6釐米，右159×38.7釐米，厚約3～4釐米，現藏於廣東新會博物館。這對《木美人》原是新會司前鎮天等村天后宮之物，據新會的李氏族譜記載，此畫為明洪武年間（1368～1398），新會司前人李仕升在福建省莆田縣任教諭時所得，曾因失火部分受損，李仕升退歸故里之時，將《木美人》帶回家鄉，供奉在天后廟裏。天等村至今還保存有明代的石匾「天等鄉」和建於明代的天后宮，《木美人》最早就被供

奉在天后宮中，於 1958 年移到新會博物館收藏保護，是目前尚未定級的文物
（圖 2-14）。

圖 2-14　佚名，《木美人》，明代，雙幅木板油畫，左 160×41.6 釐米，
右 159×38.7 釐米，厚 3-4 釐米，廣東新會博物館。

　　《木美人》是在兩塊大小相近的木板上描繪了與真人一般大小的女性形
象，左右各一，相對而立。木板的邊緣有刀斧痕跡，應是按人像輪廓從完整的
板材上切割下來的，後可能經火燒和煙薰，部分畫面已經受損，模糊不清。畫
中人物為古代仕女，面目端詳，鼻樑高挺，眼窩深陷，立體感強，有明顯的西
洋人物面貌特徵，有文物專家曾經表示，從面部特徵上看，她們更像北高加索
人。兩女性髮髻高聳，似戴有抽紗類蓋頭，雙肩斜削，穿低領漢式襟衣，衣襟
邊隱約可見抽紗類裝飾花紋。

　　《木美人》據傳是目前在中國發現的最早的油畫作品。關於木美人的繪製
年代，目前說法不一，現將其中有代表性的按時間先後列舉於下：

　　其一，明洪武年間（1368～1398）。這主要是依據新會司前鎮李氏族譜中

的記載:《木美人》為明中葉福建莆田教諭李仕升在任職期間所得,後帶回故里──新會天等村。

其二,明中葉。秦長安最早關注《木美人》一畫,他在《現存中國最早之西方油畫》一文依據記載、畫風、技法等,將《木美人》「暫定為十五世紀的明代中葉之大致年代」〔註94〕;相近的推測還見於梁光澤的《油畫〈木美人〉研究》〔註95〕;而吳楊波的文章《中國早期油畫〈木美人〉考辨》,從圖式材料分析入手,將人物造型與歐洲文藝復興時期和17世紀繪畫作品作對照,認為其創作年代為凡·愛克兄弟發明油畫技法之後,到文藝復興盛期結束之前的這一時間段,即15世紀至16世紀期間〔註96〕。

其三,17世紀前。「現存廣東新會博物館的《木美人》,是繪於兩寸多厚木板上的油畫。其確切年代尚不可考,但出自17世紀前在閩南傳教的西洋人之手,似無疑問。」〔註97〕

其四,清代。清乾隆四十六年(1781年)山東嘉祥舉人曾衍東遊歷廣東新會,曾親眼目睹《木美人》,後以《畫版》為題記載於其筆記體文集《小豆棚》中,可見此畫至遲繪於清乾隆之前;根據曾衍東所記「隨人畫形而刓之者」,有研究者推測,其原型有可能為歐洲模型畫──Dummy Board〔註98〕(一種起源於16世紀,流行於17、18世紀,畫於木板之上,做成人型或其他形象的繪畫形式),並由此推斷其大致年代。

遺憾的是李氏族譜中記錄《木美人》由來的原始文本在幾十年前遺失,而曾衍東見到《木美人》時,其色已剝落,足見繪製時間已不短。在歐洲,油畫是15世紀上半葉經凡·愛克兄弟革命性的創新才完善起來的,這一技法是由瓊斯丟斯·凡·根特和美西納傳播到意大利的,而貝里尼(Giovanni Bellini,1430～1516)和佩魯吉諾(Pietro Perugino,1445～1523)被認為是油畫從北方傳到意大利後,首先運用這一技法的大師。可以肯定,洪武年間油畫在歐洲尚未出現;而《木美人》一畫中相對鬆動、流暢的處理,更接近南方的意大利而非北方的佛蘭德斯的手法,表明它不會早於貝里尼和佩魯吉諾的時代;考慮到

〔註94〕秦長安:《現存中國最早之西方油畫》,《美術觀察》1985年第4期,第77頁。
〔註95〕梁光澤:《油畫〈木美人〉研究》,《嶺南文史》2001年第2期,第41頁。
〔註96〕吳楊波:《中國早期油畫〈木美人〉考辨》,《美術》2013年第4期。
〔註97〕水天中:《油畫傳入中國及其早期的發展》,《美術研究》1987年第1期,第57頁。
〔註98〕江瀅河:《清代洋畫與廣州口岸》,中華書局2007年版,第48頁。

東印度航線 1498 年被發現和葡萄牙商船在正德九年（1514 年）才開始出現在中國海岸等中西交通的史實，較為合理可信的推斷應該是：《木美人》大致繪製於十六世紀初。

　　從此畫所使用的材料來看，《木美人》的承托材料為整塊木板，看不出拼接的痕跡。呈暗黑色，均有縱向裂紋，且有多處孔洞，依木板邊緣輪廓均有刀斧砍鑿痕跡，似沿輪廓修整過，左側木板損毀較右側嚴重，肩部等處有釘子結合。左右兩塊木板紋理稍不同，左紋理稀疏而右密實一些，梁光澤在《油畫〈木美人〉研究》曾說此木板材質「類似柚木」〔註99〕，而筆者從博物館工作人員處得知，此木質較輕，應為松木或杉木類木材，據瓦薩里記載，歐洲木板油畫也多畫在白楊木或冷杉木上〔註100〕。兩塊板材表面在繪畫前明顯經過了細緻的處理，除右畫人物頭部處板材有輕微翹起變形外，表面均較為平整。畫面在色層剝落處顯露出白色塗層於木板之上，緊固密實，明顯不是顏料，似為石膏或白堊塗層。以此推斷，畫是做了底子的。

　　在繪畫手法方面，有研究者以《木美人》和中國傳統漆畫的「描油」工藝相比對。描油也就是以油代漆，在漆器上畫出花紋的做法，描油與描漆不同之處在於，用油可以調出任何顏色，色彩變化豐富，紋飾絢麗多彩，而描漆卻達不到這種效果。早在戰國時期描油就已使用，據考證，戰國時用桐油或蘇子油來調製漆，明代時使用密陀僧調油漆，用其作畫可起到速乾作用，密陀僧由波斯傳人中國，又由中國傳到日本。《髹飾錄》將描油的特點稱為：「其文飛禽、走獸、昆蟲、百花、雲霞、人物，一一無不備天真之色。」但考慮到漆畫的描油多用於傳統工藝裝飾，很少作為單獨的繪畫作品出現，且此畫中人物面部塑造立體，明暗間過渡自然柔和，手法和效果都在傳統描油工藝中鮮見，所以難以將其歸為描油。

　　也有研究者根據作品分析判斷《木美人》為坦培拉蛋彩畫。通常傳統坦培拉繪畫是用不透明顏色以排線的方式畫在帶有色調的白色底子之上的，容易同其他技法相區別。如果仔細觀察《木美人》的畫面，從色澤變化、畫面龜裂方式（右側人物顏面部分的網狀規則龜裂）、銜接柔和的筆觸和造型手法等方面看，此畫更接近油畫效果，特別是人物面龐運用暈染的手法，柔和自然，這

〔註99〕梁光澤：《油畫〈木美人〉研究》，《嶺南文史》2001 年第 2 期，第 39 頁。
〔註100〕〔意〕喬治·瓦薩里：《著名畫家、雕塑家、建築家傳》，劉明毅譯，中國人民大學出版社 2004 年版，第 142 頁。

是運用坦培拉技法很難做到的，就這點而言，《木美人》不是坦培拉，至少不會是純以坦培拉技法完成的作品，它是一幅油畫作品或以「坦培拉——油畫」混合技法繪製的作品。

《木美人》整幅畫面全部為啞光效果，無明顯光澤，且較為均勻，顏面部和袖口在繪製過程中做有少許肌理，袖口處效果較明顯，身體其他部分皆平整，為塗繪效果。左側人物頭部有縱向裂紋，色澤較亮，白裏透紅，臉頰處尤為明顯，右側人物色澤略暗，面部有網狀方塊龜裂，這應是在畫面表層使用油性材料的結果，由此也可以作出判斷，此畫是一幅油畫作品；而左側人物面部卻鮮見龜裂，有可能右畫色層較左側厚，更易產生龜裂，這從其顏色較左側灰暗也可佐證，色層薄則白色底子更容易透出。此畫的作者在木板上塗布了堅實的白色石膏或白堊底子，而油畫色層是用塗繪的手法比較稀薄地覆蓋在表面，使得底層的色彩顯得愈發明亮，這種效果也不排除使用了坦培拉和油畫的混合技法，畢竟這種技法在 15 世紀油畫發明到 16 世紀成熟這一百多年中一直為歐洲畫家所普遍運用，是油畫的一種過渡性技法，而《木美人》也很可能就是在這一時間段繪製的。

《木美人》人物的形象處理上也更接近南方的意大利而非北方的佛蘭德斯，突出了一種莊重而嫻靜的美感，並無過多的個性化人物特徵的刻畫。人物面部明暗分明而不失柔和，無明顯的線條和排線筆觸，而是運用了暈染的繪畫手法，這些特徵使作品看起來接近文藝復興時期油畫成熟期（15 世紀末到 16 世紀上半葉）的造型手法和繪畫風格。從左側人物面部可以看出，作品是多層敷色，底層色為棕綠色，暗部色層較薄，底色突顯，在亮部敷較厚的色層，這也就是我們常說的多層間接畫法，符合那個時代的繪畫技法特徵。

3.《聖彌額爾大天使》

《聖彌額爾大天使》作於十七世紀上半葉，木板油畫，約 267×156 釐米，現藏於澳門天主教藝術博物館，此畫在展出目錄上注明：「被認為是畫家熱萬尼·屋古爾的日本弟子的作品」。這裡的「熱萬尼·屋古爾」即意大利傳教士喬凡尼·尼古拉，又譯尼閣老，而「日本弟子」據推斷應該就是在日本有馬耶穌會學校跟隨尼閣老學習西洋畫藝的倪雅谷（費賴之在《在華耶穌會士列傳及書目》中將其列為中國人）（圖 2-15）。

《聖彌額爾大天使》一畫描繪的是《聖經》中四大天使長之一——聖彌額爾（希伯來語כאלי Micha'el 或 Mîkhā'ēl，拉丁語 Michael 或 Míchaël）的形象。

彌額爾這個名字的意思是「誰似天主」，聖彌額爾是天使長的首領，天使大軍的統帥，也新約子民的守護天使，上帝所指定的伊甸園的守護者，他是《新約》中唯一提到的具有天使長頭銜的靈體。《聖經》中聖彌額爾為了神聖的正義而戰鬥，他的形象往往能夠使人想到善戰勝惡，想到來自天使的庇護，他是正義和力量的化身。

圖 2-15　傳，倪雅谷，《聖彌額爾大天使》，17 世紀上半葉，木板油畫，
約 267×156 釐米，澳門天主教藝術博物館。

此畫中的聖彌額爾為一年輕男子，面色白皙，褐色卷髮，可以看出形象是基於西方原型，裝束是古羅馬式的，頭戴金盔，身著軟甲，外罩紅袍，身後有金色的背光和羽翼，左手執狀似燈檯一般的聖體龕，下綴長練，右手執劍，劍刃化作紅色火焰狀，在暗綠色背景的映襯下，聖彌額爾顯得英武威嚴，氣勢迫人，作品充分地展現了其在傳教過程中的非凡勇氣和戰鬥精神。

整個作品是畫在木板之上，由於畫的尺幅較大，為幾塊木板拼合而成，所用板材不厚，底材平整，應該是經過了細緻的處理。作品表面光澤並不均勻，

局部還有吸油現象，不過僅據此就可以明確其為油畫材料繪製。畫面人物比例勻稱，刻畫細膩，頭部的背光、身後的羽翼和衣服的滾邊等處都以金線描繪，工整嚴謹。整個畫面平面效果突出，並不刻意強調立體感的表現，基本採用的是正面布光，所以並沒有強烈的明暗和光影效果，只是在顏面部依結構塑造出了體積感，而軟甲和罩袍等服裝的處理基本為單色平塗，只在皺褶處略加勾勒，看得出在技法運用上更傾向於東方式的平面而非西方明暗立體造型方法。用色單純，紅色罩袍和綠色的背景對比鮮明，有效地突出了主體形象，加之服飾等處黃色和金色細節的點綴，醒目華貴，在用色上也可以看出作者是在有意追求平面的裝飾性效果。應該說這同樣是一幅中西結合的作品，是用西方油畫材料表現《聖經》人物，而又傳達出了東方意趣。

　　此畫在展出時有標注，稱其畫風受南蠻藝術風格影響。而傳為此畫作者的修士畫家倪雅谷就出生於日本，曾在日本有馬美術學校跟尼閣老學習繪畫，他自然會受當時日本流行的南蠻畫風影響。南蠻是日本人對 16 世紀進入日本的葡萄牙人的稱謂，後來也指荷蘭人，日本自 16 世紀 40 年代即有乘葡萄牙船而來的基督教傳教士，他們帶來了歐洲繪畫，被稱為南蠻繪。早期的南蠻畫家，在摹寫聖像畫的同時，還描繪了取材歐洲版畫的異國人物圖畫、世界地圖，甚至還製成南蠻繪屏風，表現來日西方人的風俗，這些以歐洲為題材和採取西洋畫法的風俗畫，直到 17 世紀還在日本流行，影響相當廣泛。

　　歐洲聖像畫和宗教美術品隨傳教士進入日本的時間要比中國早，據關衛《西方美術東漸史》記載，1549 年聖佛蘭西斯科・沙勿略、薩維爾等一行到了鹿兒島，嚮導是薩摩出身的青年彌次郎。他們攜帶了《受胎告知》和《聖母子》兩幅聖像畫在鹿兒島登陸，準備向封建領主大名傳播基督教，這被認為是聖像畫進入日本的開始。據稱聖母像是他們自印度果阿帶來的，「該繪畫，是聖母把小基督抱在膝上的一幅極美的畫，想是南歐系統的油畫吧。」〔註101〕在 1583 年意大利耶穌會士尼閣老到達日本開設美術學校之前，日本人還是「竭盡全力利用本地的材料製作歐洲風格的美術品」〔註102〕。而尼閣老的到來無疑為西洋美術在日本的傳播起到了極大的推動作用。「將葡萄牙人來到日本的

〔註101〕〔日〕關衛：《西方美術東漸史》，熊得山譯，上海世紀出版集團 2007 年版，第 231 頁。

〔註102〕〔英〕蘇立文：《東西方美術的交流》，陳瑞林譯，江蘇美術出版社 1998 年版，第 7 頁。

1542 年到島原之亂的 1638 年這段時間稱為『基督教時代』雖多少有些誇張，但設在長崎、有馬、天草等地的教會神學院仍然有足夠的時間成為摹製歐洲宗教美術品的中心，後人對殘留的繪畫和雕塑進行了詳盡的研究。雖然這些美術品大多數在迫害基督教徒的當時便已被毀掉，得以保存下來的仍足以表明日本的畫師和工匠已經掌握了摹製歐洲美術品的手段。」〔註103〕

受歐洲繪畫影響的日本畫家，大多熟練掌握了西洋繪畫技法，「在各教會中，學生們描的油繪及壁畫都很多，這些學生，技術都優秀，其中許多且是卓越的畫家。」〔註104〕但在創作中，他們有時又會採取區別對待的態度。「但是日本畫家對於使用透視和明暗陰影的技法卻很謹慎，不願意採用這些西方繪畫技法來表現日本的題材。」〔註105〕像倪雅谷這樣的「善習繪畫者」，在日本接受了嚴格的西方繪畫技法的訓練，其技巧肯定不僅限於「摹製歐洲美術品」，因為相關文獻記載他後來赴澳門和中國內地，主要從事教堂的裝飾工作，這需要有不凡的才藝。那麼在《聖彌額爾大天使》這幅作品中，倪雅谷所運用的突出平面效果，弱化立體造型的手法，恐怕不僅體現出「其畫風受南蠻藝術風格影響」，同樣也體現出了畫家對「使用透視和明暗陰影的技法」所具有的「謹慎」，這應該是這幅東西方結合的油畫作品在繪畫技法方面所獨具的特色。

後來倪雅谷成為利瑪竇身邊的一位重要的美術助手，來中國後在澳門和內地多地從事和傳教相關的繪畫活動，萬曆三十五年（1607 年）倪雅谷赴南昌初學院，期間繪製過中國式的彩色木刻門神。而據新會博物館所提供的資料表明，《木美人》一畫被從福建莆田帶回廣東新會的天等村後，被供奉在村中的天后廟中，有學者推測這種天后崇拜可能就是莆田的媽祖崇拜的一種延續，而《木美人》的作者或為當時入華的具有繪畫技能的歐洲傳教士。如果再將範圍擴大，倪雅谷的中國式的「彩色木刻門神」和作為中國民間神祗崇拜的《木美人》之間是否也有某種聯繫？「中國式」門神和作為中國神祗崇拜對象的《木美人》，這些中國化的跡象是否也是利瑪竇入華傳教所採取的「中國文化適應政策」在美術上的一種具體的表現呢？

〔註103〕〔英〕蘇立文：《東西方美術的交流》，陳瑞林譯，江蘇美術出版社 1998 年版，第 6 頁。

〔註104〕〔日〕關衛：《西方美術東漸史》，熊得山譯，上海世紀出版集團 2007 年版，第 239 頁。

〔註105〕〔英〕蘇立文：《東西方美術的交流》，陳瑞林譯，江蘇美術出版社 1998 年版，第 11 頁。

4.《利瑪竇像》

《利瑪竇像》作於 1610 年，作者游文輝，畫布油畫，120×95 釐米，現藏於意大利羅馬耶穌會總會檔案館。這是游文輝在利瑪竇去世時繪製的一幅利瑪竇油畫肖像，被認為是目前可考的中國人所作最早的一幅存世油畫，同時也被認為是現存利瑪竇肖像中最具有代表性的一幅（圖 2-16）。

圖 2-16　游文輝，《利瑪竇像》，1610 年，畫布油畫，120×95 釐米，羅馬耶穌會。

相對於上述三幅作者和繪製時間都尚存疑義的繪畫作品，《利瑪竇像》的情況則十分明瞭。除了時間不能完全確定的《木美人》油畫，《利瑪竇像》應是中國現存最早的油畫作品。

此畫的作者游文輝於 1575 年生於澳門，1593 年至 1598 年間曾在尼閣老在日本天草所辦的美術學校中學習，課程內容就有宗教畫技法，1605 年進入澳門聖保祿修院，繼續研修繪畫，通過這些學習經歷，游文輝顯然熟練掌握了油畫技法。

在萬曆二十六年（1598 年），應利瑪竇的請求，游文輝被派到中國，萬曆二十八年（1600 年）他跟隨利瑪竇、龐迪我神父北上，途經山東時濟寧時，利瑪竇還曾將一幅游文輝臨摹的《聖母子與施洗約翰》贈與了漕運總督劉東星及夫人。1610 年 5 月 11 日利瑪竇逝世時，游文輝和熊三拔與費奇觀神父及修士鐘鳴仁都在北京，四位耶穌會友眼看利瑪竇病危，均守候在他的床前。利瑪竇

的逝世，對在京的耶穌會是一個很大的打擊。為表達對利瑪竇的追思，游文輝在大家的懇求下畫了這幅利瑪竇神父的肖像。這幅畫後來於 1614 年被金尼閣帶回羅馬，一直保存在耶穌會羅馬總部至今，作為利瑪竇最具代表性的肖像，此畫當時曾和依納爵·羅耀拉以及方濟各·沙勿略兩位被羅馬教廷封聖的耶穌會先驅的肖像一同懸掛於耶穌會總堂。2010 年為紀念利瑪竇逝世 400 週年在北京、上海和南京等地舉辦的《利瑪竇——明末中西科學技術文化交融的使者》展覽中曾展出此畫。

此畫為利瑪竇的半身肖像，畫中的利瑪竇蓄髮留鬚，正面直立，頭部微側向左方，雙目凝視遠方，神態凝重，雙手似拱手狀插於衣袖之中；從裝束上看，利瑪竇戴黑色四方角巾，屬於當時「儒士生員監生」的冠制，著黑色長衫，按利瑪竇自己描述，是近似黑紫色，白衣襟，這應該是當時進士才可以穿的「緋袍」，利瑪竇這種儒生的裝束我們在明代繪畫中經常能夠見到，如上海博物館藏項聖謨、張琦的《尚友圖》、南京博物院藏李岳芸的《文徵明像》《唐寅像》等，其中曾鯨的《趙士鍔像》中人物動態、衣著幾近於此畫；利瑪竇身後是青灰色的天空，點綴有三塊深淺不一的帶狀雲彩，豐富了背景的同時也增加了畫面的深遠感；在畫面上部右側有一個像太陽般帶星芒紋飾的徽章，這是耶穌會的會徽，棕褐色的底子上有紅色十字架、三顆釘子和耶穌會希臘文的縮寫 IHS，以此昭示利瑪竇堅定的信仰和其力量的源泉；在畫像的最底部有一淺色條帶，上以拉丁文書寫：「利瑪竇神父，馬切拉塔城人，為耶穌會第一位把福音傳入中國者，一六一零年去世，享年六十。」〔註106〕

此畫採用了傳統的肖像畫構圖方式，飽滿簡潔，視點置於畫面中下部，採用了略微仰視的角度，突出了畫中人物莊重的效果，並藉此表達對這位中國天主教傳教事業先驅的敬仰之意；濃重的深色塊佔據了畫面的大片面積，而臉部和衣襟交領的亮色與之形成了鮮明的對比，並進一步將觀眾的視線引向了肖像的臉部，這裡作者施加了明暗處理，光線從左側而來，映照出面龐的輪廓和五官的起伏，而整個頭部的陰影也投在了白色的衣襟之上，使得頭部的體積感有充分的呈現。五官刻畫硬朗而肯定，有如木刻一般，眼窩深陷，額頭突出，鼻樑挺直，準頭下探，西方人的形貌特徵把握得十分到位，估計也是由於作者長期和利瑪竇相處於一起，見於目而熟於心，利瑪竇額頭和眼角的皺紋被有意

〔註106〕 莫小也：《十七——十八世紀傳教士與西畫東漸》，中國美術學院出版社，2002
年版，第 89～90 頁。

突出，暗示出來華傳教二十多年所經歷的艱辛和磨難，雙晴直視前方，堅韌中也多少透露出些許茫然，畢竟前路還將充滿無盡的坎坷，鬍鬚花白，精細而不散亂，整體和細節的關係處理得極好。相對於臉部的細緻處理，衣服的刻畫則比較簡潔概括，外輪廓沒有過多的細節，從畫面底部一直延伸到帽頂，以近乎對稱的方式呈一三角形，處理得如同一尊石雕像一般，不禁讓人聯想到漢代的石雕造像；衣紋描繪簡潔，正面大面積提亮，可能是想表現黑色長衫在受光照情況下的一種高光或反光，但效果沒有完全傳達出來。

在色彩上可以看出作者力圖追求一種質樸、厚重的效果。不拘泥於色調的細膩變化而強調大的色塊對比，用色單純，以黑白主導畫面，藍灰色的背景顯示出宗教的聖潔，臉部在固有色的基礎上選擇性地施加明暗，既突出了重點，又保持了一種儀式性的莊重。整個畫作的用色和其造型一樣，顯示出了作者的高度概括能力。

仔細觀察畫面可以發現，除臉部色層較厚外，衣服和背景的色層都比較稀薄，以至部分地方底色都漏了出來，這說明此畫是畫在有色底子上的，背景的顏色也似乎有過更改的跡象，藍色應該是在主體形象完成後又覆蓋到下面的褐綠色層上的，而這一更改多少顯得有一些倉促，同樣的情況還可以在右側的耳朵處看到，可能由於最初比例不當，這裡作過修改，但色層過薄，沒能完全覆蓋住原來的底色。這種倉促也不排除是當時的情境所致。

再來看此畫的表現風格，有研究者根據游文輝曾跟隨尼閣老學習繪製聖像畫的經歷並結合畫面效果推斷，此畫畫風比較接近西方中世紀的傳統，這一推論有其可取之處，但筆者更傾向於認為此畫受中國造型藝術影響更深，特別是木刻版畫，參看同時期的一些版畫作品，如《程氏墨苑》中的《聖母像》就可見一二。這些版畫雖受到傳入中國的西畫影響，但由於版畫的畫工、刻製者，象丁雲鵬、黃磷、黃應道等很多都是徽派的名家高手，在造型上頗有自己獨到之處，特別是在輪廓的刻畫、塊面的表現和陰影的處理上，都體現出了一種十分成熟的、體系化的簡潔概括方式，將西方的明暗法和中國畫黑白融合於一體，而又不失中國傳統繪畫的韻味。《利瑪竇像》雖為油畫，但在輪廓、衣褶的明暗、包括人物的五官等處也都可以看見類似的處理。

《利瑪竇像》是目前有據可考的中國人繪製的最早的油畫作品，雖然造型和技巧的運用還未臻純熟，但可以肯定的是，當時的中國畫家經過學習訓練，已經較好地掌握了西方造型手法和油畫技法，具備了一定的寫實技巧，能夠自

主地以油畫為媒介進行創作，並且在畫中融入了中國藝術的一些特質；更值得我們注意的是，這幅繪製於 1610 年，距今已經 400 多年的油畫作品，基本沒有出現龜裂，而且色澤明亮，光鮮如初，這足以說明游文輝等這些明末最早接觸西方油畫的中國畫家對油畫材料技法的運用是十分合理和恰當的。

第三節　對視——中西繪畫觀的交匯之一

一、國人對西洋繪畫的初步認識

中外美術交流自古就有，潘天壽在《域外繪畫流入中土考略》中認為，有史料依據最早的域外繪畫流入中土是秦代騫霄國的畫人列裔來朝一事，其年代可謂久遠。隨著西域的打通和佛教的東來，魏晉南北朝時佛教繪畫藝術對中國本土藝術的影響日益顯現，著名的如張僧繇在建康一乘寺所作的凹凸門畫，遠望眼暈如同有凹凸之感，這就是仿傚天竺畫技法而塑造出的體積感，它和具有平面裝飾效果的中國畫技法相比較，完全是「華夷殊體」。至唐代又有西域于闐人尉遲乙僧，其繪畫技法「與中華道殊」，所畫光宅寺壁畫中形象探身於牆壁之外，這也是畫面強烈立體感所造成的「逼之摽摽然」的效果。歷史上這些外來的繪畫技法在當時都引起了相當程度的關注。至明代海上交通通達，彌補了歐亞陸路阻斷所造成的隔絕，中西美術交流開啟了新的時期，歐洲傳教士們將聖像畫帶入中國，並進一步教授國人繪製西畫，這次面對這種前所未見的、「華夷殊體」的「泰西之法」，國人表現出了同樣的好奇和關注，人們對傳教士所帶來的聖像油畫的反應可從當時的一些記載中窺見一斑。

羅明堅和利瑪竇初入內地，在肇慶建立了第一座教堂，其中供奉了由聖方濟各博而日亞會的修士仿照羅馬聖母堂內著名的聖路加聖母像繪成的油畫聖母像，前來參觀的人絡繹不絕，人們對供奉於祭壇的聖母像敬禮膜拜，並且極力讚許聖母像「色調的調和與筆致的生動」，對畫像的精美稱羨不已，畫中柔和的色彩、自然的輪廓、特別是那栩栩如生的人物姿態，一下子吸引了參觀者的目光。

這不禁又讓我們想起了更早進入肇慶的方濟各會傳教士西班牙人阿爾法羅等人在當地過堂時的情景，總督在檢查他們攜帶的物品時，特別注意到「幾張筆致精妙五光燦爛的手繪聖像」，這引起了他的好奇和興奮。

「色調的調和」和「五光燦爛」，這些歐洲油畫色彩上的特點無疑是首先

引起人們注意的。長期沉醉於水墨畫的黑白韻味之中，使得國人已經習慣置色彩於繪畫的邊緣，而「五色令人目盲」的古訓也一直為人所稱道。既然黑白之間的無盡變化足以涵括萬千世界，那麼五彩紛呈的宇宙萬物也理應以黑白來呈現。此時面對西來的聖像，人們忽然又在畫中找到了他們一直無視的東西，這是再自然不過的了。而寫實油畫繪製的精美和筆致的精妙，讓畫中形象油然產生栩栩如生之感，這和講求逸筆草草的中國文人畫大異其趣。可以看出這些對西畫最初的感受，完全是基於中西繪畫差異，是由於彼此之間的陌生與隔閡所產生的，它來自於視覺感受的表層，尚未觸及到歐洲油畫的本質屬性和特徵。

明末篆刻家、收藏家和鑒賞家周亮工（1612～1672），愛好繪畫篆刻，曾居南京，對當時傳入的西洋油畫聖像應該有耳聞目睹，他曾提到：

> 按尉遲乙僧外國人，作佛像甚佳，用色沉著，堆起絹素。今西洋蠟絹畫，是尉遲遺意。〔註107〕

這裡周亮工將西洋畫的油彩誤認為是蠟，可見當時的國人對外來油畫的油性材質還十分陌生。不過在此他也傳達了兩個很有價值的信息，一是早期傳入中國的油畫不僅有畫在木版上的，也有畫在織物上的；二是西洋畫在畫法上和唐代來自西域的繪畫有一定的淵源關係。

更為具體詳細的記述見於明代顧起元的《客座贅語》，其中細緻描述了利瑪竇所攜之聖母像及其觀感，內容述及到了聖母像的材質，為我們深入瞭解利瑪竇所攜聖像畫的材料屬性提供了可供參考的寶貴資料。

> 利瑪竇，西洋歐羅巴人也。面皙虯鬚，深目而睛黃如貓。通中國語，來南京，居正陽門西營中，自言其國以崇奉天主為道。天主者，制匠天地萬物者也。所畫天主，乃一小兒，一婦人抱之，曰天母。畫以銅板為幀，而塗五采於上，其貌如生。身與臂手，儼然隱起幀上，臉之凹凸處正視與生人不殊。〔註108〕

顧起元同時還描述了畫中栩栩如生的立體效果「其貌如生」、「與生人不殊」，類似的記述還見於明姜紹書《無聲詩史》一書「西域畫」一項：

〔註107〕〔美〕高居翰.：《氣勢撼人——十七世紀中國繪畫中的自然與風格》，李佩樺譯，生活·讀書·新知三聯書店，2009年版，第113頁。

〔註108〕〔明〕顧起元：《庚巳編·客座贅語》，譚棣華、陳稼禾點校，中華書局1987年版，第193～194頁。

利瑪竇攜來西域天主像，乃女人抱一嬰兒，眉目衣紋，如明鏡
涵影，蹯蹯欲動。其端嚴娟秀，中國畫工無由措手。〔註109〕

明末劉侗、於奕正在《帝京景物略》中記載了懸掛在北京宣武門內天主教
堂中的耶穌畫像，同樣談到了逼真的畫面效果：

望之如塑，貌三十許人。左手把渾天圖，右又指，若方論說狀，
指所說者。鬚眉，豎者如怒，揚者如喜；耳隆其輪，鼻隆其準，目
容如矚，口容有聲。〔註110〕

文中「儼然隱起幀上」和「凹凸」其實都是在形容畫面中人物形象的立體
感，「儼然」指出那不過是幻覺，而這種幻象即源自西洋繪畫的明暗法，正是
這種寫實技法造成了「其貌如生」和「明鏡涵影，蹯蹯欲動」的栩栩如生的效
果。面對「望之如塑」的繪畫，「他們以為這些圖畫是浮雕，而不能想像這只
是油畫。」〔註111〕這時觀者開始嘗試探究內裏，希望從西畫材料和技法表現
層面去探尋這一「泰西之法」是如何獲得這種神奇效果的，對此顧起元借利瑪
竇之口道出了其中原委：「吾國畫兼陰與陽寫之」〔註112〕，指出西洋繪畫中的
立體效果在於明暗的塑造，可以看出，國人對西畫的認識在此又進了一步。

關於這種能夠產生立體效果的繪畫技法的由來，顧起元有自己的見解。在
《客座贅語》卷五「凹凸畫」一條中他寫到：

歐羅巴國人利瑪竇者，言畫有凹凸之法，今世無解此者。建康
實錄言：一乘寺寺門遍畫凹凸花，代稱張僧繇手跡，其花乃天竺遺
法，朱及青綠所成，遠望眼暈如凹凸，就視即平，世咸異之，名凹
凸寺。乃知古來西域自有此畫法，而僧繇已先得之，故知讀書不可
不博也。〔註113〕

顧起元和周亮工一樣發現了西洋畫法與中國畫傳統技法的某些相似性，
並將西洋畫法與一千年前南朝畫家張僧繇所擅的凹凸法相類比，認為明末傳

〔註109〕〔明〕姜紹書：《無聲詩史·韻石齋筆談》，印曉峰點校，華東師範大學出版
社 2009 年版，第 170 頁。
〔註110〕方豪：《中西交通史》，人民出版社 2008 年版，第 634 頁。
〔註111〕〔法〕伯希和：《利瑪竇時代傳入中國的歐洲繪畫與版刻》，李華川譯，《中華
讀書報》2002 年 11 月 6 日。
〔註112〕〔明〕顧起元：《庚巳編·客座贅語》，譚棣華、陳稼禾點校，中華書局 1987
年版，第 194 頁。
〔註113〕〔明〕顧起元：《庚巳編·客座贅語》，譚棣華、陳稼禾點校，中華書局 1987
年版，第 153 頁。

入中國的西洋畫法來源於時間更為久遠的天竺凹凸法，是凹凸法的延續。如果細究，其實兩者並不完全相同，南朝張僧繇和唐代尉遲乙僧所用凹凸之法確實是「天竺遺法」，來自印度繪畫。從整體上看，印度畫與中國畫都以線條為主要造型手段，只是印度畫在線條中借用了來自西方的明暗畫法——凹凸法，所以能於平面中營造出立體的效果，在著名的阿旃陀石窟壁畫以及斯里蘭卡Sigiriya 石窟壁畫中，皆有應用凹凸法的實例〔註 114〕。這種技法由印度傳入中國後，由於表現出的效果具有凹凸起伏的立體感，於是得此名。應該說這種凹凸法是一種用明暗表現立體感的畫法，但具有較強的程式性。在表現形體時，兼用強光和陰影使明暗分別集中於形體的中心和輪廓處，造成形體中心亮、邊緣暗的凸起效果，類似於施加了正面光源，其目的在於表現形體的立體感而非記錄光線照射的效果，同時由於缺乏反光的表現，所以更接近於浮雕的感覺，在這一點上凹凸法與西方的明暗畫法有較明顯的不同。

對於立體效果，國人從一開始就慣用「凹凸」一詞，如「凹凸花」，而「立體」則是近現代的用法，如果細究兩者，卻不盡相同，「凹凸」側重於平面中的起伏，而「立體」傾向於物體佔據空間中的體量。可見在對待繪畫中的立體視幻效果這一問題上，當時的國人還是受到中國傳統繪畫觀念和視覺方式的習慣性影響，並未從空間的角度去審視對象，觀察和思考的出發點仍是止步於畫平面，而未能再向身前或身後跨出一步。

當然問題還不只限於視覺層面，《利瑪竇中國劄記》中的另外一些記載同樣值得我們關注。萬曆二十六年（1598 年）利瑪竇在南昌啟程北上進京，途中曾在蘇州巡撫趙可懷家中，向後者展示了準備進京獻給萬曆皇帝的禮物——一幅非常講究的裝在一個透明玻璃框裏的耶穌十字架像，看到聖像後趙可懷的言行卻十分耐人尋味。當利瑪竇在總督的房間展示聖像時，趙可懷一看便肅然起敬，隨後他用雙手打開鏡框的兩扇小玻璃門並掉過臉來，他對疑惑不解的利瑪竇解釋：其所見決不是凡人之像，這間屋子更不是供奉聖像的適宜之所。總督對聖像極度虔誠恭敬，供於祭壇並禮拜，而且還邀請城中要人參觀這不可思議的聖像〔註 115〕。

萬曆二十八年（1600 年），利瑪竇等人從南京啟程第二次進京，途經山東

〔註 114〕向達：《唐代長安與西域文明》，重慶出版社 2009 年版，第 324 頁。
〔註 115〕〔意〕利瑪竇、〔比〕金尼閣：《利瑪竇中國劄記》，何高濟、王遵仲、李申譯，
　　　　中華書局 2010 年版，第 322～323 頁。

時，結識了駐守在山東濟寧的漕運總督劉東星，並向其展示了準備進獻給萬曆皇帝的一幅繪畫作品《聖母子與施洗約翰》，適逢總督夫人於夢中見到了與畫相同的場景，認為這幅畫對她的夢有非同尋常的意義，利瑪竇便將一幅臨摹作品贈與了她，這不能不說是聖像又一不可思議之處〔註116〕。

在利瑪竇等人進入北京之前，太監馬堂檢查了他們準備獻給萬曆皇帝的禮物，在讚賞之餘，馬堂還敬畏地跪倒在一幅聖母像前，並許諾將為聖像在皇宮中安排一席之地〔註117〕。

而面對利瑪竇所進獻的異域聖像，萬曆皇帝首先表現出的就是驚愕，他吃驚地站在那裡，用「活神仙」來形容所見到的聖像，隨後驚愕似乎轉變為恐懼，他甚至不敢和聖像的目光對視，於是就將聖母像送給了他的母親慈聖皇太后，而皇太后也對這一活生生的神的形象感到不安，逼真的神態使她感到害怕，於是下令將這些神像放於庫房裏〔註118〕。

中國的神祇形象大多是固定不變且高度程式化的，它早已形成了一定的範式，深入到人的內心當中，而一旦這一形象由原先司空見慣的木胎泥塑一下轉變為栩栩如生的「活神仙」，如同顯聖般出現於人們面前時，這勢必會跨越人們心理中原有的虛幻和現實的界限，一個被認為「本該如此」的形象卻以「遠非如此」的真實面貌呈現出來，一種基於視覺的心理預期被打破，這甚至會超越人們一般的心理承受力，使原本對神祇的敬畏更為加劇。

俗話說「神由人造」，長久以來神祇留在人頭腦中的印記既是視覺化的具體形象，也是一個象徵性的符號，神話傳說、民間傳奇和文學藝術等又長期滲透到造神活動中，進而成為神祇形象不可分割的一部分。而當一個來自異域的神祇突然出現時，由於彼此宗教信仰和文化淵源的差異，原先依附於神祇的種種附加成份被完全剝離開來，不再發揮作用，這不僅使他成為一個與背景徹底脫離的存在，也會瞬間使觀者的辨識意識發生短路，歷史參照呈現空白，這就是國人在看到異域聖像時的種種驚愕和「不可思議」，這是張惶也是無助，這既是對眼前形象栩栩如生的真實性的恐懼，更是一種失去自身文化情境依賴

〔註116〕〔意〕利瑪竇、〔比〕金尼閣：《利瑪竇中國劄記》，何高濟、王遵仲、李申譯，中華書局 2010 年版，第 387 頁。

〔註117〕〔意〕利瑪竇、〔比〕金尼閣：《利瑪竇中國劄記》，何高濟、王遵仲、李申譯，中華書局 2010 年版，第 390 頁。

〔註118〕〔意〕利瑪竇、〔比〕金尼閣：《利瑪竇中國劄記》，何高濟、王遵仲、李申譯，中華書局 2010 年版，第 402 頁。

的恐懼，顯然這已經觸及到了更深的文化心理層面，使人們原本對神祇的敬畏更為加劇。不惟如此，國人在初識西方聖像時所作出的反應以及文化心理層面的波動同樣也放大到他們所初次接觸到的西方油畫、版畫乃至整個西方繪畫上。

　　來自異域的聖像畫，憑藉「逼之摽摽然」的表現技法，給人帶來了「華夷殊體」的迥異視覺效果，更為重要的是這些技法和隨之產生的幻覺般的視覺效果，不光引發觀者的好奇，刺激了人們的視覺習慣和視覺心理，還潛入內心，於無意識之中，開始在更深層面發揮影響。「與中華道殊」，這裡的「道」已經絕非技巧和技法層面的淺表問題，它已指向了人們的文化心理，對於一個具有悠久歷史和文化傳統國家，這無疑是一種挑戰，而對它所作出的回應則更是一種挑戰，它甚至意味著對以往的顛覆，波瀾就此掀起。

二、西方人對中國繪畫的初步認識

　　利瑪竇在華生活近三十年，深諳中國文化，他對中國繪畫的看法在同時期的歐洲傳教士中無疑具有一定的代表性。

　　利瑪竇對中國繪畫有自己的見解，他認為：「他們不會畫油畫，畫的東西也沒有明暗之別；他們的畫都是平板的，毫不生動。」〔註119〕「氣韻生動」一直是中國繪畫的最高準則，歷來為中國畫家所追求。而利瑪竇也以「生動」作為繪畫標準，用「毫不生動」來評價他眼中的中國繪畫，這和中國明清時期的文人學者品評西洋畫的標準和觀點如出一轍，這一點是頗值得玩味的。那麼，雙方眼中和心裏的生動又各是什麼呢？謝赫六法中的第一法即為「氣韻生動」，「生動」二字是對「氣韻」的一種形容，所以在中國畫家的眼中，「生動」的對象是繪畫作品的「氣韻」，「韻」是從魏晉時代流行的人物品藻的概念引申而來，它超出了單純的人物或對象的形貌，而是風姿神貌，是人物或對象的審美形象。而「韻」又與「氣」密不可分，「『韻』是有『氣』所決定的，『氣』是『韻』的本體和生命。『氣』屬於更高的層次。……而且就繪畫作品來說，『氣』表現於整個畫面，並不只是表現於孤立的人物現象。」〔註120〕而在利瑪竇眼中，「毫不生動」是由於畫是平板的，也就是缺少應有的立體感，而一

〔註119〕〔意〕利瑪竇：《利瑪竇全集》，羅漁譯，光啟出版社，輔仁大學出版社1986年版，第65頁。
〔註120〕葉朗：《中國美學史大綱》，上海人民出版社1985年版，第221頁。

且沒有了立體感，形象也就缺乏了真實感，無法鮮活起來，自然就談不上生動。

在繪畫技法方面，利瑪竇也將中西繪畫作了一番比較，並指出中國繪畫雖然應用廣泛，但在技法方面卻存在著許多不足，主要體現為沒有掌握油彩和透視法，從而無法真實細膩地再現客觀對象，這就造成繪畫作品缺乏生命力。對於工藝製造方面表現出的原始，利瑪竇認為這並非是中國人缺乏天賦，而是缺乏和其他國家和民族之間的交流。

中國人廣泛地使用圖畫，甚至於在工藝品上；但是在製造這些東西時，特別是在製造塑像和鑄像時，他們一點也沒有掌握歐洲人的技巧。他們在他們堂皇的拱門上裝飾人像和獸像，廟裏供奉神像和銅鐘。如果我的推論正確，那麼據我看，中國人在其他方面確實是很聰明，在天賦上一點也不低於世界上任何別的民族；但在上述這些工藝的利用方面卻是非常原始的，因為他們從不曾與他們國境之外的國家有過密切的接觸。而這類交往毫無疑問會極有助於使他們在這方面取得進步的。他們對油畫藝術以及在畫上利用透視的原理一無所知，結果他們的作品更像是死的，而不像是活的。看起來他們在製造塑像方面也並不很成功，他們塑像僅僅遵循由眼睛所確定的對稱規則。這當然常常造成錯覺，使他們比例較大的作品出現顯明的缺點。〔註121〕

毫無疑問，這種比較後得出的結論，只是代表了一種西方式的視角和評判標準，15 世紀歐洲油畫的出現和透視法的產生，確立了一種真實、客觀和理性的特徵，而當時國人對西洋畫的驚詫和豔羨的反應，在利瑪竇的心目中為西方繪畫添加了一種優越感，「對於中國文化，利瑪竇一貫是理智和謙虛的。但對於中國的藝術，特別是繪畫、雕塑等造型藝術，他卻犯了片面和偏頗的錯誤，武斷地認為形象逼真、色彩生動的西方繪畫足以使『只有黑色線條』、『不會運用透視原理』的中國畫相形見絀，因此西方繪畫的魅力定會征服中國人的心靈。這正如伯希和所說：『就是這種對中國藝術的蔑視使利瑪竇打算利用歐洲藝術品為完成傳教使命服務。』」〔註122〕

〔註121〕〔意〕利瑪竇、〔比〕金尼閣：《利瑪竇中國箚記》，何高濟、王遵仲、李申譯，中華書局 2010 年版，第 22～23 頁。
〔註122〕文錚：《偏見與寬容——利瑪竇與中西美術的相遇》，《美術觀察》2008 年第 8 期，第 130 頁。

第四節　明代泰西畫法的影響

一、泛論

中國繪畫經由漢唐，至宋達到了一個高峰，而後元代畫家刻意採取了不同的方式，開啟了新的階段，至明清之際，又達到了一個新的頂點，可以說明清之際是在中國繪畫史上有重要意義的時期。適逢此時，西方傳教士進入了中國，他們在傳佈福音的同時，還帶來了聖像畫等西洋美術品，給明清之際紛繁複雜、充滿變化的中國畫壇提供了一種完全不同的可能，使中國畫家能夠重新審視自身的傳統，調適自我的軌跡，作出自己的回應，所有的一切看似波瀾不驚，但碰撞和激蕩都蘊含於潛流之中。

關於明末西洋繪畫對中國繪畫的衝擊和影響，到目前為止還是一個存在爭議的話題。以蘇立文和高居瀚為代表的西方學者普遍認為西方影響是客觀存在的，在此過程中，傳教士被認為起著不可忽視的作用，他們給中國帶來了西方文化，「他們攜帶的繪畫作品和各種書籍給中國美術留下了最初的歐洲影響。」〔註123〕

不過要談及西洋畫對中國繪畫的影響，油畫恐怕只能退居其次，從《木美人》《聖彌額爾大天使》到《利瑪竇像》，明代留存至今的油畫少之又少，當時很少有人能夠接觸和真正瞭解這些來自西洋的新奇之物，從輻射的範圍來看，油畫能夠產生的影響也可謂微乎其微。誠如蘇立文所說，傳教士們帶來的繪畫作品（特別是銅版畫）和各類書籍中的插圖起到的作用要更大些，這得益於其數量和傳播的廣泛。「耶穌會士越來越體會到印刷術和圖書對於向文明民族傳道的重要性」〔註124〕，於是在他們請求下，大量書籍被帶到中國來，「當時遠西諸儒攜來彼中圖書七千餘部，比之玄奘求經西竺，蓋不多讓。」〔註125〕這些圖書中就包含括大量的像納達爾《福音史事圖解》（圖2-17）這樣的帶有銅版畫插圖的書籍。這些銅版畫和插圖的大量傳播，客觀上導致了明末畫家在對待西方繪畫時更多地是將焦點放在了引用其風格元素上，而對西方繪畫技法和特有的材料運用則關注甚微。那些受到西方繪畫影響的中國畫家開始嘗試以

〔註123〕〔英〕蘇立文：《東西方美術的交流》，陳瑞林譯，江蘇美術出版社1998年版，第41頁。

〔註124〕〔法〕裴化行：《利瑪竇評傳》，管鎮湖譯，商務印書館1993年版，第99頁。

〔註125〕向達：《唐代長安與西域文明》，重慶出版社2009年版，第393頁。

傳統材料開拓新的繪畫方式，在畫面中自然往往被呈現為一種稍縱即逝的視覺
經驗，而不是一種或穩固或可以解析的結構，即其關注點開始從經營畫面向視
覺經驗轉化。如果套用高居瀚關於中國繪畫的陰陽二元論（一端是在繪畫中追
尋自然化的傾向，另一端則是趨向於將繪畫定型），那麼明末受西方繪畫影響的
中國畫家是憑藉西畫的圖式而尋求一種自然化的視覺經驗，這和文藝復興初期
西方畫家借用古希臘、羅馬的遺產擺脫中世紀束縛有著相近似之處。

圖 2-17　納達爾，《福音史事圖解》，1593 年印刷書，33×23 釐米，費
　　　　爾莫羅莫洛・斯佩茲奧利宮，市立圖書館。

　　涉及到技法和風格，這一時期有兩點值得我們關注，一是受自然主義影響
人物寫真的興起，二是國人在山水畫圖式風格的選擇上更傾向於佛拉芒而非
南歐風格。

二、人物寫真

　　論及明末西洋畫對中國畫壇的影響，特別要談到的恐怕應該是寫真。「明清之際傳入中國的西洋畫既多屬人物，於是中國畫上最先受到影響的便是寫真。在明代寫真諸家中似乎受到西洋影響的便是曾波臣鯨，每圖一像，烘染數十層；這一派後來很盛，如莽鵠立、丁允泰、丁瑜都可歸入其中。」〔註126〕

　　寫真，即「寫物象之真」，它是中國肖像畫的傳統名稱。描繪人像要求形神肖似，所以叫做「寫真」。杜甫《丹青引贈曹將軍霸》詩云：「將軍善畫蓋有神，偶逢佳士亦寫真。」元代王繹著有《寫真古訣》，論及寫真之法；清代丁皋亦有《寫真秘訣》一書。中國傳統的人物畫發展較早，至唐代表現形式和表現技法已臻成熟，至宋代更趨於極，從元代開始，隨著山水畫興起和文人畫的流行，人物畫的主流地位被山水和花鳥畫所逐漸取代，而講求逼真肖似的肖像寫真也日漸衰微。陳師曾在《中國繪畫史》中感於宋代以後人物畫的衰頹，言「可知人物至此不能不以開拓新機軸為必要也。」〔註127〕至明晚期，隨著一批卓有成就的人物畫家的出現，人物畫又重現生機。這裡有陳洪綬、崔子忠這類「力追古法」的採用復古表現手法的人物畫家，也有在寫真中首開「採用西法」風氣的曾鯨及其傳派。

　　關於曾鯨（1568～1650）其人及其寫真畫技法，明人姜紹書在其《無聲詩史·韻石齋筆談》中記載：

　　　　曾鯨字波臣，莆田人，流寓金陵。風神修整，儀觀偉然。所至卜築以處，迴廊麴室，位置瀟灑，磅礴寫照，如鏡取影，妙得神情。其傳色淹潤，點睛生動，雖在楮素，盼睞顰笑，咄咄逼真，雖周昉之貌趙郎，不是過也。若軒冕之英，岩壑之俊，閨房之秀，方外之蹤，一經傳寫，妍媸惟肖。然對面時，精心體會，人我都忘，每圖一像，烘染數十層，必匠心而後止。其獨步藝林，傾動遐邇，非偶然也。年八十三終。〔註128〕

　　明清之際的徐沁在《明畫錄》中亦稱曾鯨「工寫照，落筆得其神理」。足見其寫真技法的精妙（圖2-18）。

〔註126〕向達：《唐代長安與西域文明》，重慶出版社2009年版，第55頁。

〔註127〕陳師曾：《中國繪畫史》，中華書局2010年版，第89頁。

〔註128〕〔明〕姜紹書：《無聲詩史·韻石齋筆談》，印曉峰點校，華東師範大學出版社2009年版，第90頁。

圖 2-18　曾鯨,《顧夢遊像》(局部),1642 年,紙本設色,
108×45 釐米,南京博物院。

　　清代張庚在《國朝畫徵錄》中對明清時期的寫真技法有所概括,指出寫真分為兩派,一派重墨骨,另一派重渲染。而曾鯨和其波臣派的人物寫真技法則為前者〔註129〕,很顯然,這是一種用墨色反覆烘染來表現人物結構、營造立體效果的手法。

　　在上述曾鯨同時代或稍晚的學者的評論中,都清晰地闡述了曾鯨的藝術成就和技法特點,可以看到古人並未指明曾鯨寫真繪畫的技法是否受到當時已經傳入中國的西洋畫的影響,倒是近人確認這種影響的存在,如上述向達所言「中國畫上最先受到影響的便是寫真」、「採用西法之寫真術」,另陳師曾在《中國繪畫史》中明確言到:「傳神一派至波臣乃出一新機軸也。其法重墨骨,而後傅彩加暈染,其受西畫之影響可知。」〔註130〕

　　但關於這一問題也有完全不同的見解,即認為曾鯨的肖像畫「應該是和著眼於光線明暗變化的『西畫法』並沒有什麼『參用』、『吸收』關係。可以認為它是在白描略加淡墨渲染的基礎上,改民間畫家的以色幹染凹凸為以墨幹染凹凸,再賦色而成。這是曾鯨善於吸收民間畫工的技法經驗的結果,也是他的

〔註129〕〔清〕張庚、劉瑗:《國朝畫徵錄》,祁晨越點校,浙江人民美術出版社 2011 年版,第 68 頁。
〔註130〕陳師曾:《中國繪畫史》,中華書局 2010 年版,第 89 頁。

作品在當時能『出一新機軸的根本原因』。」〔註131〕

　　曾鯨的寫真繪畫在明末不是個例。除宮廷中為帝后和賢臣畫像的需要外，士紳文人以及市民階層的生活需要使得寫照成風，民間肖像畫家也逐漸專業化。現存於南京博物館的《明人十二肖像冊》（圖2-19），所繪人物均是明萬曆年間的江南名士，各個細緻入微，神態畢肖。作品著力於面部刻畫，特別是五官，嚴謹準確，特徵鮮明。人物以墨線勾勒輪廓，多重疊壓，以加強立體感和厚重感，骨骼、肌肉結構刻畫以勾勒結合渲染，凹凸分明，瞳孔兩側提白，突出眼神，「傳神寫照，正在阿堵中」。這一套人物肖像充分顯示了明末肖像寫真繪畫水平之高，也證明了曾鯨的寫真繪畫絕非孤立現象。寫真於明末重新興起，有其現實需求，但西洋畫的傳入是否也構成了一個影響它的外在因素，值得我們進一步思考。

圖2-19　佚名，《李日華像》，明代，紙本設色，45.4×26.4釐米，南京博物院。

三、山水畫

　　與人物寫真相呼應的是傳統山水畫。中國的山水畫成於東晉至南北朝，興於宋元，至明一直為畫壇主流，代表了中國繪畫的最高成就。自南朝宗炳後，「暢神」成為中國山水畫的主旨，表象世界的逼真並不是山水畫所要刻意

〔註131〕劉道廣：《曾鯨的肖像畫技法分析》，《美術觀察》1984年第2期，第59頁。

追求的，而在明末，江南一帶卻出現了不少如張宏、吳彬一類的畫家，在其
作品之中流露出中國傳統繪畫中少有的具象再現的表現技法（圖 2-20），這
類畫作中多有借鑒歐洲風景畫圖式的痕跡（甚至龔賢也被認為受到了歐洲繪
畫的影響），而這些歐洲風景畫多收錄在諸如《全球史事輿圖》《全球城色》
等書中，十六世紀末這些帶有插圖的書籍由耶穌會傳教士引進到中國。《全球
史事輿圖》（Teatrum Orbis Terrarum，圖 2-21）也被譯為《世界概觀》，即利
瑪竇進獻給萬曆皇帝的《萬國圖志》，此書出自亞伯拉罕·奧特利烏斯
（Abraham Ortelius），1579 年由安特衛普的普蘭登出版；《全球城色》（Civitates
Orbis Terrarum）出自布勞恩（Braun）和霍根貝格（Hogenberg），1572～1616
年在科隆出版，這些書中除了地圖，還有表現自然風光和城市景觀的各種銅
版畫插圖。相類似的帶有銅版插圖的書籍還有《聖經故事》（Biblia Regia）和
上面曾提到的納達爾的《福音史事圖解》（Evangelicae Historiae Imagines），
這些書中的插圖雖多描繪充滿戲劇性的宗教內容和聖經故事，但其中也不乏
景物的刻畫。

圖 2-20　張宏，《止園全景》，1627 年，紙本設色，32×34.5 釐米，德國柏林東方美術館。

圖 2-21　威立克斯，《天蒲河谷》，1579 年，銅版畫，選自奧特利烏斯所著《全球史事輿圖》。

這些書籍大多在當時歐洲的印刷中心安特衛普出版，更值得注意的是，這些書籍插圖的繪製者和版畫的製作者也都來自北方佛蘭德斯或德國等地，其繪畫風格有著佛拉芒傳統的印痕，這是丟勒和老勃魯蓋爾的傳統，它和帶有南歐風格的來自意大利、葡萄牙等地的聖像油畫等有著明顯不同。前者是一種基於經驗的具象再現手法，而後者則充滿了理性精神和科學精神。在對待這兩種不同的繪畫手法和風格時，那些受西方影響的中國畫家似乎不約而同地選擇了前者，這種現象被研究者視為不同藝術傳統間的神秘趨同作用，當然另外的解釋可能更為合乎邏輯，即十六世紀歐洲風景畫中的北方傳統與中國宋代的山水畫有其相似之處，對外來圖式的參用更會因這種相似性而被視為是以往傳統的再興。那些在北方風景畫中時常出現的諸如略顯突兀、不甚平穩的構圖方式，以及空間和視覺都不追求統一的表現手法，更容易為慣用移動視點來組織構圖的中國畫家所接受，反之，那些意大利繪畫中強調的線性透視法則受到牴觸。

如果將明末山水畫上的嘗試和寫真畫的勃興結合起來考慮，可以看出中

國畫家是在選擇性地運用自然主義的寫實手法去營造一種視覺真實的效果，但他們更願意將其控制在一定的範圍之內，而且更願意將這一手法依附於自我的經驗或既往的傳統，而不是一種理性的規律，這種人為的取捨是頗值得玩味的。

第三章 中西變奏——清康雍乾時期油畫的傳播與材料技法考

　　大清建國於 1636 年，順治元年（1644 年）入關，至康熙初年內陸平定，政權得以鞏固。康熙是一位開明君主，廣學博聞，勵精圖治，奠定了「康乾盛世」的基礎；同時他又是一位在二十五史中，唯一瞭解西方文明、尊重科學精神的皇帝，這一點對自其以後的中西文化交流產生了直接的影響。雍正在位十三年，著名的傳教士畫家郎世寧正是在雍正朝開始確立了在宮中的地位，清宮檔案關於郎世寧繪畫活動的記載也是自雍正元年開始的。乾隆為一代有為之君，文治武功兼修，兩征金川、安定西藏、平定回疆，武功卓著，鞏固了多民族國家；發展經濟、重視文化，「康乾盛世」達到頂峰。康雍乾時期開明繁榮的社會環境為繪畫藝術的發展和中西美術的交流提供了有力的保障。

　　如果說明末利瑪竇等西洋傳教士攜聖像入華是中國早期油畫的初始傳入階段，西畫因傳教目的而受到關注；那麼進入清代後，油畫的傳播範圍和影響進一步擴大。西畫東漸在清入關至乾隆時期主要體現在兩個方面：一是在北方，歐洲傳教士進入宮廷，形成了傳教士藝術家入華的「第二次浪潮」，他們以其所擅長的才藝和科學文化知識，在欽天監和如意館等處任職，油畫在這一時期已走入宮廷，並開始為人所熟知，它已逐漸脫離了宗教的目的而服務於皇權，傳教士畫家在宮中或自己創作，或傳授畫理畫技，對西畫的傳播起到了非常重要的作用；一是廣州地區口岸外銷繪畫的興起和繁榮，18 世紀中葉到 19 世紀中葉，廣州地區的外銷畫家利用其特有的地域優勢和商貿

的便利條件，學習西洋繪畫技法，繪製了題材各異、形式多樣的外銷繪畫，這些繪畫作品很多被當作工藝裝飾品或旅遊紀念品銷往海外，形成了獨具特色的外銷畫現象。

第一節　康雍乾時期清宮油畫的傳播

一、清宮中的西洋「會技藝之人」

（一）清宮中的西洋畫家

西學能夠在中國產生巨大影響，傳教士在清代能夠供職於宮廷，無疑都與帝王對傳教士的政策有關。清代前期，從順治到乾隆，都注重引進和啟用具有專門之才的「洋才」，雖康熙後期開始禁教，但對「會技藝之人」還是採取留用的政策，這可以說對西畫在宮廷的傳播發展起到了至關重要的作用。康熙皇帝本人就對西學有著濃厚的興趣，「康熙皇帝，喜與西士研究西學，自二十歲至三十五歲，這十五年中，常有南懷仁、徐日升、閔明（按：疑閔明我之誤），輪流講學，無日或間。」[註1] 康熙先向南懷仁學習利瑪竇和徐光啟合譯的《幾何原本》，後又學習哲學，並跟徐日升學習代數和音樂，勤勉認真，孜孜不倦。由於對西學有了這種直接深入的瞭解，使得康熙對西方數理和技藝的作用有了進一步的認識，康熙五十四年（1715 年），康熙曾命在京傳教士致函羅馬教皇，「今特求教化王選極有學問，天文、律呂、算法、畫工、內科、外科幾人來中國效力。」[註2] 到乾隆朝，這一做法還在延續，據《清高宗實錄》記載：「應請嗣後西洋人來廣，遇有願進土物及習天文醫科丹青鐘錶等技，情願赴京效力者，在澳門，則令其告知夷目，呈明海防同知；在省行，則令其告知行商呈明南海縣，隨時詳報，代為具奏，請旨護送進京等語，應知所請，俾得共效悃忱。」[註3]

清帝的這一政策也得到了在華傳教士特別是供職於宮廷中的西洋傳教士的響應，他們積極推薦後來者進宮效力。「西洋人臣徐懋德、巴多明、沙

[註1] 徐宗澤：《中國天主教傳教史概論》，上海世紀出版集團，2010 年版，第 207 頁。
[註2] 〔意〕馬國賢：《清廷十三年——馬國賢在華回憶錄》，李天綱譯，上海古籍出版 2004 年版，附錄《康熙與羅馬使節關係文書》之六《康熙朱筆刪改德理格馬國賢上教王書稿》。
[註3] 《高宗純皇帝實錄》卷七六八，第 427～428 頁。

如玉、郎世寧謹奏，切臣等從前曾寄信要選數人能效力者前來。今接澳門來信，知今年六月盡，波爾多嘎爾國船上到來劉松齡、鮑友管，能知天文曆法，魏繼晉能知律呂之學，又拂郎濟亞國船上到來王之臣，係善畫喜容人物者，楊自新係能於鐘錶者。以上五人求皇上將姓名按舊例交與廣東督撫，令其派人伴送進京，為此具摺奏聞。乾隆三年九月十四日奏。本日奉旨：著交海望行文該地方官，令其來京。欽此。」〔註4〕這裡具折啟奏的四個西洋人中，葡萄牙傳教士徐懋德通曉天文學、數學，以精通曆法者的身份進入北京，在清欽天監任監副一職，其餘三人均在造辦處，巴多明（法）在眼鏡作，沙如玉（德）在自鳴鐘，而郎世寧（意）在畫作，他們都是康熙所說的「會技藝之人」。

格拉蒂尼（Giovanni Gheradini，1654～？，又稱年畫師），意大利人，1654年生於意大利波羅尼亞，康熙三十九年（1700年）來到北京，作為世俗畫家而非傳教士，他是按康熙皇帝的旨意招聘來華的，四年後返回歐洲。格拉蒂尼在華期間承擔了耶穌會北堂的裝飾，用典型的巴洛克風格繪製了天頂畫和壁畫，這些教堂裝飾繪畫運用了透視法，畫面中逐漸縮小的等距離的柱子，具有強烈的縱深感，使前來參觀的中國人驚歎不已，不相信那是畫出來的。另外他以繪畫特長供奉於宮廷，為皇室成員畫了一些肖像，並在宮內向中國學徒傳授透視法和油畫技法，馬國賢稱其為「最早把油畫藝術引進中國的耶穌會士」〔註5〕。（關於格拉蒂尼是否為耶穌會士有不同的說法，馬國賢在其回憶錄中稱其為耶穌會士年神父，而蘇立文則認為「喬萬尼·蓋拉爾迪尼本人並不是耶穌會士」〔註6〕，稱其為「……一位世俗畫家傑凡尼·切拉蒂尼」〔註7〕，莫小也在《十七——十八世紀傳教士與西畫東漸》中也認為格拉蒂尼是一個世俗畫家〔註8〕，同樣李超在其《中國早期油畫史》一書中也持「世

〔註4〕吳旻、韓琦編校：《歐洲所藏雍正乾隆朝天主教文獻彙編》，上海人民出版社，2008年版，第58～59頁。

〔註5〕〔意〕馬國賢：《清廷十三年——馬國賢在華回憶錄》，李天綱譯，上海古籍出版2004年版，第48頁。

〔註6〕〔英〕蘇立文：《東西方美術的交流》，陳瑞林譯，江蘇美術出版社1998年版，第57頁。

〔註7〕〔英〕蘇立文：《明清時期中國人對西方藝術的反應》http://www.douban.com/group/topic/10253140/。

〔註8〕莫小也：《十七——十八世紀傳教士與西畫東漸》，中國美術學院出版社2002年版，第194頁。

俗畫家」的觀點〔註9〕。蓋後兩者均取蘇立文觀點。）格拉蒂尼在華時間不長，他於康熙四十三年（1704年）返回了歐洲。

馬國賢（Matteo Ripa，1682～1745），意大利人，1682年生於那不勒斯，意大利本土的虔勞會修士，康熙四十九年（1710年）到達澳門，康熙五十年（1711年）和山遙瞻、德理格一起作為「技巧三人」入宮，他是清宮第一位傳教士畫家。憑藉著在那不勒斯和羅馬學習的繪畫技能，馬國賢曾為康熙繪製肖像，創作了不少油畫作品和銅版畫《避暑山莊三十六景》，還在宮中指導過繪畫學徒，馬國賢在中國生活了十三年，雍正二年（1724年）離開中國，回國後創建中國學院，並完成《清廷十三年——馬國賢在華回憶錄》一書，此書成為十九世紀歐洲最為流行的有關中國的著作之一，至今仍被歐美各大學列為學習中國歷史的基本書目。馬國賢在明清傳教士畫家中具有承上啟下的意義，「實際上是繼承了利瑪竇、艾儒略及利氏弟子倪一誠（Jacques Niva）和游文輝（Emmanuel Pereira）等傳教士畫家，特別是宮廷洋畫家的世襲。馬國賢之前的耶穌會士畫家形成了傳教士藝術家入華的『第一次浪潮』，以純傳教為目的而關注繪畫。『第二次浪潮』則以耶穌會士王致誠和郎世寧為代表，在宮中繪畫，同時也注重版畫，馬國賢正處於這兩次浪潮的轉折點上。」〔註10〕

郎世寧（Giuseppe Castiglione，1688～1766），意大利人，耶穌會傳教士，1688年7月19日生於意大利米蘭，康熙五十四年（1715年）27歲的郎世寧到達澳門，同年北上京師，乾隆三十一年六月十日（1766年7月16日）在北京病逝，享年78歲。郎世寧於康熙末年入宮，在康、雍、乾三朝畫院行走達51年，關於郎世寧在清宮繪畫活動的記載最早見於雍正元年：「四月二十日怡親王諭：著西洋人郎石（按：應為世）寧畫《桂花玉兔月光》畫一軸。遵此。七月初三畫得，怡親王呈進訖。」又「七月十六日怡親王交扇子四十柄。王諭：著西洋人郎石（按：應為世）寧畫。遵此。於二年六月十二日畫得四十柄。郎中保德呈怡親王收。」〔註11〕在乾隆朝，郎世寧的才華得到乾隆的賞識並得以充分施展，從《平安春信圖》（圖3-1）一畫的題詩上可以看出，乾隆在即位之

〔註9〕 李超：《中國早期油畫史》，上海書畫出版社2004年版，第118頁。
〔註10〕〔法〕謝和耐：《中國與基督教——中西文化的首次撞擊》，耿昇譯，商務印書
　　　　館2013年版，序言xiv。
〔註11〕 朱家溍：《養心殿造辦處史料輯覽第一輯雍正朝》，紫禁城出版社2003年版，
　　　　第5頁。

前還是皇子之時就與郎世寧關係密切，畫上的詩是乾隆於乾隆四十七年（1782
年）用泥金所題：

　　　　寫真世寧擅，繪我少年時，入室嫣然者，不知此是誰。壬寅暮
　　春御題

　　此後郎世寧開始了其新體畫創作的黃金時代，這種融匯中西的新體繪畫，
在西方繪畫的基礎上結合中國繪畫的材料和表現手法，審美趣味上迎合了帝
王欣賞口味，影響頗為深遠。

　　圖 3-1　郎世寧，《平安春信圖》，絹本設色，68.8×40.8 釐米，
　　　　　　北京故宮博物院。

　　郎世寧是供職於清朝宮廷的歐洲傳教士畫家中最為著名和影響最大的，
「郎氏為艾啟蒙之師，時加指導；視王致誠為友，亦多所鼓勵；並為蔣友仁進
薦於高宗督造噴水池。」〔註 12〕他為西方繪畫在中國的傳播作出了卓越的貢
獻。其在華創作的作品有《百駿圖》《十駿圖》和油畫作品《太師少師圖》等，

〔註12〕方豪：《中西交通史》，人民出版社 2008 年版，第 641 頁。

目前所見最早的作品為《聚瑞圖》，作於雍正元年（1723 年）藏於臺北故宮，他與王致誠、艾啟蒙和安德義一起參加了《乾隆平定西域戰圖》銅版畫的起草工作。另外，他曾為北京的教堂繪製壁畫，「康熙六十年（1721 年），南堂新成，世寧為作壁畫，滿、漢人見者，無不嘖嘖稱奇」〔註 13〕。乾隆二十二年（1757 年）又為南堂作壁畫四幅，其中南北二壁分別描繪的是君士坦丁大帝凱旋和君士坦丁大帝靠十字架取得勝利的場景。

王致誠（Jean Denis Attiret，1702～1768），法國人，耶穌會傳教士，1702年生於法國多納，畫師之子，曾赴羅馬深造兩年，乾隆三年（1738 年）來華入宮。據傳因當時南堂葡萄牙耶穌會士擁有郎世寧等人，而為保教權之爭，北堂的法國耶穌會士遂招王致誠而欲與其競爭〔註 14〕。王致誠精油畫，工肖像，他的油畫技能是被特別看重的，初入宮時即被命畫萬方安和的油畫掛屏，這標誌著他順利通過了乾隆對他的考察，成為正式的畫院畫家，乾隆三十三年（1768年）王致誠卒於北京，享年 66 歲。王致誠在華創作的油畫作品有《乾隆射箭油畫掛屏》《少數民族首領油畫肖像》等，與郎世寧、艾啟蒙和安德義一起參加《乾隆平定西域戰圖》銅版畫的起草工作。

艾啟蒙（Ignatius Sickeltart，1708～1780），波西米亞人，1708 年生於波西米亞，耶穌會傳教士，乾隆十年（1745 年）來中國，曾在宮中得郎世寧指授，西法中用，很快受到清廷重視，乾隆四十五年（1780 年）卒於北京，享年 73歲。艾啟蒙在華創作的作品有《十駿犬圖》等，與郎世寧、王致誠和安德義一起參加《乾隆平定西域戰圖》銅版畫的起草工作。

安德義（Joannes Damascenus Salusti，？～1781），意大利羅馬人，生年不詳，奧斯汀會傳教士，乾隆二十七年（1762 年）入清宮供職，曾與郎世寧、王致誠和艾啟蒙一起參加《乾隆平定西域戰圖》銅版畫的起草工作，乾隆三十八年（1773 年）安德義離開宮廷，受命擔任天主教北京教區的主教，乾隆四十六年（1781 年）卒於北京。清內務府造辦處的檔案有其作畫的文獻記載，但實物已不可尋。

潘廷章（Joseph Panzi，1733～1812），意大利人，耶穌會傳教士，他在歐洲時就頗有聲望，乾隆三十六年（1771 年）來華，次年入宮供職，直至乾隆末年，擅長油畫肖像，曾為乾隆皇帝和功臣繪製油畫肖像。他所畫的乾隆皇帝畫

〔註 13〕方豪：《中西交通史》，人民出版社 2008 年版，第 641 頁。
〔註 14〕方豪：《中西交通史》，人民出版社 2008 年版，第 642 頁。

像被《中國雜纂》作為卷首插圖刊用，因而聞名法國〔註15〕，其《達尼厄樂先知拜神圖》一畫受到蔣友仁的推崇，認為精妙不在郎世寧之下。潘廷章存世作品極少，北京故宮博物院藏《廓爾喀貢馬像圖》卷，是其與賀清泰兩人合繪，後面所繪兩匹馬，是現知潘廷章的唯一真蹟。潘廷章大約卒於嘉慶十七年（1812 年）之前。

賀清泰（Louis de Poirot，1735～1814），法國人，耶穌會傳教士，1735 年生於魯蘭，後長期生活在意大利，乾隆三十五年（1770 年）來到中國，大約兩年後進入宮廷，除能繪畫外，精通滿文和漢文，頗得乾隆皇帝信任，但畫藝平平，遠遜於郎世寧和王致誠，晚年因體弱多病，曾請求返回歐洲，未能成行，嘉慶十九年（1814 年）卒於北京。隨著賀清泰的去世，清宮的傳教士畫家時代宣告結束。賀清泰在華創作的作品有《賁鹿圖》《白鷹圖》等。

上述來自歐洲的西洋畫家，作為「洋才」效力於康雍乾三朝，成為宮廷畫家，其中郎世寧、王致誠、艾啟蒙、安德義合稱「四洋畫家」，其畫法中西融合，形成新體畫風，對當時宮廷繪畫有很大影響。

（二）任職清宮的其他歐洲傳教士

除上述以畫藝供奉於清宮的西洋畫家外，還有一些在清宮任職的西洋傳教士，他們都是各自領域的「會技藝之人」，其中很多人或兼擅畫事，或通曉畫理，或有著述論及西洋繪畫，他們對西洋繪畫在中國傳播所起的作用也同樣不容忽視。

湯若望（Johann Adam Schall von Bell，1592～1666），1592 年出生於德國科隆一個貴族之家，耶穌會士，明萬曆四十七年（1619 年）抵達澳門，天啟三年（1623 年）到達北京，崇禎三年（1630 年），由禮部尚書徐光啟疏薦，供職于欽天監，崇禎十三年（1640 年）巴伐利亞國王託湯若望轉贈明朝皇帝「彩繪天主降凡一生事蹟各圖」和「蠟質裝成三王來朝天主像一座」，這在中西美術交流史上留下了記載。清朝順治元年（1644 年），清軍進入北京，明亡，湯若望以其天文曆法方面的學識和技能受到清廷的保護，掌欽天監事，受命繼續修正曆法，順治七年（1650 年）任欽天監監正，這是中國歷史上第一位擔任此職務的西洋人，順治八年（1651 年）後，先後授太僕寺卿、太常寺卿、通政

〔註15〕〔法〕謝和耐、戴密微等：《明清間耶穌會士入華與中西匯通》，耿昇譯，東方出版社 2011 年版，序 12 頁。

使，並賜號「通玄教師」，順治十五年（1658年）賜「光祿大夫」，為正一品，康熙五年（1666年）卒於北京。湯若望在中國生活47年，歷經明、清兩個朝代，他以虔誠的信仰、淵博的知識、出眾的才能，奠定了他在中西文化交流史、中國基督教史和中國科技史上的重要地位，是繼利瑪竇來華之後最重要的耶穌會士之一。湯若望著有《遠鏡說》《主制群徵》《主教緣起》等書。其中《遠鏡說》是把歐洲光學知識介紹給中國的第一本專書，其主要內容係介紹伽利略式望遠鏡的製法和用法，由湯若望口述，李祖白筆錄而成，書中涉及到利用透鏡作畫和「借照作畫」的方法，可視為西洋畫法畫理的一種普及。

利類思（Father Buglio，1606～1682），意大利耶穌會士，崇禎十年（1637年）來華，最初在江南傳教，崇禎十三年（1640年）赴四川，清平定四川後被肅王帶入北京，建東堂。利類思曾向康熙皇帝進獻三幅以透視法畫成的繪畫作品，並將副本陳列在其住所，來京的官吏參觀此畫時都大為驚訝，「彼等皆不明緣何能在一平布上將一切室廊門戶及道路皆能一一繪出。」〔註16〕利類思還向中國人傳授繪畫技法，「以西方繪畫之法教授華人，宮內頗賞其畫法。」〔註17〕據推斷，其傳授對象可能是清宮宮廷畫師〔註18〕。

圖3-2　利瑪竇、湯若望和南懷仁，1749年，銅版畫，刊於杜赫德《中華帝國全志》。

〔註16〕〔法〕費賴之：《在華耶穌會士列傳及書目》，馮承均譯，中華書局1995年版，第243頁。

〔註17〕〔法〕費賴之：《在華耶穌會士列傳及書目》，馮承均譯，中華書局1995年版，第242頁。

〔註18〕〔英〕蘇立文：《東西方美術的交流》，陳瑞林譯，江蘇美術出版社，1998年版，第56頁。

　　南懷仁（Ferdinand Verbiest，1622～1688），佛蘭德斯人，耶穌會士，1622年生於佛蘭德斯布魯塞爾，順治十四年（1657年）抵達澳門，順治十七年（1660年）被調往北京幫助年事已高、出任欽天監監正的湯若望神父從事曆算工作，康熙十二年（1673 年）南懷仁成為繼湯若望之後第二位外籍欽天監監正，並於康熙十三年（1674年）完成了《坤輿全圖》的繪製。康熙十六年（1677年）耶穌會授南懷仁為耶穌會中國傳教區副省長（當時中國傳教區僅為副省，與日本教省各自獨立，同屬耶穌會總長的代表——遠東事務視察員的管轄），在此期間促成了首批由法國政府派出的傳教士來華，由此形成了西方傳教士來華的新格局。康熙二十七年（1688 年）南懷仁卒於北京，康熙皇帝頒旨賜諡號「勤敏」，這是死後獲得諡號的唯一一個西洋傳教士。南懷仁善曆法、懂兵器、精測量和數學，對科學有很深造詣，主持刻印《七奇圖說》，是耶穌會士中數一數二的傑出人物，對中西文化交流作出了重要貢獻。

　　方豪《中西交通史》記載：「南懷仁自謂嘗作畫三幅，呈聖祖御覽，於透視之法，遵守惟謹；並作副本懸堂中。全國官吏之進京者，必以一睹為快。」〔註19〕又引高士奇《蓬山密記》中暢春苑觀西洋畫文字，「高臺宏麗，四周皆樓，玻璃窗，上指示壁間西洋畫。」並推測此西洋畫作者即南懷仁。據此二者，方豪認為南懷仁擅畫且精於透視畫法，此論斷為後人所廣為引用。

　　但若深究，此論存疑，首先「南懷仁自謂嘗作畫三幅，呈聖祖御覽……」一段文字出自費賴之《在華耶穌會會士列傳及書目》，是南懷仁在《歐羅巴天文學》一書中記述利類思神父的〔註20〕，利類思擅畫，人所共知，方文此處應是誤引；其次，僅據高士奇文字就推測宮中所見西洋畫作者為南懷仁，似不夠充分。

　　但南懷仁通曉畫理，可以從其著作中尋得一些線索，其著《康熙親政後在清帝國一度遭受遏抑的歐洲天文學又大放異彩》中，歷述了諸傳教士在物理、數學等方面成績，其中包括了透視法，這表明南懷仁對此還是有深入瞭解的；其所著《康熙皇帝時代中國重新採用歐洲天文學綜述》中有圖畫一百二十五頁，為天文、地理、水利、農業應用之法的圖畫；吳三桂叛亂時，南懷仁奉命鑄炮並作《進呈鑄炮術》（即《神威圖說》）一書，內有圖畫四十四幅，皆發炮

〔註19〕方豪：《中西交通史》，人民出版社 2008 年版，第 636 頁。
〔註20〕〔法〕費賴之：《在華耶穌會士列傳及書目》，馮承均譯，中華書局 1995 年版，第 242 頁。

瞄準之法〔註 21〕，後兩書中的插圖是否為南懷仁所繪，尚待考證。

蔣友仁（P‧Michael Benoist，1715～1774），法國人，耶穌會士，1715 年生於法國歐坦，早年曾在第戎學習，由父親親自輔導學業。乾隆九年（1744 年），蔣友仁乘船抵達澳門，乾隆十年（1745 年），他奉乾隆皇帝之召，以數學家身份入京，同時他也是優秀的天文學家、地理學家和建築學家。乾隆十二年（1747 年），經郎世寧的推薦，蔣友仁被乾隆皇帝委派參加修造圓明園之屬園——長春園的「西洋樓」建築群，主要負責其中人工噴泉的設計及施工指導，這些人工噴泉中，比較有名的是海晏堂前中西合璧的「十二牲像噴水池」，全部工程於乾隆二十四年（1759 年）結束，前後長達 12 年。乾隆二十五年（1760 年），蔣友仁向乾隆皇帝進獻名為《坤輿全圖》的世界地圖，周圍布置了說明文字和插圖；他還在《皇輿全覽圖》基礎上，增加新疆、西藏測繪新資料，編製成一部新圖集《乾隆十三排地圖》，最終完成了我國實測地圖的編製。另外為了將地圖刻於銅版之上，蔣友仁奉帝命學習銅版畫技藝，後又指導中國工匠重印《平定西域戰圖》若干部。乾隆三十九年（1774 年）蔣友仁卒於北京，其著作有《坤輿全圖》《新制渾天儀》等書。

除上述宮廷畫家和供職於宮中的傳教士外，其他具有繪畫才藝的歐洲入華傳教士還有盧安德、海因里希斯‧范弗列登、阿爾貝‧布拉克、亨利‧沙勿略、依納爵‧拉戈特、薩克索‧伊桑斯、比納昔攸斯、費約理、衛嘉祿、倪天爵、利博明、管瑪爾、紀文、湯執中、穆保祿、德天賜、陳忠信和席若漢等，只是他們和他們的作品很少為人所知〔註 22〕。

二、清宮畫院

（一）清代畫院概述

清自順治入關以後，宮廷中已經集中了大批畫家為皇帝所御用。《大清會典》記載，康熙初年設立養心殿造辦處，編制上屬內務府。在康熙二十九年

〔註 21〕〔法〕費賴之：《在華耶穌會士列傳及書目》，馮承均譯，中華書局 1995 年版，第 354～355 頁。

〔註 22〕此方面內容參見莫小也：《十七——十八世紀傳教士與西畫東漸》，中國美術學院出版社 2002 年版，第 189 頁；葉農：《明清之際西畫東來與傳教士》，《美術研究》2004 年第 2 期，第 93～94 頁；湯開建：《明清之際經澳門進入中國內地西洋畫家鈎沉》，《藝術史研究》第 3 輯，中山大學出版社 2001 年版，第 489 頁。

（1690 年），宮廷繪畫活動主要在養心殿東暖閣的裱作進行，而裱作就隸屬於養心殿造辦處。康熙三十年（1691 年），東暖閣裱作移到南裱房。康熙三十二年（1693 年）開始增設多種作坊，畫作就在這段時間設立，起初它是附在裱作之下。雍正三年（1725 年），畫作的記載中出現了「畫畫處」的名目，同樣是附在裱作之下，在畫作條目之下作為畫作的別名，雍正五年（1727 年），畫作開始從裱作下獨立出來，形成單一條目，可見畫作在規模上不斷壯大，所承擔的宮廷繪畫活計量也逐漸增多。從隸屬關係來看，造辦處下設畫作，又名畫畫處，畫作和畫畫處雖不是完善的畫院機構，但已經是在一定程度上履行畫院職責的機構。

關於清代的畫院，楊伯達曾有考證：「以名稱機構而論，順、康、雍三朝（1644～1735 年）的 91 年雖無畫院之名，但有畫院之實，自乾隆元年（1736 年）設畫院處和如意館，有了一個名副其實的畫院和一個名不副實的畫院，在畫院史上出現了雙軌制畫院。乾隆二十七年（1762 年）畫院處歸併於琺瑯處，如此狀況有 33 個年頭。公元 1769 年以後只剩下一處異名有實的畫院──如意館畫院，繼續到咸豐十年，又是一個 91 年，這時是圓明園的如意館時代，同治（1862 年）──宣統（1911 年）的 49 年是北五所的如意館時代。如意館畫院的壽命長達 140 年。」〔註23〕而如意館中不光有畫院的畫師，凡工匠、藝人也大都集中於此，「清制畫史供御者無官秩，設如意館於啟祥宮之南，凡繪工文史，乃雕琢玉器，裝璜貼軸，皆在焉。」〔註24〕

另據朱家溍所言：「應該說清代宮中專門畫畫的機構名稱曾經叫『畫作』，又稱『畫畫處』，最後稱『畫院處』，是屬於造辦處的一個單位。在『畫院處』當差的人員有三類，第一類是有官銜而專職就在畫院處當差的人，例如唐岱；第二類是無官銜的，通稱為畫畫人；第三類是畫匠。畫院處有一部分人員在造辦處內的房屋工作，但房屋不敷用，於是分散在六個地點。有一部分人員在『慈寧宮群房』，一部分人員在『啟祥宮配殿』，一部分人員在『咸安宮』，一部分人員在圓明園內『芰荷香』，一部分人員在圓明園內的『春宇舒和』。到乾隆年間，又有一部分人員在圓明園內的『如意館』。如意館是房屋原來的名稱，『如意館』只是畫院處人員使用的若干處房屋中之一處，並非為設立的一個專管畫畫的單位的名稱。在如意館工作的不僅有繪畫人，還有些雕

〔註23〕楊伯達：《清代院畫》，紫禁城出版社 1993 年版，第 28 頁。
〔註24〕《清史稿・唐岱傳》

刻匠。」〔註25〕

從雍正朝的史料可以得知在畫作供職的有：柏唐阿（柏唐阿為滿語，原指滿族中地位低下的聽差人）王玠、其子王幼學、柏唐阿班達里沙、畫畫人丁祜、詹熹、丁觀鵬、程志道、賀永清、張為邦、張霖、吳桂、吳域、賀金昆（原為畫畫人，後又擔任琺瑯彩瓷器的作畫者）、戴洪、湯振基、戴恒、余秀、焦國俞、吳璋、趙恒、戴正、戴越、畫匠沈元，還有參領唐岱、翰林院待詔戴臨（專任寫字並兼任在琺瑯彩瓷器上寫字）以及西洋人郎世寧〔註26〕。這和朱家溍所說的清宮畫院的人員組成是相符的。

與兼具畫院和畫學功能的宋代徽宗政和、宣和時期畫院不同，清代的宮廷畫院並不具有象畫學那樣培養宮廷繪畫人才的教學功能，但通過師徒相承的方式，油畫得以通過歐洲來華的傳教士畫家在宮廷內傳播，而師徒的具體人選往往由皇帝來指定。

（二）清宮畫院中的油畫

早在康熙朝，油畫已經開始在宮內傳播。據《清廷十三年──馬國賢在華回憶錄》記載，意大利人格拉蒂尼於康熙三十九年（1700年）來到北京，他是世俗畫家而非傳教士，是按康熙皇帝的旨意招聘來華，以繪畫特長供奉於宮廷，在宮內他為皇室成員繪製肖像，並向中國學徒教授透視法和油畫技法，格拉蒂尼在宮中有油畫畫室，在他離開後，他的中國弟子們還繼續使用畫室並在其中繪製油畫，可以說格拉蒂尼是最早把油畫藝術引進中國宮廷的歐洲專業畫家。格拉蒂尼在中國僅待了五年，繼其後，意大利虔勞會修士馬國賢於康熙五十年（1711年）入宮，成為進入清宮的第一位傳教士畫家，在宮中馬國賢繪製油畫並教授學徒，還曾為康熙畫過肖像，但出於服務宮廷的需要，他的繪畫多以風景畫和銅版畫為主。隨後來華的意大利人郎世寧、法國人王致誠、波西米亞人艾啟蒙、法國人賀清泰、意大利人安德義、意大利人潘廷章等，皆為耶穌會士，都因畫藝受到皇帝賞識，先後成為清宮的宮廷畫家，他們不但在宮廷當中為皇帝作畫，還將歐洲油畫技法傳授給中國的宮廷畫家，對推動油畫的傳播起到了關鍵的作用。

〔註25〕 朱家溍：《養心殿造辦處史料輯覽第一輯雍正朝》，紫禁城出版社2003年版，前言。

〔註26〕 朱家溍：《養心殿造辦處史料輯覽第一輯雍正朝》，紫禁城出版社2003年版，前言。

　　在清宮西洋傳教士畫家當中，影響最大、最具代表性的應屬意大利人郎世寧。康熙五十四年（1715 年），郎世寧入宮供職，從此開始了他長達半個世紀的中國宮廷畫家生涯。在為皇帝創作的同時，應康熙之命，他還要將西方油畫技巧傳授給內廷柏唐阿。

　　「據《養心殿造辦處各作成做活計清檔》記載，佛延、全保、富拉他、三達里、班達里沙、八十、孫威鳳、王玠、葛曙、永春等 10 位柏唐阿均在郎世寧處學過油畫和透視，他們是清內廷第一批初步掌握了油畫和透視等西方繪畫技巧的中國畫家。」〔註27〕至雍正元年（1723 年），「將畫油畫烏林人佛延、柏唐阿全保、富拉三、達里（按：似為富拉他、三達里）等四人留在造辦處當差。班達里沙、八十、孫威鳳、王玠、葛曙、永泰六人歸在郎石寧處學畫。」〔註28〕乾隆十六年（1751 年），「著再將包衣下秀氣些小孩子調六個跟隨郎世寧等學畫油畫」〔註29〕，根據各種文獻記載的不完全統計，跟隨郎世寧學習油畫的還有：張為邦、林朝楷、戴正（康熙朝畫畫人）、查什巴、傅弘、王文志（康熙朝柏唐阿）、丁觀鵬（雍正、乾隆朝畫畫人）、於世烈（乾隆朝畫畫人）、王幼學（雍正、乾隆朝柏唐阿，「王幼學系郎世寧徒弟王玠之子，他通過王玠也得到了郎世寧的指點。」〔註30〕）、王儒學（乾隆朝柏唐阿）等。

　　在清宮中通過授徒的方式傳播西洋繪畫技法，郎世寧可謂功不可沒。郎世寧在畫院中弟子眾多，從其所帶弟子的組成成分來看，有地位較低的包衣的子弟、蘇拉（被選作徒弟後便可升為柏唐阿），有畫畫柏唐阿（出師後還達不到畫畫人水平的人），還有地位相對較高的畫畫人。在清宮中，「教學的目的一方面是培養接班人，另一方面是給名畫家當助手。宮廷繪畫的目的是滿足皇室的需要，因此在畫家培養方面，便按照皇帝的要求組織教學。要考慮到皇帝的趣味、宮廷的禮儀、正統的觀念，所以要更多地注意法度、規則。」〔註31〕服務於皇家的出發點是十分明確的，所以畫家的自主性和創作自由被最大程度地扼制了，但積極的一面還是有的：「雖然，宮廷畫家帶徒弟的教學方式基本上

〔註27〕楊伯達：《清代院畫》，紫禁城出版社 1993 年版，第 132 頁。

〔註28〕朱家溍：《養心殿造辦處史料輯覽第一輯雍正朝》，紫禁城出版社 2003 年版，第 2 頁。

〔註29〕聶崇正：《中國早期的油畫》，《中國油畫》1987 年第 1 期，第 36 頁。

〔註30〕楊伯達：《清代院畫》，紫禁城出版社 1993 年版，第 14 頁。

〔註31〕潘耀昌：《中國近現代美術教育史》，中國美術學院出版社 2002 年版，第 9 頁。

還是師徒傳授的模式，但是，宮廷的大環境，豐富的收藏，代表異質文化的洋畫家的存在，特別是盛行的滿足皇帝趣味的『合作』方式，必然有利於學徒打開眼界。學徒們可見到各種各樣的收藏品，接觸到更多的老師，故這種教學方式又不完全等同於傳統的師徒制。應當看到，西洋傳教士的教學方法必然與中國的方法不同，他們傳授的透視學、光學、色彩學出自完全不同的理論體系，從文藝復興時期的萊奧納爾多、丟勒等人的研究手稿中可見一斑。對中國的美術教育來說，上述的一些特點就是具備近代性質的因素，雖然宮廷繪畫教師得根據皇帝的要求和趣味制定教學目標，專門教習、培養指定的人才。」〔註32〕這種特殊的教學傳授方式，加上獨特的教學環境、教學氛圍，更重要的是來自皇權的大力扶植，使得宮廷成為當時油畫傳播中最見成效的一塊土壤。郎世寧的這些弟子在其指導下，很快就掌握了油畫的繪畫技法，並付諸於實踐，如「乾隆三年六月初五日，催總白世秀來說，太監毛團傳旨：同樂園戲臺上著丁觀鵬畫油畫煙雲壁子一塊。欽此。於本月初八日進內畫訖。」〔註33〕「雙鶴齋著郎世寧徒弟王幼學等畫油畫。」〔註34〕「太監毛團傳旨：西洋人王致誠，畫畫人張為邦等著在啟祥宮行走，各自畫油畫幾張。」〔註35〕從這些《清檔》的記載可以看出，丁觀鵬、王幼學、張為邦等人已經能夠運用油畫的材料和技法獨立作畫，成為了清宮中油畫和線法畫創作的主要力量。

　　「在清朝宮廷內，油畫是僅次於傳統中國畫的又一大畫種。過去有的文章認為，中國的皇帝不喜歡油畫，而強令供奉內廷的歐洲畫家改以水色作畫，這樣的說法並不完全符合事實。雍正、乾隆這兩位皇帝不但允許歐洲畫家以油色作畫，而且還下令中國的宮廷畫家向他們學習油畫的技藝，檔案的記述說明了這一點。」〔註36〕特別是乾隆皇帝，雅好文墨，擅長丹青，對西洋畫也有喜好，留存下來大量油畫作品（圖3-3）。「弘曆還對油畫的西洋透視法備加推崇，稱作線法畫，大量用於裝飾室內牆壁。同時要求中國畫畫人丁觀鵬、王幼學、戴正、張為邦以及幼小的蘇拉學習油畫和線法畫。這兩種新技藝──新型油畫和

〔註32〕潘耀昌：《中國近現代美術教育史》，中國美術學院出版社 2002 年版，第 10 頁。
〔註33〕聶崇正：《中國早期的油畫》，《中國油畫》1987 年第 1 期，第 36 頁。
〔註34〕聶崇正：《清宮繪畫與「西畫東漸」》，紫禁城出版社 2008 年版，第 175 頁。
〔註35〕聶崇正：《清宮繪畫與「西畫東漸」》，紫禁城出版社 2008 年版，第 175 頁。
〔註36〕聶崇正：《清宮繪畫與「西畫東漸」》，紫禁城出版社 2008 年版，第 40～41 頁。

焦點透視法在畫院之內成為一種專業並繼續下來。」〔註37〕造辦處專門設立了油畫房，供畫油畫專用，郎世寧本人還有自己的畫室，雍正六年，白虎殿（位於武英殿北）被加以裱糊作為郎世寧的畫室，室內裝飾也被特別關照，《清檔》記載，「十一月初二日郎中海望、員外郎沈喻傳旨：為西洋人郎石寧畫畫屋內鋪地炕，著取見方一丈舊黑羊毛氈一塊。欽此。於本日柏唐阿李六十自武備院行得見方一丈舊黑羊毛氈一塊，鋪在郎石寧畫畫屋內。」〔註38〕另外，西洋畫家的畫室也會被用來作為向中國弟子傳授技法的教室，「在如意館行走的郎世寧，其海淀的住處尚有他自己的畫室，乾隆皇帝分給他學徒五人，在那裡學畫。這實際上是畫室兼教室了。」〔註39〕

圖 3-3　佚名，《乾隆皇帝朝服像》，紙本油畫，205×135.4 釐米，北京故宮博物院。

〔註37〕楊伯達：《清代院畫》，紫禁城出版社 1993 年版，第 51 頁。
〔註38〕朱家溍：《養心殿造辦處史料輯覽第一輯雍正朝》，紫禁城出版社 2003 年版，第 130 頁。
〔註39〕楊伯達：《清代院畫》，紫禁城出版社 1993 年版，第 41 頁。

　　油畫在清宮內的傳播很大程度上推動了西畫東漸的進程，同時也極大地
促進了東西繪畫藝術的交流。來自歐洲的傳教士畫家將西洋畫的繪畫方法帶
進了宮廷，歐洲當時流行的油畫和明暗畫法以及被稱為「線法畫」的焦點透視
畫引起了人們的廣泛關注，這在一定程度和一定範圍內也影響了中國畫家的
創作；同時，為迎合帝王的藝術審美趣味，適應在中國宮廷創作的需要，這些
來自歐洲的宮廷畫家們也努力學習和掌握中國畫的筆墨技法，運用中國傳統
的繪畫工具和材料繪製作品，所以「中西合璧」成為清代的宮廷繪畫在藝術風
格上的一個突出的特點。

　　現存於故宮博物院的油畫《桐蔭仕女圖》屏風（圖 3-13）作於清康熙時
期，被視為中國人創作的最早的油畫作品之一。「從這件油畫屏風中可以看到
中國畫家對於西洋油畫技法懷有很濃厚的興趣，他們在學習新的繪畫技法時
的認真態度和所取得的成績，都給人以較深的印象。這幅作品在表現畫面的深
遠感、表現建築物在光線照射下產生的強烈的明暗對比的效果都是比較成功
的；不過由於對表現人體結構的素描技法尚未掌握，難度比較大，致使人物的
刻畫未臻完美。」〔註40〕

　　畫面處理比較成功的「深遠感」和「強烈的明暗對比」，表明了中國畫家
在學習西洋繪畫時的關注點和興趣所在。西洋畫進入中國之初，正是這兩點獨
特之處吸引了國人，與產生這兩種繪畫效果相對應的表現方法即「透視法」和
「明暗法」，因其區別於中國傳統繪畫的表現方法而被冠以「海西法」。在中國
畫家看來，西洋畫之所以「望之如塑」（明劉侗、於奕正《帝京景物略》、清談
遷《被遊錄》）、「繪畫而如塑者」（吳長元《宸垣識略》、楊家麟《勝國文徵》）、
「畫宮室於牆壁，令人幾欲走進」（清鄒一桂《小山畫譜》）、「可以入矣」（清
姚元之《竹葉亭雜記》），就在於西洋畫著力於並善於體積感和空間感的表現，
而這也正是中國畫所欠缺的，為「中國畫繪事所不及」（明劉侗、於奕正《帝
京景物略》），體積感和空間感來自於「明暗法」和「透視法」，對中國畫家而
言，「海西法」的核心就在這兩者，所以中國畫家在學習西洋繪畫時也往往在
這兩個方面最為下工夫。

　　《桐蔭仕女圖》畫面上沒有作者的款印，無法確定作者具體為何人。但有
學者根據作品的形制、畫風和屏風另一面康熙皇帝臨寫的董其昌書法作品，推

〔註40〕聶崇正：《清代的宮廷繪畫和畫家》，載《清代宮廷繪畫》，文物出版社 1995 年
　　　　版，第 20 頁。

斷其為 17 世紀後半期至 18 世紀初清宮中國畫家的作品，有進一步的推測，將作者鎖定為康熙時期宮廷畫家焦秉貞。如果此推斷成立的話，至少可以說明兩個問題，一是在康熙朝，尤其是在郎世寧入宮供職之前，油畫已經開始在宮廷內傳播，中國的宮廷畫家當中已經有人開始了油畫的繪製，而且掌握了明暗法和透視法等技法，能夠在畫面上比較成功地表現立體感和空間感；二是西洋畫在清宮內的傳播有可能是多渠道的，除早於郎世寧的意大利人格拉蒂尼和馬國賢進入清宮擔任畫師，有帶徒授業的記載，負責天文立法的欽天監也匯聚了一批精通測算和數理的西洋傳教士，其對西洋畫理傳播的作用也不容忽視。

（三）從康雍乾三朝畫院人員組成及畫風的轉變看西洋繪畫的傳播和影響

　　康熙朝的內廷畫家多出自二王和惲壽平的正統派，院畫家和翰林畫家中以王原祁、蔣廷錫、唐岱、宋駿業為代表，王原祁師元四家，特別是黃公望，屬師古派，最受康熙青睞；蔣廷錫被《國朝畫徵錄》稱為「直奪元人之席矣，士大夫雅尚筆墨者，多奉為模楷焉。」〔註41〕可見也是學自元人；唐岱師從王原祁，聖祖品題當時以為第一手，賜「畫狀元」；宋駿業則受業於王石谷。這幾人風格手法上都秉持中國傳統，為宮中正統派。

　　另有新派，以中法為主，參用西法，以焦秉貞、冷枚為代表。焦秉貞以仇十洲筆意，參用泰西畫法，這可以說是中西融合畫風的先導。焦秉貞畫中的西洋畫法的由來，一種說法是學自格拉蒂尼，康熙三十九年（1700 年）應康熙皇帝之邀，耶穌會將最好的兩個藝術家格拉蒂尼和貝爾維爾派到中國，格拉蒂尼入宮後成為宮廷畫家並開始傳授西洋畫技法，「他們有幾個學生，他們以歐洲方法加以訓練，最出名的一個是焦秉貞。」〔註42〕而另一種觀點更值得關注，焦秉貞在康熙朝官至欽天監五官正，而欽天監中多精於曆算的西洋傳教士，特別是監正一職自湯若望以來一直為西洋傳教士所據，焦秉貞可能是在此接觸並學習了西洋畫法，形成了自己的新派畫法。蘇立文就認為「可能焦秉貞在欽天監任職時曾向南懷仁神父學習透視法。」〔註43〕李浴也傾向

〔註41〕〔清〕張庚、劉瑗：《國朝畫徵錄》，祁晨越點校，浙江人民美術出版社 2011
　　　　年版，第 91 頁。

〔註42〕〔英〕赫德遜：《歐洲與中國》，王遵仲、李申、張毅譯，中華書局 1995 年版，
　　　　第 248 頁。

〔註43〕〔英〕蘇立文：《東西方美術的交流》，陳瑞林譯，江蘇美術出版社 1998 年版，
　　　　第 58 頁。

於蘇立文的觀點，認為「他用西洋的透視學法入畫，不一定是從畫院的西洋人而來，大概是在欽天監中從西洋人那裡測算『七正之躔度，五形之遠近』而得來的。」〔註44〕無論如何，有一點可以肯定，至少在格拉蒂尼和貝爾維爾來華前，焦秉貞已經掌握了西洋透視法。

焦秉貞於康熙三十五年（1696 年）將西洋透視法運用於他創作的《耕織圖》中。畫中應用了透視法，使畫面具有了深度感，另外，色彩豔麗，並根據畫面實際需要繪製了陰影。此畫深得康熙皇帝嘉許，親自作序題詩，並將翻刻本頒賜王公大臣，由此而流入民間，影響深遠，對西洋畫法的推廣起到了極大的作用。此外焦秉貞的《仕女圖》（圖 3-4）也參用西洋畫法作成，「焦秉貞所作《仕女圖》，背景長廊，非常明顯的是採取西洋的透視法。」〔註45〕

圖 3-4　焦秉貞，《仕女圖》，絹本設色，30.9×20.5 釐米，北京故宮博物院。

〔註44〕李浴：《中國美術史綱》，遼寧美術出版社 1984 年版，第 768 頁。
〔註45〕王伯敏：《中國繪畫通史》，生活・讀書・新知三聯書店 2000 年版，第 305 頁
　　　～306 頁。

　　冷枚為焦秉貞弟子，同樣擅用透視法作畫。冷枚曾協助焦秉貞繪製《耕織圖》，其主要作品《避暑山莊圖》，師法焦秉貞中西融合的畫法，氣勢恢宏，既吸收西方透視、明暗畫法而又不失中國畫的傳統特色。

　　在清宮畫院中，郎世寧可謂「海西法」的代表，他在康熙末年入宮，在這一期間，並未發現關於其在內廷活動的直接記載，他所留存下來的作品紀年最早的也鮮見有康熙朝的，可見郎世寧在康熙時期並沒有什麼影響。根據間接的資料可知，郎世寧初入宮廷，學習了中國傳統繪畫技法，同時應康熙皇帝之命，將西方油畫技法傳授給內廷的宮廷畫家和畫工。

　　要之，康熙時期的清宮畫院，勢力最強的當屬正統派，宮廷的重大創作活動無不由翰林畫家王原祁、宋駿業等來主持，如表現康熙二十八年（1689 年）第二次南巡的十二卷大型創作《康熙南巡圖》即由宋駿業主持，宋駿業又延請其師王翬及弟子楊晉，整個作品由王翬及楊晉主筆，眾畫院畫家參與合筆，歷時六年得以完成。康熙五十二年（1713 年）的《萬壽圖》同樣由宋駿業主持，後康熙又命王原祁總裁，由眾畫院畫家完成。「因而這一時代的院畫藝術受到婁東派、虞山派的顯著影響。」〔註46〕至於以焦秉貞、冷枚為代表的參用西法的新畫派，雖非正統，但也因《耕織圖》等名噪一時，可稱畫院主流派之一。其所「參用海西法」說明新派還是以中國傳統畫法為本，在繪畫中有限度地應用「海西法」的明暗對比和焦點透視，而又不失傳統的筆墨情趣，這也使新派繪畫具有鮮明的特點，但在當時文人畫一統天下的環境下，因其缺乏所謂文人氣，士人對其評價並不高。如果站在今天的立場來看焦、冷「參用海西法」的新派繪畫，「從其傳世作品來看，確實不屬於文人畫系統，有著濃厚的市民氣息，不無可取之處；尤在吸收西法方面較早地邁開步伐，取得一定成就，也是必須肯定的，他們對院體畫的形成起了主導作用。」〔註47〕更難能可貴的是，在對待如何「參用海西法」的問題上，焦、冷採取的方式不是簡單的全盤西化，而是表現出了一種對「海西法」有所選擇、有所取捨的謹慎態度，這種取捨選擇體現出對中西繪畫各自特性的敏銳把握，而其加以變通的手法也很值得玩味，可以說這是中國畫家對中西畫法相結合的一種頗有獨創性的嘗試，這些中西結合的切入點為以後畫家的此類探索提供了可供參照的寶貴經驗。

　　雍正在位十三年，畫院很大程度上是康熙時期的延續，畫院的發展放緩。

〔註46〕楊伯達：《清代院畫》，紫禁城出版社 1993 年版，第 77 頁。
〔註47〕楊伯達：《清代院畫》，紫禁城出版社 1993 年版，第 79 頁。

隨著二王去世，其派系受到削弱，只有王原祁弟子唐岱屬二王傳派，他們的傳派在畫院的活動及其創作，也與四王、吳惲畫家集團勢力消長的形勢枹鼓相應，影響力已不如前；焦秉貞、冷枚此時已不在宮中，焦、冷的參用西法的新畫派受到冷落；郎世寧經過在康熙時期的摸索，已經逐漸瞭解和適應中國傳統的審美旨趣，掌握了中西融合的新畫法，開始在這一時期發揮作用。不同於焦、冷一派的參用西法的新畫法，郎世寧的新體畫是「立足西法，參用中法」。另有一個值得注意的人物是蒙族畫家莽鵠立，莽鵠立的肖像畫頗受雍正推崇，他工西法寫真，不施墨骨，純以渲染皴擦而成，神情酷肖，曾奉命寫清聖祖御容，莽鵠立在郎世寧來華之前就已經接觸到了西洋繪畫，受到了西洋畫法的影響，其後可能又有直接向宮廷內傳教士畫家學習的經歷，「莽鵠立應當是屬於跨越『間接學習』和『直接學習』兩個階段受西洋繪畫影響的畫家之一。在莽鵠立的作品上可以看出，他在學習西洋畫法之前已經掌握了中國傳統的『寫真技法』，於此基礎上，再適當加進了歐洲繪畫的明暗凹凸法（僅僅在臉部）。」〔註48〕從莽鵠立的肖像畫我們不難得出結論：較之焦、冷一派，中國畫家在借鑒和學習西洋繪畫技法上又進了一步，已經能夠將中國傳統的「寫真」與西方繪畫的「寫實」相匹配，敏銳地發現中西繪畫在造型表現中「明暗——凹凸」這一對對應元素，並巧妙地加以借鑒、運用和轉化。焦、冷一派側重表現場景，透視法借鑒多；莽鵠立側重表現肖像，明暗法借鑒多。

整體看來，雍正朝的清宮院畫，是以秉承傳統的唐岱山水畫、郎世寧開始逐漸成型的新體畫和油畫以及莽鵠立的「法本於泰西，不先墨骨，以渲染皴擦而成」的「別開生面」的肖像畫為代表。山水畫由於二王等謝世，唐岱等功力不逮諸原因，遠不如前朝；雍正對西洋技藝的興趣不如康熙和乾隆，所以在位十三年，很少有傳教士畫家入宮，但在西法的傳播方面也保持了穩步的發展，郎世寧的新體畫已經基本定型，地位開始提升，其在宮廷畫院中的作用愈發明顯。

乾隆朝的院畫是清代的高峰。乾隆元年即設立畫院處，同時還保留啟祥宮、如意館，畫院規模之大為有清一代之最，至於制度之完備、時間之長久、創作之精良也為歷代所罕見。

唐岱在乾隆前期仍活躍於宮中，丁觀鵬、陳枚、沈源、姚文瀚、張宗蒼、

〔註48〕聶崇正：《清宮繪畫與「西畫東漸」》，紫禁城出版社2008年版，第121頁。

張廷彥、徐揚、徐璋、金廷標等成為畫院畫家的中堅，翰林畫家中有董邦達、鄒一桂、朱倫瀚等；講究筆墨的文人畫和注重法度、工整細膩的宮廷畫並存。

雍正時離開的冷枚被重新召回宮內供職，並允許其子及弟子入畫院協助作畫，焦、冷一派得以重振旗鼓。

郎世寧在乾隆朝繼續在畫院供職，其新體畫日漸成熟，參與了宮中各種大型繪畫的創作，為皇帝所器重，逐漸居於畫院領銜畫家的地位。另外，乾隆朝入宮的西洋傳教士畫家較其他朝而言也最多，王致誠、艾啟蒙、安德義、賀清泰、潘廷章等人都在這一時期先後進入畫院，這些西洋傳教士畫家和原已在畫院中確立了地位的郎世寧一起，成為一股新的勢力，使油畫進一步在宮中普及，成為了僅次於中國畫的又一大畫種。同時，為適應宮廷需要，迎合乾隆皇帝的審美旨趣，這些西洋畫家調整了自己原先所掌握的西方油畫技巧，嘗試使用中國的繪畫材料，或獨立創作、或通過和中國畫家合筆的形式，將中西合璧的畫風推到了極致，由此也形成了清宮畫院畫風的一個鮮明的特色。

乾隆朝是院畫空前發展的一個時期，為了彰顯帝王的文治武功，大量尺幅巨大的作品需要由畫家來完成，於是乾隆朝合筆的作品，包括中西畫家合筆的繪畫作品大量出現，這在客觀上為中西繪畫的交流和融合提供了有利條件；郎世寧作為清宮內地位最為突出的油畫大師，受皇帝之命，培養了眾多的中國弟子，這些弟子多已熟練掌握油畫技巧，善於運用明暗法和透視法等西洋畫法，比焦、冷一派的「得其意而變通之」的做法又更進了一步，他們和後來入宮的西洋畫家王致誠、艾啟蒙、安德義等人一起，在乾隆時期的畫院中形成了一個很有實力的派別，一度成為了畫院的主力，在一定程度上左右了畫院的創作並影響了畫院的風格，這恐怕是在歷代宮廷中所僅見的獨一無二的現象，它作為西學東漸的一部分，應該也是這一歷史時期特有的文化現象。

三、欽天監及其在西洋繪畫傳播中的作用

欽天監為明清時期掌管觀測天象，推算節氣，制定曆法的官署，由此前各朝的太史局、司天臺、司天監等沿襲而來，設有監正、監副等職，明末就曾有湯若望等西洋傳教士因精於曆算而供職于欽天監。清沿明制，進入欽天監的西洋傳教士更多，清朝的欽天監監正一職，似乎是專門為入華傳教士設置的，它也始終是入華傳教士們覬覦和嚮往的最高職位。據記載，從 1644 年至 1805 年的 160 多年的時間裏，共有十一位耶穌會士先後出任此職。欽

天監這一部門的性質決定了在此任職的官員除通曉天文、數理等方面知識外，還必須具備相應的測繪等方面知識，他們當中不少人因此也掌握透視學知識並具有繪畫技能，甚至有些人還擅長繪畫，如焦秉貞等，他們有時也會才參與宮中的繪畫活動，所以「明清之供職欽天監的畫家也同樣可視為御用畫家」〔註49〕。

西洋傳教士供職于欽天監要遠早於其進入宮廷畫院，他們對西洋繪畫在宮中的傳播同樣起到了不可忽視的作用，可以說在清代欽天監是如意館、畫院處之外清宮內又一處西畫傳播的場所。「康熙時西洋教士以畫學供奉內廷，而欽天監中主其事者，又多屬西洋教士，中國人士上下議論，濡染其圖繪，遂亦潛移默化而不自覺。」〔註50〕

第二節　廣州口岸及外銷畫

「清代中國藝術所受的歐洲影響，就其實際而論，乃是耶穌會傳教的成果。」〔註51〕耶穌會傳教士們沿用了明末利瑪竇的文化傳教策略，繼續走上層路線，希望通過取得統治者和文人士大夫的信任進而影響普通百姓，他們帶來了天文、物理、水利、機械等歐洲的科學和技術，並將歐洲藝術引入北京的宮廷，其最為成功之處就在於用藝術打動了中國的統治階層，為其步履維艱的傳教事業鋪平了道路，就歐洲藝術在中國的傳播而言，傳教士取得的成果也是最為突出的。至乾隆末葉，一因耶穌會被禁，畫院和欽天監中的傳教士日漸減少，一因當時士大夫對西洋畫法，漸生牴觸，導致此時北京宮廷當中的歐洲傳教士和西洋美術正在逐漸失去原有的影響力。而自十八世紀中葉起，在當時中國南方最大的港市廣州，外銷畫開始興起，形成了西洋美術傳播的又一個中心〔註52〕。

〔註49〕李浴：《中國美術史綱》，遼寧美術出版社1984年版，第730頁。

〔註50〕向達：《唐代長安與西域文明》，重慶出版社2009年版，第405頁。

〔註51〕〔英〕赫德遜：《歐洲與中國》，王遵仲、李申、張毅譯，中華書局1995年版，第247頁。

〔註52〕明清時期，西洋美術在中國的傳播分別形成了北京、江南和廣州三個中心。在北京，從明末利瑪竇向神宗呈獻聖像開始，到清宮畫院和欽天監，宮廷一直是傳教士傳播西洋美術的重點；江南地區主要指南京和蘇州等地，南京是明朝的首都，人文薈萃，利瑪竇等曾在南京活動，廣交士人，在明末對這一帶的文人和畫家影響頗深；蘇州地區經濟發達，自古文脈相傳，清雍正、乾隆間，民間年畫中出現了透視和明暗等受西洋畫影響的表現技法。

一、廣州口岸

（一）歷史由來

從秦漢時期起，廣州就已經是港口，開始了與東南亞、西亞等國家的交通和商貿往來，成為南海商道的起點。《唐書地理志》記載：「交州都護制諸蠻，其海南諸國，大抵在交州南及西南，居大海中洲上，相去或三五百里、三五千里，遠者二三萬里，乘舶舉帆，道里不可詳知。自漢武以來，朝貢必由交趾之道。」〔註 53〕南海道最遠可達東非，是當時重要的海上貿易通道，交州當時包括今天越南北、中部和中國廣西的一部分，東漢時交州治番禺，即今廣州，廣州已是當時最重要的對外貿易港。「自唐設結好使於廣州」〔註 54〕，結好使即市舶使，為促進對外貿易，增加政府稅收而設。

十三世紀後，中亞奧斯曼帝國興起，1453 年穆罕默德二世攻陷了拜占廷帝國首都君士坦丁堡，更名伊斯坦布爾，東羅馬滅亡，繼而於 1517 年佔領開羅，1529 年攻陷維也納，建立了地跨歐、亞、非的大帝國。這也造成了傳統的經波斯灣、紅海和西亞的東西陸路交通的阻隔，迫使歐洲人不得不尋找新的通道，而由非洲西海岸，繞過好望角，經印度洋到達東方的航線最終在 16 世紀被開闢出來，歐洲的商船也跨洋來到了廣州。

精神舶來品與物質舶來品形影不離，幾乎同時登上廣州口岸。隨歐洲商船而來的還有傳教士，他們迫不及待地想使中國基督教化，為達到此目的，傳教士運用了文化傳教的策略，在傳佈福音的同時也帶來了近代西方文明。明末來自歐洲的傳教士紛紛從廣州進入中國的內地，而作為中西交通的橋頭堡，廣州最先感受到了近代西方科技和文化。

清初實行的海禁政策曾使廣州的對外貿易一度陷於停頓，隨著康熙十七年（1678 年）平定三藩之亂，康熙二十二年（1683 年）統一臺灣，東南沿海的局勢逐漸趨於平穩安定，康熙二十四年（1685 年）又設立粵海關，允許開海貿易，廣州口岸的對外貿易也日漸繁榮，尤其是乾隆二十二年（1757 年）清政府撤消了閩海關、浙海關、江海關，僅保留了粵海關，實行廣州一口通商制，廣州成為西方人唯一可以進入中國內地的口岸，這更使得廣州口岸在中西貿易和文化交流中的作用無可替代。

〔註 53〕方豪：《中西交通史》，人民出版社 2008 年版，第 99 頁。
〔註 54〕方豪：《中西交通史》，人民出版社 2008 年版，第 177 頁。

（二）西洋傳教士和宗教美術品進入中國的門戶

廣州作為口岸，與北方宮廷中的西洋美術傳播有著直接的聯繫。因為是口岸，廣州成為西洋美術品進入中國內地的門戶，也是傳教士進入中國的最主要的落腳點，它還是傳教士北上進京的必經通道。歐洲傳教士從廣州口岸進入中國內地時，大都攜帶有聖像畫之類的各式傳教所用宗教美術品，他們往往不失時機地在所到之處將這些美術品加以展示。

萬曆八年（1580 年）耶穌會傳教士羅明堅幾經努力，終於從澳門來到廣州，並獲得了居留權，其後利瑪竇於萬曆十一年（1583 年）到達廣州並經由廣州至肇慶定居，建立聖堂，從此為西方傳教士在中國傳教事業奠定了基礎。此後的傳教士進入中國內地大都要先至廣州，在此立足，然後尋求其他的傳教地，他們所攜帶的西洋美術品也由此進入內地。

自康熙年間始，北京宮廷需求來自歐洲的「會技藝之人」，傳教士畫家開始供奉於宮廷，這些人也是以廣州為進京的起點，他們必須先提出申請並在此等待朝廷的答覆，一旦批覆，由官員伴送經此地入京。意大利人利類思曾向康熙皇帝進獻三幅以透視法畫成的繪畫作品，西洋繪畫的新奇之處令其十分驚異，遂希望耶穌會能夠派精通透視畫的畫家和彩瓷畫家來華服務於宮廷；康熙五十四年（1715 年），康熙皇帝命在京的傳教士德理格和馬國賢給教皇寫信，請教會派「極有學問，天文、律呂、算法、畫工、內科、外科幾人來中國以傚力」〔註 55〕。

當時西洋傳教士要進京供職，首先要「由澳門理事官稟請，經澳門同知或香山知縣轉稟；兩廣總督批令赴省驗看，理事官將隨行上省人役，並行李什物及通事姓名開列清單，由同知或知縣轉稟；香山縣丞督同理事官，另教士束裝，護送到澳門同知或香山知縣衙屬，再由同知或知縣委員伴送到省；澳門同知會同南海知縣，將教士飭交省城行商保領，在行居住，擇期帶赴兩廣總督衙門驗看，仍飭交行商保領；督撫具奏，候奉到諭旨遵行，再委員伴送進京。」〔註 56〕傳教士在督撫具奏候旨期間，一直留居廣州，在此學習漢語和中國禮儀，以便日後入宮能夠適應宮廷生活。

康熙三十八年（1699 年）法國傳教士白晉帶領十名教友，乘安菲特里特

〔註 55〕〔意〕馬國賢：《清廷十三年——馬國賢在華回憶錄》，上海古籍出版社 2004
　　　　年版，第 150 頁。
〔註 56〕陳瀅：《清代廣州的外銷畫》，《美術觀察》1992 年第 3 期，第 33 頁。

號船（Amphitrite，海神號）抵達廣州，這是法國派往中國的第一艘官船，是對葡萄牙保教權的挑戰，也預示了耶穌會「法國傳教區時代」的開啟。白晉帶來了法國國王路易十四託他轉贈康熙皇帝的一冊華麗的銅版畫集，在這次和白晉一同來到廣州的人當中，還有來自意大利波羅尼亞的畫家格拉蒂尼（即年畫師），他是作為世俗身份的畫家而非傳教士，受耶穌會委派來華的。格拉蒂尼被認為是最早以專業畫家身份進京的歐洲人，他於康熙三十九年（1700年）入京，為北京新建的教堂繪製天頂畫，做了大量的裝飾工作，還為宮廷作畫，並在宮中傳授歐洲油畫，馬國賢入宮時還曾見過他的中國弟子仍在宮廷中作畫。

康熙四十九年（1710年），精通畫藝的意大利傳教士馬國賢也是從廣州出發北上進京的。由於直屬羅馬教廷，馬國賢等人入京得到了已在澳門的教廷特使鐸羅主教的支持。因鐸羅主教在北京時康熙皇帝曾要他請教宗派一些在藝術和科學方面有技藝的傳教士過來，所以鐸羅推薦了山遙瞻、德理格和馬國賢這三個分別在數學、音樂和繪畫方面具有才能的傳教士，即「技巧三人」，並致信兩廣總督趙弘燦提出申請。上奏得到了批准，康熙皇帝對具有繪畫才能的馬國賢極感興趣，特地讓大臣趙昌口傳聖旨：「西洋技巧三人中善畫者，可令他畫拾數幅畫來，亦不必等齊，有三四幅隨即差齊星飛進呈。再問他會畫人像否，亦不必令他畫人像來，但問他會與不會，差人進畫時，一併啟奏。」〔註57〕

在廣州期間馬國賢按照諭旨學習漢語，並把在澳門開始為皇帝畫的兩幅肖像完成後呈交總督，他還接受了繪畫方面的測試，兩廣總督趙弘燦送來一幅嶺南名儒陳獻章像讓他臨摹，並同時「畫一幅中國活人的畫像」，讓眾人觀看以證實他的繪畫技能。

馬國賢是清宮中的第一位傳教士畫家，他開啟了傳教士畫家入華的浪潮，同時他也是宮廷洋畫家世襲的代表，通過宮廷這一平臺傳播西洋繪畫，極大地擴大了西洋美術的影響。其後來華的郎世寧、王致誠等人也都和他一樣先到達廣州再北上，最終進入清宮服務朝廷的。

現斯坦福大學藝術博物館藏有名為《羊城夜市圖》（圖3-5）的絹本水墨淡設色作品一幅，款識為：「乾隆元年春三月，臣郎世寧恭繪。」經中外專家鑒定，此畫被確定為郎世寧的作品。畫面為縱幅，採用了近似中國傳統山水畫的

〔註57〕江瀅河：《清代洋畫與廣州口岸》，中華書局2007年版，第34頁。

構圖方式，內容為風俗題材，描繪的是夏日城外江邊夜晚的景色，「之」字形的江面將畫面分為兩部分，城牆、屋舍和江邊停泊的船隻都集中於前景。畫中人物或在品酒，或在做夜宵生意，江上有船正要靠岸，幾處房子的窗戶中露出亮光，煙囱裏冒出嫋嫋的炊煙。曲折的道路和江面將觀眾的視線引向對岸和朦朧的群山，一輪明月懸於天空，整個畫面安詳靜謐。根據落款的時間來看，這應是郎世寧進京後的作品，畫中的人物所著服裝，還是明制，也未見男子留辮子，說明郎世寧所畫不是現實而是理想中的中國市井生活，而素材則完全可能是來自是他當時在廣州初次登上異國土地時的印象和回憶。

圖 3-5　郎世寧，《羊城夜市圖》，1736 年，絹本水墨設色，
260×155 釐米，美國斯坦福大學藝術博物館。

　　「在西方畫家到來之時，西方的油畫還通過關口進入廣州。據《粵海關志》記載，在康熙至道光年間，從廣州進口的物品之中，就有『油畫』、『推公洋屏油畫』、『洋畫』、『玻璃鏡鑲玻璃油畫』等項。」〔註58〕由於是通商口岸，同時也是外國人進入中國的必經通道等原因，廣州成為中國內地最早接觸西方繪

〔註58〕陳瀅：《清代廣州的外銷畫》，《美術觀察》1992 年第 3 期，第 35 頁。

畫和受到西方繪畫影響的地區。

　　清代中西繪畫交流與廣州口岸相關的一個重要的事件，就是《乾隆平定準部回部戰圖》通過廣州口岸運往法國製版付印。乾隆二十年（1755 年）和乾隆二十三、二十四年（1758、1759 年），清政府平定了新疆準嘎爾部達瓦齊及維吾爾大小和卓部的叛亂，為紀念這次平叛的勝利，乾隆二十七年（1762 年）乾隆皇帝決定製作一組銅版組畫。銅版組畫共十六幅，分別由供職清宮的傳教士畫家郎世寧、王致誠、艾啟蒙和安德義起稿繪製，乾隆三十年（1655 年），第一批四幅畫稿完成後，乾隆決定將其送往歐洲製版印製，而廣東的粵海關具體負責此事，由廣州的十三行和法國的東印度公司接洽，最終畫稿送抵法國，法國皇家藝術學院院長馬立涅爵士親自過問此事，讓銅版畫家柯辛主持，挑選雕版名家勒巴等七人分別製作。乾隆三十五年（1670 年），首批完成的銅版畫從法國運至廣州，到乾隆三十八年（1673 年）才全部完成，整個工作前後歷時七年。粵海關將這些印製好的版畫和銅版與粵海關的年節貢品一同移送內務府造辦處轉為奏繳。在中國第一次大規模地向西方訂製銅版畫的過程中，廣州成為往返必經之地。

　　「此後，宮廷先後又將一些戰圖製成銅版畫，如《平定安南戰圖》（乾隆五十四年）、《平定臺灣戰圖》（乾隆五十四年）、《廓爾括戰圖》（乾隆五十八年）、《平定苗疆戰圖》（嘉慶元年）、《平定狪苗戰圖》（嘉慶元年）等，這些銅版畫均由內廷銅版房承擔刻版印刷，工匠則大多來自廣州。」〔註59〕

二、乾隆時期的口岸外銷畫

　　由於商貿活動的頻繁，廣州口岸的作用日益突顯。16 世紀澳門為葡萄牙人所佔領，成為西方國家在中國南部勢力的中心，而到了 18 世紀，隨葡萄牙勢力的削弱和荷、法的興起以及保教權之爭，來自歐洲的船隻可以不經過澳門而直接進入廣州通商，廣州成為了中西商貿的最重要口岸。不僅是中外商品交換的貿易港，廣州同時還成為了中國商品外銷的一個生產基地。如始自乾隆年間的著名的廣彩外銷瓷器，就是將在江西景德鎮定製好的素白瓷胚，運到廣州進行彩繪再外銷出去。與此類似的就是外銷畫，從 18 世紀中葉開始到 19 世紀中後期，廣州口岸出現了一批專門繪製西畫的中國畫工，他們以中國風俗、風物為題材，繪製了大批的油畫、水粉畫和水彩畫，這些畫作為商品出售給來廣

〔註59〕江瀅河：《清代洋畫與廣州口岸》，中華書局 2007 年版，第 42 頁。

州的外國商人和水手，然後經商船流向歐洲。商貿活動和西方畫家的到來催生了廣州的口岸外銷畫。

　　自乾隆二十二年（1757 年）廣州一口通商以來，廣州成為中外貿易的唯一港口，大量來自西方的商船雲集於黃埔港，廣州城外珠江北岸西關也逐漸形成了外國人聚居地和商貿場所，經營外貿的專業商行——洋貨十三行即在此開設。來華的商人和水手在此泊靠進行商貿活動期間，也必定購買或換取一些貨品作為禮物或紀念品帶回國。「他們購買的物品中，有一項便是繪畫，其中又以壯麗的風景畫、或是人物畫像，最受歡迎，主要是這些畫的題材，都是中國山川風物，卻具有西洋繪畫風格，但都是由中國藝術家們手繪而成的。」〔註60〕在西方人集中的十三行一帶，便出現了職業化的畫家和畫店（圖3-6）。可見廣州的口岸外銷畫是中西貿易中派生出來的，它的產生首先來自於特殊的社會背景和需求。

圖 3-6　關聯昌，《庭呱畫室》，19 世紀中期，紙本水粉，17.5×26.5 釐米，英國倫敦　　　　　馬丁・格雷戈瑞畫廊。

　　從 18 世紀下半葉開始，先後有不少西方畫家來到廣州，他們或到此旅遊，或在此定居。乾隆五十年（1785 年）和乾隆五十八年（1793 年），英國海景畫

〔註60〕傅樂治：《中國的貿易畫》，轉引自李超：《中國早期油畫史》，上海書畫出版社　　　　　2004 年版，第 234 頁。

家威廉‧丹尼爾（William Daniell）和叔父托馬斯‧丹尼爾（Thomas Daniell）就曾在去印度時途經廣州，並在此作畫，他們可以算是第一批到廣州的西方專業畫家。隨後還有頗有影響的英國畫家喬治‧錢納利（George Chinnery，1774～1852），他曾在英國皇家美術學院與透納、格廷等人一起向雷諾茲學習繪畫，他的風景畫顯示了18世紀意大利畫家卡納萊托的影響，而其最為擅長的肖像畫則秉承了英國華麗肖像的風格。錢納利在廣州還有一些中國弟子，著名的如啉瓜，他的畫風也被人大量模仿，使得他的油畫風格和技巧流傳很廣。西方畫家的到來及繪畫技法的傳播為外銷畫提供了技術上的支持和保障。

在廣州從事外銷畫製作的人很多，但除少數幾位畫家外，大多數已經無從確認。據現有文獻和存世畫作來看，從18世紀中期開始，活躍於廣州的外銷畫家有史貝霖（Spoieum）、齊呱（Chitqua）、蒲呱（Puqua）、錢呱（Cinqua）、東呱（Yongua）、小東呱（Yongua Jr）、奎呱（Foiqua）、發呱（Fatqua）、新呱（Sunqua）、興呱（Hinqua）、林呱（Lamqua，關作霖）、藍呱（Lamqua，或稱林呱，關喬昌）、庭呱（Tinqua）、煜呱（Youqua）、麗生（Laisung）和南昌等，這些人大都生卒不詳，也很少有中文姓名的確切記載〔註61〕。

這些外銷畫家有的曾出洋留學學習畫藝，如被稱為林呱的關作霖，據《續南海縣志》記載，他「因附海舶遍遊歐美各國，喜其油畫傳神，從而學習。」〔註62〕另外一些則直接跟隨來華的西方畫家學習，模仿他們的風格，如藍呱（或稱林呱，關喬昌）是錢納利的學生，他就是從臨摹模仿錢納利的作品開始，逐漸掌握油畫的技巧，其作品頗得錢納利韻味，遠在俗工之上。還有相當一部分人是從外銷畫室或作坊的學徒開始，學成之後獨立，成為職業畫師。他們用一種完全不同於自己傳統的西方繪畫風格為西方買主作畫，大都在十三行商貿區開有類似作坊一類的畫室，並且雇傭擁有繪畫技藝的學徒和畫匠。

出於市場考慮，外銷畫家一般都是多面手，大都能夠掌握多種西方繪畫表現形式，油畫、水粉、水彩以及十八世紀在歐洲本土已不流行的玻璃畫，這些西方繪畫形式當時並不為普通中國人所熟悉，卻為廣州的外銷畫家所掌握，有些外銷畫雖技法不甚成熟，但因為是用西方技法表現中國題材，所以也別具特色。從表現內容上看，除一部分是委託定製的肖像畫以及西方繪畫的複製、模

〔註61〕李超：《中國早期油畫史》，上海書畫出版社2004年版，第239～240頁。
〔註62〕《續南海縣志卷二十一，列傳》，第8頁，轉引自江瀅河《清代洋畫與廣州口岸》，中華書局2007年版，第133頁。

仿外，相當數量的外銷畫是表現中國的風光、風情和風俗，如廣州港口中國人的起居、出行、百工、風俗以及生產勞作、日常生活、宗教信仰的各個方面，這些都極受西方顧客的喜愛，這種與西方繪畫有著明顯不同的異域繪畫，為來自西方的商人和旅遊者提供了豐富的視覺信息，在很大程度上也是滿足西方人希望瞭解中國歷史文化的渴望以及對中國的獵奇心理。

「就在清代畫壇崇古摹古之風熾盛，傳統的中國畫占壓倒多數的優勢之時，成群繪製西畫的中國人，成批銷售中國油畫、水粉畫、水彩畫的店鋪在廣州出現了，並興盛了一百年。廣州的畫人們，直接師從西方的專業畫家；直接觀賞、臨摹西方多國不同風格的繪畫原作；其中佼佼者還熟練地進行創作。在繪畫題材上，廣州的畫人們一反中國早期西畫那種以西方的聖像和中國的皇族為內容的宗教氣息和宮廷氣息，把繪畫創作的範圍推到廣闊的世俗社會中去。他們以中國民間古老的生活風情和沿海商埠新奇的景象為繪畫的主要內容，把自己對家鄉的感受融化在藝術形象之中，表現了清代中葉廣州的社會風貌。在藝術手法上，廣州的畫人們融匯中西，不拘一格，對來自不同國家的繪畫兼收並蓄，創造出一種獨特、帶有海洋韻味的南粵畫風。在價值觀念上，廣州的畫人們明確地以西方市場的需要、貿易的利潤為其準則。在中國西畫的歷史上，都是開風氣之先的。對於背負著因襲重擔的古老的中國美術來講，更是呈現出令人矚目的超前意識。」〔註63〕

三、口岸外銷油畫與宮廷油畫的區別

從某種意義上講，18 世紀興起於廣州口岸的外銷畫可視為中國早期油畫第二階段的一個分支，而與其相對應的另一支是康雍乾時期以郎世寧為代表的西洋傳教士在北京宮廷的繪畫創作，它們共同構成了繼明末油畫入華之後西畫東漸的又一高潮，兩者有著各自的發展脈絡，宮廷傳教士畫師所畫的油畫只服務於朝廷小圈子，而口岸外銷油畫也僅是針對來華貿易的國外商人，它們分別體現了不同地域、不同階層西洋繪畫的傳播和影響。

北京宮廷油畫的主要傳播者是來自歐洲的傳教士畫家，他們受教會委派，具有良好的教育背景和專業素養，大多供職於皇家畫院，有人還被授予官職，由於畫藝出眾，他們當中有人還在宮中授徒，傳授西洋繪畫技法；其創作是服務於皇室，內容很多是帝後賢臣肖像或大型紀念性、主題性創作，帶有濃厚的

〔註63〕陳瀅：《清代廣州的外銷畫》，《美術觀察》1992 年第 3 期，第 42 頁。

政治色彩，其創作題材、形式和過程均受到嚴格的控制，在繪畫的審美趣味上也往往為帝王所左右，為適應帝王審美需求和裝飾目的更注重材料和技法的變通；同時，由於身處宮廷畫院，長期和中國畫家相處，使得相互之間有機會學習交流，彼此激發和匯通，這其中以郎世寧為代表，他以西方造型手法及畫理畫法為本，參用中國繪畫材料技法和審美情趣，獨樹一幟，其繪畫是中西繪畫的創造性融合。

　　而南方口岸繪畫的主體則為身處社會底層的畫家和畫匠，這些畫家或畫匠中極個別人留洋歐美學習過油畫技藝，其他大多數直接跟隨來華的西方畫家學習或在外銷畫室中充當學徒、助手學習技藝。中國的繪畫傳統在他們身上並未成為一種負擔，相反，他們是用一種完全不同於自己傳統的西洋繪畫風格為西方買主作畫，在運用油畫材料和技法方面，他們更多以直接引用和模仿為主，以西洋繪畫技法或臨摹西洋繪畫或表現中國題材；口岸外銷畫與商貿目的密切相關，是以市場為導向的商品生產，市場流行品位和題材成為繪畫作品的主導因素，作品帶有明顯的商業特色，具有程式化、機械化的特點，在藝術創造性上並無突出之處，影響力較弱，其歷史價值遠遠超過藝術價值。

　　比較北京宮廷和廣州口岸這兩個中國早期油畫分支，有一點值得注意，從明清時期基督教和西方文化在中國傳播的歷史看，雖然自利瑪竇開始，西方傳教士就奉行一種上層路線，希望首先能夠贏得知識階層的認可，但從中國人正統文化的心理角度出發，最容易接納西方外來文化的，往往並不是那些對西方文化有較深刻認知的文人士紳階層，而是沿海口岸洋商和傳教士足跡所至之處的底層人士。所以就油畫和西洋畫法而言，南方口岸的藝人畫匠真正做到了全盤接受且付諸實踐，而中國的宮廷畫家和文人學士們往往譏其為「筆法全無，雖工亦匠，故不入畫品」，即使偶而參用，也只是「戲學海西烘染法」，可見精英階層、主流文化與平民百姓、世俗文化兩者之間對外來文化的態度和接納有著很大的不同。

第三節　康雍乾時期油畫材料技法考

　　從明末油畫傳入中國開始，其特殊的材料即引起了國人的關注，但由於當時沒有與之相對應和匹配的專業術語，很難對其作出詳盡的描述，所以在所存的文獻記載中，難免有引起誤解的地方。至清乾隆時期，「油畫」一詞已經見

諸文獻資料中，不同於早期籠統的「西畫」、「西洋畫」，這一稱謂從材料的角度和技術形態方面表明了這一外來繪畫形式的畫種屬性，因而更具確定性和科學性。隨著入華的傳教士畫家逐漸增多，特別是很多傳教士畫家應徵入宮，效力宮廷，為適應帝王審美趣味，他們當中的大多數人也開始使用中國傳統的繪畫材料作為替代品，創作出具有中西合璧風格的繪畫作品。同時中國畫家受西方繪畫的影響，有意識地借鑒西方技法，融入到自己的繪畫中，更有中國宮廷畫師在西洋傳教士畫家的指導下繪製油畫，通過嘗試和實踐，特別是與傳統中國繪畫的對比，他們對油畫的材料技法有了更深入和直接的認識。

一、畫材

（一）底材（support）

底材，也稱基底材料、支撐物〔註64〕，是將繪畫底子（ground）或色層塗於其上的材料。就中國傳統繪畫的底材而言，「原始繪畫除了畫在石片石壁竹木板之外，後來又畫在織物上。最初是畫於麻布上的，繼為畫於生絲的織物，所以繪畫的底子先用織物，後用紙。」〔註65〕從遠古到商周時期，中國繪畫以壁畫和漆畫形式居多。至戰國時代起，開始有繪製在織物上的作品被發現，從江陵和長沙戰國的楚墓中出土的四幅帛畫《人物龍鳳圖》和《人物御龍圖》等，是我國目前最早的獨幅繪畫，它表明中國畫的基本形態已經確立。到漢代，紙的出現為繪畫提供了一種新的材質，應該說中國傳統繪畫的底材一直是以絹帛和紙為主。

隨著明末歐洲油畫傳入中國，國人接觸到了一些外來的、新的繪畫材質，這在當時的文獻上有所記載。明顧起元在其《客座贅語》中對利瑪竇從歐洲帶來的天主像有細緻具體的描述：「畫以銅板為幀，而塗五采於上。」這為我們瞭解當時利瑪竇所攜聖像的材質提供了有益的幫助。

這一獨特的西洋繪畫材質，應該是畫於銅板上的油畫。但在當時人們更多的是被西洋油畫「與生人不殊」的逼真的寫實效果所吸引，這些來自歐洲的特殊繪畫材質並未成為中國畫家和文人關注的焦點。至清代，隨著西洋畫家入宮，油畫及油畫材料技法開始被人們所瞭解，有更多的材料被作為底材應用於油畫。

〔註64〕 本節材料技法方面專業術語均參照〔美〕拉爾夫·邁耶所著《美術術語與技法詞典》一書。

〔註65〕 蔣玄佁：《中國繪畫材料史》，上海書畫出版社1986年版，第78頁。

1. 高麗紙

目前留存的清代油畫作品有相當一部分是畫在高麗紙上的，特別是傳教士畫家在宮廷中創作的油畫多採用高麗紙作為底材。

高麗紙又名韓紙，三韓紙，因曾作為貢品由朝鮮輸入我國，亦稱高麗貢紙。高麗紙在唐朝時就已有輸入，至宋代稱「雞林紙」。製作時以棉、繭為主要原料，不全用楮，間以藤造，槌搗皆滑膩，高下不等。高麗紙紙質堅韌如皮革，厚似夾貢，但表面有毛茨，又不及夾貢平滑，類似我國的皮紙。宋陳槱《負暄野錄》記述：「高麗紙類蜀中冷金，縝實而密。」〔註66〕高麗紙很早就被用於書畫，北宋黃庭堅、金章宗完顏璟等都曾使用過，現藏於故宮博物院的明代董其昌《關山雪霽圖》就是畫在高麗紙上。乾隆年間，按照高麗紙生產工藝製造的「乾隆高麗紙」問世，「中國生產手工桑皮紙的黃金時代是清代的康熙、乾隆年間，所以乾隆高麗紙的各種理化指標都非常高，可謂紙中精品。」〔註67〕

意大利人馬國賢於康熙五十年（1711年）初次進入清宮的時候，被帶到了格拉蒂尼原來工作過的畫室，接待他的都是格拉蒂尼的中國學生，在這馬國賢驚奇地發現：「他們畫油畫的時候，不用畫布，而是用高麗紙，就用明礬水刷一下，也不做更多的準備。這種紙買來的時候尺寸大得象毯子一樣，紙質非常結實，我幾乎不能撕破它。」〔註68〕

歐洲油畫也有以紙作為底材的，但一般多為厚實的紙板，歐洲早期的紙是用好的碎布做成的，而不是像今天用木漿製成，所以耐久性要好很多。據馬克斯·多奈爾介紹，德國畫家小漢斯·荷爾拜因（Hans Holbeinthe Younger，1497～1545）就有一些畫在紙上的油畫作品，而且一直很完好地保存著。其後像倫勃朗（Rembrandt van Rijn，1606～1669）、德拉克洛瓦（Eugène Delacroix，1798～1863）等許多歐洲畫家都曾在紙上畫過油畫，這些油畫作品通常都黏在木板或畫布上以增加其耐久性。

至於歐洲傳教士畫家到中國後採用高麗紙作為油畫的底材，似乎還是出於便捷性的考慮，畢竟這是一種因地制宜、就地取材的便捷方式。從康熙朝開始，宮廷當中已經出現了以高麗紙為底材的油畫，而康熙時期來華的格拉蒂尼

〔註66〕趙權利：《中國古代繪畫技法·材料·工具史綱》，廣西美術出版社2006年版，第201頁。

〔註67〕《倦勤齋研究與保護》，故宮博物院編，紫禁城出版社2010年版，第155頁。

〔註68〕〔意〕馬國賢：《清廷十三年——馬國賢在華回憶錄》，李天綱譯，上海古籍出版社2004年版，第48頁。

可能就是最先使用高麗紙畫油畫的清宮洋畫家。高麗紙這種底材具有相當的韌性，而且可以製成「尺寸大得像毯子一樣」的大幅面，這也克服紙製油畫底材只適合畫小幅作品的侷限，宮中的一些大幅油畫有的也是畫在高麗紙上，如《清檔》就有記載，乾隆四年「傳旨著郎世寧畫大油畫，由如意館預備頭號高麗紙和顏料。」〔註69〕

顯然為了適應油畫繪製的需要，這種用作油畫底材的高麗紙還要經過一番處理。高麗紙雖比中國傳統繪畫所用的宣紙要結實，但還不足以承受稠厚的油畫顏料，更無法直接經受畫筆的反覆塗抹，所以經常是多層高麗紙被裱糊在一起，用以增加紙的強度和韌性，這樣才能「幾乎不能撕破」，從而達到類似於真正畫布的韌性，這樣畫家就可以以高麗紙為底材，不用再另敷畫布了。歐洲傳統油畫的畫布製作要經過塗刷諸如骨膠、魚膠、兔膠或明膠等黏結材料和諸如白堊、石膏或鉛白等填充材料的工序，也就是製作畫布「底子」。一般而言，紡織品大都多孔，吸收性強，會使顏料滲入織物的孔洞中，畫面效果因此難以預料和控制；而且紡織品的纖維會吸收油畫顏料中的油，腐蝕畫布纖維，同時使顏料變脆。製作畫布底子的目的就是通過上述處理，封堵織物的孔洞，在紡織物和色層間形成一個隔離層，使顏料中的油不易滲入到纖維之中，既保護畫布不受油的侵蝕，又使得畫面色層牢固而且效果可控。但這一歐洲傳統製作畫布底子的工序在被移植到高麗紙底材時發生了變化，考慮到紙和布的材質的不同，捨去了白堊等填充材料，如同傳統中國畫一般，這種高麗紙只用明礬水塗刷，以防止了紙的過度吸收性，在一定程度上也保護紙不受油畫顏料中油的成分的侵蝕，這無疑是一種就地取材的辦法，也是將繁瑣的傳統畫布製作程序簡化的方法。

康雍乾時期在清宮中活動的主要傳教士畫家大多都有繪製紙本油畫的記錄，至今還有這樣的作品留存下來。以王致誠的《乾隆射箭油畫掛屏》（圖3-26）為例，這是一件紀實性油畫作品，完成於乾隆二十年（1755年），描繪乾隆皇帝於避暑山莊在御前侍衛的護衛下練習射箭的場景。油畫縱95釐米，橫214釐米，以多層裱糊的淺黃色高麗紙為底材，沒有另敷畫布，高麗紙被裱在木質骨架上，所以十分平整牢固，而掛屏的裝潢形式和裝潢材料也因此具有了中國特色，但畫面上留下的油畫特有的筆觸，表明此畫確實是地道的油畫。事實證明，以高麗紙為底材，在其上繪製油畫，雖為就地取材，但還是完全能夠

〔註69〕楊伯達：《清代院畫》，紫禁城出版社1993年版，第145頁。

體現出油畫的特色,畫出地道的油畫的。由於此畫是掛屏,用作裝飾宮廷牆壁的橫批,而且尺幅又較大,所以內部採用了木質骨架的結構,類似於畫的內框,不另敷畫布是因為高麗紙本身就完全可堪畫布之用,這幅作品是清代宮廷中高麗紙用作大幅油畫底材使用的一個具體實例。由於採用高麗紙作為油畫的底材,畫面上出現了一些不同於畫布的效果:「油色和顏料可能都來自歐洲,畫在高麗紙糊成的底子上,表面比較平滑,不像歐洲畫布那樣有著或粗或細的布紋。油色較薄,可是油畫筆觸還是清晰可辨。」〔註70〕

同樣畫在高麗紙上的清宮油畫還有郎世寧、王致誠、艾啟蒙和潘廷章等所畫的少數民族首領油畫肖像。乾隆十九年(1754年)發生了準部杜爾伯特部三車凌和輝特部阿睦爾撒那回歸的重大事件。王致誠、郎世寧和艾啟蒙先後受命赴熱河行宮為回歸的少數民族首領繪製油畫肖像。

有關這方面的相關記載見於《清檔》:「乾隆十九年七月二十三日,副領催六十一持來員外郎郎正培、催總德魁押帖一件,內開為十九年五月初七日承恩公德保領西洋人王致誠往熱河畫油畫十二幅」、「乾隆十九年十月二十八日,員外郎郎正培奉旨:西洋人王致誠熱河畫來油畫臉像十幅,著托高麗紙兩層,周圍具鑲錦邊」、「乾隆十九年九月初一日,副領催六十一持來員外郎郎正培、催總德魁押帖一件,內開為十九年八月二十八日內大臣傳旨:著西洋人艾啟蒙等預備熱河畫來油畫臉像。」〔註71〕乾隆二十年「正月初六日傳旨著郎世寧畫過的阿睦爾撒那臉像十一幅,照先畫過臉像一樣鑲錦邊,於三月二十六日裱鑲訖。」〔註72〕

由西洋傳教士宮廷畫家所繪製的這一批少數民族首領油畫肖像存留下來的不多,其中有17幅現藏於德國柏林民俗博物館。作品大都同一規格,縱70釐米、橫55釐米,均為紙本油畫(圖3-7,3～8),結合上述《清檔》的記載分析,應是以高麗紙為底材的。歷經二百多年雖有局部的損毀(疑似因卷折所造成的橫向裂痕和畫面開裂)和色料剝落,但保存尚好,足見當時高麗紙底材和油畫顏料的結合具有其可行性,底材的處理也比較合理,經受住了時間的考驗。

〔註70〕楊伯達:《清代院畫》,紫禁城出版社1993年版,第245頁。

〔註71〕聶崇正:《王致誠、艾啟蒙和潘廷璋的油畫》,《美術》1990年10期,第61～62頁。

〔註72〕楊伯達:《清代院畫》,紫禁城出版社1993年版,第158頁。

圖 3-7　王致誠，《綽羅斯公達瓦像》，　　圖 3-8　王致誠，《綽羅斯和碩親王達瓦
　　　　 1754 年，紙本油畫，70×55 釐　　　　　　 齊像》，1754 年，紙本油畫，70
　　　　 米，德國柏林國立民俗博物　　　　　　　　×55 釐米，德國柏林國立民俗
　　　　 館。　　　　　　　　　　　　　　　　　 博物館。

　　乾隆時期還有相當一部分乾隆和后妃油畫肖像存世，分別為《崇慶皇太后半身像》《乾隆皇帝半身朝服像》（圖 3-9）《孝賢純皇后半身朝服像》《慧賢皇貴妃半身朝服像》《純惠貴妃半身像》《嘉妃半身朝服像》《舒妃半身朝服像》《婉嬪半身朝服像》和《孝和睿皇后半身像》等。這些作品現分別藏於北京故宮博物院、法國巴黎吉美博物館、法國多勒市美術館等地，原先均為掛屏形式，都是畫在多層裱糊加厚的高麗紙上的紙本油畫。「以上這些作品到目前為止保存的狀況良好，但是因為高麗紙未經專門處理，它已經將畫面上的油分吸走，作品完全失去了油潤的光澤，所以有的鑒賞者還以為圖畫是由水粉材料繪就。」〔註73〕這些油畫帝后肖像都沒有款識，根據作品的繪畫水平、風格等因素，聶崇正推斷除最後一幅作者為宮內法國傳教士畫家賀清泰，另外幾幅均為郎世寧所繪。相對於郎世寧、王致誠、艾啟蒙和潘廷章等在熱河所畫的少數民族首領油畫肖像而言，這些帝后肖像保存得更加完好，少有色層的剝落，至於畫面上出現的吸油現象，「高麗紙未經專門處理」可能是一原因，更大的可能性是：用明礬水來塗刷高麗紙，所起到的隔離效果相對有限。但從另一方面講，

〔註73〕聶崇正：《清宮繪畫與「西畫東漸」》，紫禁城出版社 2008 年版，第 196 頁。

吸油有其有益的一面，適度的吸油有助於油畫色層的結合，並在一定程度上可以減少龜裂的發生。而畫面出現的啞光效果，現在無法判斷是畫家有意而為之還是由於高麗紙底材的材料限制所造成的。

圖 3-9　郎世寧，《乾隆皇帝半身朝服像》，紙本油畫，54.5×42 釐米，
　　　　法國巴黎吉美博物館。

王致誠也曾為乾隆皇帝畫過肖像，但僅見於文字記載了：「數日之後，皇帝在令人從海淀帶來某些朝鮮紙和顏料之後，王致誠便開始為皇帝畫像。」〔註74〕朝鮮紙即高麗紙，可見王致誠所作的乾隆皇帝肖像也是畫在高麗紙上的。

另有郎世寧所作現藏於北京故宮博物院的《太師少師圖》（圖 3-21），這件有郎世寧署名的作品曾被認為是郎氏唯一的一幅油畫原作。此畫是用油色畫於紙上，尺幅較大，縱 301 釐米，橫 492 釐米，是一幅油畫貼落，表現的是出沒於山石林間的大小獅子若干，形象生動，造型準確，明暗對比強烈，富有立體效果。目前雖無確鑿的證據確認郎世寧的這幅紙本作品的底材，但依據「這種紙買來的時候尺寸大得象毯子一樣」、「紙質非常結實，我幾乎不能撕破它」、「傳旨著郎世寧畫大油畫，由如意館預備頭號高麗紙和顏料」等間接性的記

〔註74〕〔法〕伯德萊：《清宮洋畫家》，耿昇譯，山東畫報出版社 2002 年版，第 61
　　　　頁。

述，同樣可以推測其採用高麗紙的可能性更大。

就這種獨具中國特色的高麗紙畫布的效果而言，由於「表明比較平滑，不像歐洲畫布那樣有著或粗或細的布紋」，畫出的效果可能也更加平整，沒有過多的油畫肌理變化，因此也就更加接近中國傳統繪畫的效果，這無疑是為了迎合和順應中國人的審美趣味特別是帝王的審美趣味。

2. 玻璃、鏡和鏡子畫

清代出現了許多以玻璃鏡為底材，將油彩或水彩繪製在玻璃鏡上的繪畫作品，這就是所謂的鏡子畫，這是一種來自歐洲的繪畫品種，傳入中國後迅速在宮廷和廣州口岸流行開來。鏡子畫一般畫在鏡子的背面，而鏡子為玻璃所製，所以玻璃、鏡和鏡子畫有著不可分割的聯繫。在論及鏡子畫之時，我們不妨先把關注的範圍擴大到繪畫底材之外，因為大量的光學製品都是由玻璃製成，在近代歐洲它們不但被用於科學研究，也被應用於繪畫，甚至有的光學製品成為了繪畫的輔助工具。

（1）「摩尼寶石」

「摩尼」一辭，源自梵語，意為寶石，言其稀有珍貴。明人顧起元在其所著《客座贅語》中記述：「利瑪竇后入京，進所製鐘及摩尼寶石於朝。」〔註75〕結合其他的一些文獻可知，利瑪竇進京進獻給萬曆皇帝的禮物之中，除後來已為我們所熟知的「天主圖像一幅、天主母圖像二幅、天主經一本、珍珠鑲十字架一座、報時自鳴鐘二架、《萬國圖志》一冊、西琴一張」外，還有「映五彩玻璃石貳方」和「玻璃鏡及玻璃瓶大小共捌器」等物〔註76〕。之所以進獻這些玻璃製品，說明在明朝它們還屬於稀罕之物，國內並不常見。

玻璃對中國人而言是外來之物，來自西域。「自漢以來，中國即有西方傳入之玻璃器，然至第4世紀止，尚不能自製，讀西晉潘尼《琉璃碗賦》，知其仍從西域傳來；及第 5 世紀，則至北魏之大月氏工匠，始授優良玻璃器製造法，並傳至江南南京一帶。」〔註77〕利瑪竇進獻的那兩方「映五彩玻璃石」即顧起元所說「摩尼寶石」，據後人考證，就是現在所說的三棱鏡之類的經過加

〔註75〕〔明〕顧起元：《庚巳編・客座贅語》，譚棣華、陳稼禾點校，中華書局 1987 年版，第 194 頁。

〔註76〕《熙朝崇正集・熙朝定案（外三種）》，韓琦、吳旻校注，中華書局 2006 年版，第 20 頁。

〔註77〕方豪：《中西交通史》，人民出版社 2008 年版，第 138 頁。

工的光學玻璃製品，因能夠「映五彩」——將日光折射出多種顏色的光，遂被稱為「摩尼寶石」。由於當時國人尚無這方面的光學知識，所以在記述的時候往往只簡單稱其為玻璃，這一點可以從國外相關著作的當代譯本中找到佐證。

　　在《利瑪竇中國劄記》中曾多次提到「玻璃棱鏡」和「玻璃三棱鏡」，而且「玻璃三棱鏡」（圖3-10）也出現在利瑪竇進獻給皇帝的禮單中。而在利瑪竇之前，已經有歐洲傳教士將玻璃三棱鏡作為貴重的禮物送給中國官員的事例：「兩位代表（按：巴范濟和羅明堅）來到肇慶的總督面前，他們獻上表和幾隻三角形的玻璃鏡，鏡中的物品映出漂亮的五顏六色。在中國人看來，這是新鮮玩意兒，長期以來他們認為玻璃是一種極為貴重的寶石。——中譯者注：意大利文作 vitrio triangulare di Venetia，即威尼斯的三角鏡，亦為後面提到的三棱鏡。」〔註78〕

圖 3-10　三棱鏡

　　玻璃在清代還是中西貿易的主要物品。據《澳門記略》記載，清康熙二十四年（1685 年）設粵海關，西洋商船往來中西之間，「其來以嗶吱、哆囉口連、玻璃、諸異香珍寶，或竟以銀錢。其去以茶、以湖絲、以陶器、以糖霜、以鉛錫、黃金，惟禁市書史、硫磺、米、鐵及制錢。」〔註79〕關於西洋玻璃製品還有「玻璃為屏、為燈、為鏡。（釋今種《玻璃鏡詩》：誰將七寶月，擊碎作玻璃。絕勝菱花鏡，來從洋以西。鑄石那能似，玻璃出自然，光含秋水影，尺寸亦空

〔註78〕〔意〕利瑪竇、〔比〕金尼閣：《利瑪竇中國劄記》，何高濟、王遵仲、李申譯，中華書局 2010 年版，第 151 頁。

〔註79〕〔清〕印光任、張汝霖：《澳門記略》，趙春晨校注，廣東高等教育出版社 1988年版，第 43 頁。

天。）有照身大鏡。有千人鏡，懸之，物物在鏡中。有多寶鏡，合眾小鏡為之，遠照一人作千百人。有千里鏡，可見數十里外。有顯微鏡，見花鬚之蛆，背負其子，子有三四；見繩蠅毛黑色，長至寸許，若可數。有火字鏡。有照字鏡，以架庋而照之。有眼鏡，西洋國兒生十歲者即戴一鏡以養目，明季傳入中國。（李紱《眼鏡詩》：西域傳奇製，昏眸得暫清。自他而有輝，相陰以為明。暇日吟詩興，衰年學易情。煩君繼吾照，未敢負餘生。）又以為壺、為杯、為楸枰棋子。」〔註80〕

清代宮中造辦處設立了玻璃廠，負責加工和製造各種玻璃製品，既有日常所用的碗、杯、瓶等，也有象鼻煙壺等工藝品和賞玩之物。有些製作玻璃的材料可能來自域外，而且材料的加工也可能出自西洋人之手，乾隆六年《清檔》記事錄記載：「再新來的西洋人煉的溫都里那石料煉了沒有，現在下罐的玻璃料是何樣顏色，套何樣顏色，將此套色得玻璃做的是何器皿查明回奏。」〔註81〕可以看出玻璃工藝製品在清宮中是頗受歡迎的，而且製作也是十分講究的。

（2）鏡

玻璃和鏡有不解之緣，將玻璃材質的光學物品稱為鏡由來已久。德國耶穌會士湯若望著有《遠鏡說》一書，講述了鏡的「利用」、鏡的「原由」、鏡的「造法、用法」等，並配有多幅插圖，解說詳細。其中有「借照作畫」一節，介紹了在室內利用透鏡將景物映像到畫布上作畫的方法。在「利用」一節提到一「大西洋畫士」，就曾運用此方法作畫，畫面形象生動逼真，栩栩如生，令人稱奇。由於湯若望的《遠鏡說》中描述較為簡略，我們無法知道這一「大西洋畫士」具體是誰，但根據其他文獻資料，我們至少可以知道在和湯若望同時代的歐洲繪畫大師中，荷蘭畫家維米爾就曾使用過如湯若望所描述的「借鏡作畫」這一方法。據記載，「維米爾經常使用『遮光取景器』。這種東西發明於16世紀，含有一個暗箱、一組鏡頭與鏡子，與現代相機取象原理相似，畫家可以順著鏡面的投影摹出初稿。」〔註82〕這一「遮光取景器」和「借照作畫」的方法充分

〔註80〕〔清〕印光任、張汝霖：《澳門記略》，趙春晨校注，廣東高等教育出版社1988年版，第76頁。

〔註81〕朱家溍：《養心殿造辦處史料輯覽第一輯雍正朝》，紫禁城出版社2003年版，第179頁。

〔註82〕《美術技法大全——世界歷代名畫家技法剖析》，林柳源編譯，四川美術出版社1988年版，第43頁。

發揮了鏡的光學功效，和暗箱等一起成為了 19 世紀照相機的原型。

　　從歷史上看，歐洲畫家使用各種面鏡和透鏡等作為繪畫輔助工具由來已久。15 世紀初北方的佛拉芒畫家可能就是借助鏡子的投射才繪製出細膩真實的形象，通過投射圖像來觀察世界，這在一定程度上改變了畫家的觀看方式，可以視為通向自然主義的一個偉大變革。甚至油畫的產生也和畫家運用鏡子不無關聯，因為追求鏡子映像的真實效果需要層次豐富、乾燥速度適中的材料，而無論是濕壁畫還是坦培拉都不適合使用鏡子來作圖像的投射工具。當梅西納將油畫從北方傳到意大利時，使用鏡子作畫的方法可能也一起被意大利人所掌握。文藝復興時期的畫家時常將繪畫比作鏡子，這恐怕有更直接的涵義在裏面。

　　隨著諸如望遠鏡、顯微鏡等各種光學製品的傳入，國人也開始對鏡表現出濃厚的興趣。清康熙年間揚州人黃履莊著《奇器目略》，記載了各種發明和巧技，其中在諸鏡一項，就有「千里鏡、取火鏡、臨畫鏡、取水鏡、顯微鏡、多物鏡、瑞光鏡」〔註83〕，對於各種鏡的作用又言「德之崇卑，唯友見之；面之孃妍，唯鏡見之。鏡之用，止於見己，而亦可以見物，故作諸鏡以廣之。」〔註84〕由此可見，中國傳統觀念中對鏡一些的認識，如「明鏡者可以察形也」（《大戴禮記·保傳》）、「以鏡考己行」（《漢書·谷永傳》）、「窺鏡而自視」（《戰國策·齊策》）等，在《奇器目略》中已經得到了進一步擴展，從「見己」推廣到了「見物」。其在諸畫一項又對各種畫有一番描述：

　　　　畫之飾觀，或平面而見為深遠，或一面而見為多面，皆畫之變也。

　　　　遠視畫

　　　　旁視畫

　　　　鏡中畫

　　　　管窺鏡畫：全不似畫，以管窺之，則生動如真。

　　　　上下畫：一畫上下觀之，則成二畫。

　　　　三面畫：一畫三面觀之，則成三畫。〔註85〕

〔註83〕〔清〕張潮：《虞初新志》之《黃履莊小傳》附錄，河北人民出版社 1985 年版，第 114 頁。

〔註84〕〔清〕張潮：《虞初新志》之《黃履莊小傳》附錄，河北人民出版社 1985 年版，第 114 頁。

〔註85〕〔清〕張潮：《虞初新志》之《黃履莊小傳》附錄，河北人民出版社 1985 年版，第 115 頁。

「臨畫鏡」、「鏡中畫」、「管窺鏡畫」，畫與鏡結合，雖然這在當時還是屬於「奇器」，但由於商貿活動和西方科技的傳入，一些新奇之物進入了國人的視野，奇巧之物和奇巧之技也開始為人們所關注，繪畫材質領域於是有了新的拓展，鏡使畫的表現更加豐富。

《揚州畫舫錄》中記載的曾流行於南方的西洋鏡也屬此類，「江寧造方圓木匣，中點花樹魚禽，怪神秘戲之類，外開圓孔，蒙以五色玳瑁，一目窺之，障小為大，謂之西洋鏡。」〔註86〕

（3）鏡子畫

西方繪畫自文藝復興開始就有「鏡子說」，達·芬奇（Leonardo Da Vinci，1452～1519）曾明確地表示：「畫家的作為應當像鏡子」，「鏡子為畫家之師」，這是因為「在許多場合下平面鏡上反映的圖像和繪畫極為相似」〔註87〕。而中國人對於鏡的解釋也頗有值得回味的地方，如《說文》中解釋：鏡，景也。鏡本身就能夠將外物納入自身之中，而使其自身也成為了一個自足之物。玻璃可製成鏡，但中國傳統的鏡多以銅等金屬為材料，其上的裝飾形式也多是鑄造的紋飾，更加傾向於工藝裝飾，由於中國繪畫材料的原因，中國畫更多的是畫在諸如屏、扇等物的表面，很少與鏡結合。玻璃在漢代傳入中國後，雖廣泛用於各種器物製作，但用來製作鏡卻少見記載，到明清才有玻璃鏡引入，銅鏡為玻璃鏡所取代，而後在鏡面和玻璃上作畫的藝術形式——中國人稱之為鏡子畫，也開始在清代出現，鏡子畫即玻璃畫，實際上玻璃畫在15世紀就已經見於意大利天主教的聖像畫，它是西方傳到中國的舶來品。

「玻璃畫是在玻璃背面用油彩或水彩繪製的繪畫作品，同樣是純西洋的繪畫品種。18世紀玻璃畫在歐洲被稱為背畫（Back Painting），這種繪畫與在畫布和木板上繪製的畫完全相反，它在玻璃背面完成，而在正面可以清晰地看見。玻璃畫最早見於15世紀意大利天主教聖像畫。由於繪製技術難以掌握，到18世紀歐洲已經不再流行。」〔註88〕（圖3-11）

「耶穌會士錢德明（Jean Joseph Marie Amoit，1718～1793）在其回議錄中稱玻璃畫技術由歐洲傳入中國，可能是耶穌會士的功勞。」〔註89〕中國的玻璃

〔註86〕李超：《中國早期油畫史》，上海書畫出版社2004年版，第213頁。

〔註87〕楊身源，張弘昕：《西方畫論輯要》，江蘇美術出版社1990年版，第120頁。

〔註88〕江瀅河：《清代洋畫與廣州口岸》，中華書局2007年版，第164頁。

〔註89〕江瀅河：《清代洋畫與廣州口岸》，中華書局2007年版，第164頁。

畫繪製可能最先見於北京的宮廷當中。郎世寧和王致誠同為宮廷畫家，都有過繪製玻璃畫的經歷，可以據此推測玻璃畫的繪製技術傳入中國和西方傳教士有很大的關係。

圖 3-11　史貝霖，《佚名英國男子像》，18 世紀 70 年代，油彩鏡子畫，38×33 釐米，英國倫敦馬丁・格雷戈瑞畫廊。

　　從現有的記載看，郎世寧應該是最早在玻璃上作畫的西方來華傳教士。「（雍正）二月初七日郎中海望奉旨：著先進的萬國來朝弔屏樣再做幾件。弔屏上不必做堆紗的，著郎世寧畫。畫片上罩玻璃轉盤。其弔屏不必照先做過的尺寸樣做，但重量玻璃的尺寸做小些亦可。欽此。於十二月二十八日做得紫檀木邊玻璃畫內襯郎世寧畫片、安活輪子四套壽意弔屏一件。」〔註90〕乾隆二年「六月二十七日新做圓明園九洲清宴圍屏，其背面由新來畫畫人畫，玻璃畫由

〔註90〕朱家溍：《養心殿造辦處史料輯覽第一輯雍正朝》，紫禁城出版社 2003 年版，第 132 頁。

郎世寧畫。」〔註91〕

　　王致誠在宮廷中也有繪製玻璃畫的經歷。據蘇立文《東西方美術的交流》記載，1743 年 11 月王致誠在一封信中曾經說自己在宮中「很少採用歐洲的方式作畫」，而「主要是在絲綢上畫水彩，或是用油彩在玻璃上作畫」〔註92〕。

　　清代，玻璃畫因受到國人喜愛而從廣州口岸大量進入中國，據《粵海關志》記載，從廣州進口的物品之中，就有「玻璃鏡鑲玻璃油畫」，隨後中國畫工也紛紛開始學習繪製玻璃畫。到了 18 世紀中後期，廣州的口岸外銷畫興起以後，這種在歐洲已不流行的玻璃畫在廣州口岸繪畫中卻佔有相當大的比重，成為了重要的外銷畫種。作為出口商品的玻璃畫，一般都鑲有歐洲風格的雕花金色鏡框，畫工用中國的毛筆以膠彩或是油彩畫在玻璃的背面，由於畫工十分精細，深受歐洲人喜愛，在題材上除一般的花鳥靜物外，還有中國貴族的日常家庭生活、風情風俗等；在表現手法上多借用了西洋畫法，這無疑是為了從商業角度出發，適應歐洲人的審美趣味，迎合歐洲人的獵奇心理。

　　就玻璃畫的作畫材料和程序而言，「畫家們一般使用油畫顏料繪製，有時用水調和顏料來畫。」〔註93〕從「用水調和顏料」來看，應該是類似中國畫或水彩一類的水性材料，可見玻璃畫的材料應用範圍還是相當廣的。「中國畫家喜歡用薄的玻璃鏡作畫板，因為厚的玻璃鏡會使顏料變淺，影響畫面效果。他們一般用油彩繪製，有時也用樹膠混合顏料作畫，繪製時畫家先畫出圖案輪廓，然後用一種特殊的鋼製工具將鏡背面相應部分的錫和水銀除去，以便劃出一塊清晰的鏡面來繪製圖案。」〔註94〕

　　王致誠曾經回憶道：「自一年多以來，我除了在玻璃上作畫之外，再未曾作過其他任何事情，人們從歐洲帶來了大批巨大而又漂亮的玻璃鏡面，廣州的中國官吏們也向商船大量採購，然後再奉獻給皇帝。這些鏡面中有一大批在運輸中受損，於鏡面的某一點上有塗錫層的剝落。由於在這裡，匠人們不會重新為它們搪錫，所以皇帝希望藝術家們能找到一種手段，以便不至於失去如此珍

〔註91〕楊伯達：《清代院畫》，紫禁城出版社 1993 年版，第 144 頁。
〔註92〕〔英〕蘇立文：《東西方美術的交流》，陳瑞林譯，江蘇美術出版社 1998 年版，
　　　　第 71 頁。
〔註93〕胡光華：《西方繪畫東漸中國的第二途徑研究蠡論》，《美術觀察》1998 年第 1
　　　　期，第 75 頁。
〔註94〕江瀅河：《清代洋畫與廣州口岸》，中華書局 2007 年版，第 165 頁。

貴的物品。我繪製了一幅示意圖，明確地標出了其外部輪廓，這幅草圖被貼在水晶玻璃的背面，那些堆砌以鉛筆色或顏料色的筆劃之筆觸，很明顯地留在了搪錫之上。我然後再乾淨利落地僅清除那些應作畫的地方之塗錫，其餘的錫仍保留在原位上。這種繪畫特別漂亮，因為從稍遠的地方看，人們可能會認為人物象、動物畫、風景畫或其他任何圖案都並非像是繪製的，而是反射在鏡面玻璃上的……」〔註95〕

　　從這段回憶我們可以十分清晰地瞭解玻璃畫的材質、工藝和製作特點，高級的玻璃畫都採用水晶玻璃，而且尺幅都堪稱「巨大」，人物、動物和風景是以油彩、水彩等色料或鉛筆繪製在玻璃的背面，而於空白之處塗錫層以形成鏡面效果。這一製作過程須十分小心細緻，而且要先繪製草圖，使得畫的部分和錫層表面重疊。

　　玻璃畫的畫面形象有的直接轉自版畫，這種轉印技術源自歐洲，在17世紀的英國很為流行，後可能被帶到廣州，為中國畫家和工匠所掌握。具體做法如下：將打濕的版畫畫面朝下貼在塗抹了一層松節油的玻璃鏡面上，版畫上印刷的痕跡會附著在玻璃上，隨後將版畫小心揭去，待乾後以留存在玻璃上的圖案輪廓為稿進行繪製即可。這種方法對於鏤刻凹版較為適宜，有時也用於線雕版畫和銅版蝕刻。中國的口岸外銷畫家使用這種方法轉印版畫原稿來繪製玻璃畫，應該說是一種最為簡便的臨摹西方版畫的便捷途徑。當然隨著中國畫家造型能力的提高和技術的逐漸成熟，擺脫版畫原稿而直接進行創作的玻璃畫也為數不少。

3. 紡織品

（1）棉麻布

　　棉、麻等植物纖維製成的紡織品自古以來一直就是中西繪畫中常見的底材。中國古代最初的繪畫是畫在石片、竹木板上的，後以織物為底，再後為紙。《十三經注疏·周禮注疏》稱：「畫繢之事雜五色。」，繢與繪字通，繢字從絲，可見繪畫開始是畫在織物上的。在我國最初用於繪畫的織物是絲、麻製品，麻和葛是中國紡織品的主要原材料，我國出產的麻以苧麻為主，苧麻是我國的特產，產量占世界總產量的百分之九十。麻織物在我國出現很早，西安半坡新石器時代中期仰韶文化遺址（距今約7000至5000年）出土的陶

〔註95〕〔法〕伯德萊：《清宮洋畫家》，耿昇譯，山東畫報出版社2002年版，第36～38頁。

器上就有布紋痕跡,浙江餘姚河姆渡遺址(距今約 7000 年)發現有麻的雙股線,河南鄭州青臺遺址(距今約 5500 年)發現了黏附在紅陶片上的苧麻和大麻布紋,在河北槁城臺西村商代遺址中有兩片麻織物殘片出土。《詩經》中「東門之地,可以漚苧」,說明周代已經以自然發酵方法加工麻料。宋代的棉織品得到迅速發展,已開始取代麻織品而成為大眾衣料,松江棉布被譽為「衣被天下」。元明以後,棉花普及全國,麻織物需求量下降,逐漸為棉布所代替。

在歐洲,畫布是架上繪畫特別是油畫的主要底材,可以說架上繪畫是宗教活動和商業貿易的產物,中世紀的羊皮紙繪畫和畫在木板上的聖像畫算是最早的架上繪畫。15 世紀油畫技法的逐漸成熟催生了架上油畫,早先的架上油畫大多是畫在木板上的,隨著 16 世紀威尼斯畫派的興起,將畫布繃在木製畫框上再進行繪製的油畫作品開始大量出現,布作為油畫底材的便捷性和易加工性被畫家們廣泛認可。歐洲畫家所用的畫布多為亞麻、苧麻、黃麻和棉的纖維織成,最早使用的畫布是帆布,一種較粗厚的棉織物或麻織物,多平紋織成。帆布的歷史發展極其久遠,早在古羅馬時代帆布就得到了廣泛的應用。由於帆布是多股線織造,所以質地堅牢、耐磨、緊密厚實,當時的古羅馬人最初用它製作訓鷹時的腕套。密織的厚帆布還具有良好的防水性能,最終被古羅馬人大量用來製作行軍帳篷。畫家看中的就是帆布這種密實耐用的特性。隨後亞麻布成為了畫家畫布的主要材料。另外,威尼斯畫派的丁托列托、委羅內塞等人在其所畫的大型作品中還使用了織成斜紋或人字紋的粗紋苧麻畫布。

亞麻是古老的韌皮纖維作物和油料作物。亞麻起源於近東、地中海沿岸,早在 5000 多年前的新石器時代,瑞士湖棲居民和古代埃及人,已經栽培亞麻並用其纖維紡織衣料,埃及各地的「木乃伊」也是用亞麻布包蓋的。油用型亞麻又叫做胡麻,胡麻在我國至少有 1000 年栽培歷史,但是纖維型亞麻是 1906 年才從日本引入的,所以歐洲繪畫底材中經常使用的亞麻佈在近代以前並未在我國普及。

亞麻布至少在明末還並不常見,尚屬於稀罕之物,《利瑪竇中國劄記》就曾講到:「中國人不認識亞麻布。」〔註96〕澳門神學院院長李瑪諾神父曾送給

〔註96〕 〔意〕利瑪竇、〔比〕金尼閣:《利瑪竇中國劄記》,何高濟、王遵仲、李申譯,中華書局 2010 年版,第 13 頁。

在中國內地傳教的利瑪竇一些物品，其中就包含有亞麻布，這是為了讓利瑪竇作為禮物送給中國官吏的。「此外他還加上幾個玻璃三棱鏡、鏡子、一些華麗的衣服、亞麻布、小砂漏時鐘和許多玻璃器皿，這些東西都是社交所需，就像是給社會進步的齒輪裏注潤滑油那樣。」〔註97〕甚至在利瑪竇進獻萬曆皇帝的物品中也有「大西洋布並葛共伍匹」一項，這應該也是亞麻布。

清代宮廷油畫大多使用高麗紙、絹或其他替代品，使用亞麻布作為畫布的並不多見，究其原因，一是從材料來源上講，亞麻布多來自域外，尚屬於稀缺之物，而紙、絹等可就地取材，比較方便；二是為了適應宮廷審美趣味及裝飾形式的需要，清宮繪畫中即使是傳教士畫家所畫的油畫，也多參用中國傳統繪畫手法，表現效果力求達到一種「水色」的流暢感，而有較明顯紋理的亞麻布往往是不適合的；同時還有研究者認為：「但也可能是由於皇室的要求不得已而棄用麻布，因為在中國文化中麻布的應用是和殯葬有一定聯繫的」〔註98〕，而在清代宮廷當中，油畫大多是用來描繪人物形象特別是帝後的御容，或是用來裝飾宮殿的，有此禁忌說來也不無道理。但在普通的布上作畫在宮廷當中還是有相關的記載的，雍正五年（1727 年），「於八月二十二日，太監劉希文傳旨：萬字房通景畫壁前著郎世寧畫西洋欄杆，或用布畫，或用絹畫，或用綾畫，爾等酌量畫吧，不必起稿呈覽。欽此。於六年二月二十七日，據畫匠沈源來說，郎中海望奉旨：油畫欄杆著改畫山水畫二張。欽此。」〔註99〕從上述記載可以看出，郎世寧奉旨所要畫的西洋欄杆是油畫，而從材料方面看，「或用布畫」說明布已經在宮廷當中被作為油畫的底材使用了，而且不唯布，絹和綾也可以成為可供選擇的油畫的底材。

和北京宮廷不同的是，在廣州口岸卻有大量的畫在畫布之上的油畫，這裡不僅有通過海關進入廣州的歐洲油畫，也有廣州當地中國畫師繪製的外銷油畫，由於這些中國畫師繪製的油畫是為了銷往海外，為滿足西方人的口味，所以在材料的運用上也盡可能與歐洲繪畫選材一致，一般都以布面油彩繪製，現存留於世的外銷油畫大都如此（圖 3-12）。

〔註97〕〔意〕利瑪竇、〔比〕金尼閣：《利瑪竇中國劄記》，何高濟、王遵仲、李申譯，中華書局 2010 年版，第 377～378 頁。

〔註98〕姚爾暢：《中國近現代油畫材料技法述略》，《中國油畫中國畫材》第 1 期，第 2 頁。

〔註99〕聶崇正：《清宮繪畫與「西畫東漸」》，紫禁城出版社 2008 年一版，第 63 頁。

圖 3-12　清代的口岸外銷油畫的畫布和畫框。

　　清代中後期，隨著中西貿易進一步繁盛，大批西洋布也開始進入中國，並為中國畫家所運用，不僅用於油畫，也嘗試用來繪製中國畫。「布畫──古畫本多用絹，宋以後始兼用紙，明人又繼以綾，皆取其易助神采。清葉調笙（1791，廷琯）嘗以洋布極細密者作畫；而索顏、朗如炳以之作墨山水。朗如言其質較絹稍澀，視宣紙則和潤，頗能發筆墨之趣，而氣韻又覺醇雅。後俞子曾岳亦曾以洋布作山水立幅，謂與筆墨相宜，語同朗如。一時好手，如貝六泉點、沈竹賓焯率喜作布本畫，蓋皆自葉調笙一燈開其光也。然此亦一二畫家一時興來暫用之耳，不敵如宣紙絹素有普及之勢力。誠以宣紙作畫，其能發筆墨之趣，究較任何絹素為佳，惟初學或學而不得用水墨法者，往往怕用宣紙，甚或以洋布代佳紙也。惟用洋布作畫，亦有其時代色彩，故特綴錄之，使知洋布亦可作畫紙用也。」〔註100〕又「當時所稱洋布之細密者，係亞麻纖維織成。」〔註101〕由此看來，上述葉調笙等人所用的「洋布」應該就是亞麻布。

〔註100〕鄭午昌：《中國畫學全史》，上海書畫出版社 1985 年版，第 439 頁。
〔註101〕蔣玄佁：《中國繪畫材料史》，上海書畫出版社 1986 年版，第 93 頁。

（2）絹帛

除棉麻織物外，作為底材，絹帛等絲織品在繪畫中使用得也很普遍。宋代文人畫興起，特別是宋元水墨畫開始佔據中國繪畫的主導地位後，紙製媒材逐漸普及，但絹帛仍在廣泛運用。不可否認的是，絹一直是中國傳統的繪畫媒材，而且是中國所獨有的繪畫底材。絹帛細膩柔和、古樸典雅的特性與中國的筆墨丹青相配合形成了獨具中國韻味的中國畫效果和格調，其材料本身就蘊含著中國式的審美情趣。湖南長沙陳家大山楚墓出土的《人物龍鳳帛畫》和長沙子彈庫一號楚墓出土的《人物御龍帛畫》是我國迄今發現最早的畫在絲織品上的繪畫。明代除了絹以外，綾開始盛行，綾的緯線為雙絲或多絲，反面方格眼，正面則平滑如鏡，是由熟練的絲織成。清代絹仍盛行，「而宮廷御用畫家，尤以用絹為多」〔註 102〕，清代製絹技術甚佳，種類多，製作精，幅面寬可達六、七尺。

油畫在明清之際傳入中國後，絹、綢等傳統繪畫媒材也曾被嘗試作為油畫的底材，借其柔和細膩的表面質感來表現符合中國傳統審美情趣的繪畫內容。現藏於遼寧省博物館傳為利瑪竇所作的《野墅平林圖》（圖 2-13），繪於明末 17 世紀初，曾有研究者認為「這是幅畫在絹素上的寫實油畫」〔註 103〕。在明末的中國內地，若要尋得繪製油畫的合適材料，其難度是可想而知的。「首先是作畫的顏料和材料的選擇技巧。利瑪竇在這方面也是達‧芬奇的天才競爭對手，因為他也是多才多藝，具有多學科的天賦。必須指出，在 17 世紀的北京比達‧芬奇繪製壁畫《最後的晚餐》的米蘭大概更難以找到適用的顏料和畫布。」〔註 104〕可見，畫家選取絹素作為底材，也可能是條件所限，不得已而為之。畢竟使用絹作為畫布，它的纖維強度不及亞麻等織物，這樣做的後果也是顯而易見的，「由於油彩是畫在絹素上的，天長日久，四屏之中的兩屏已經可怕的破碎了，在打開屏幅時，有一塊塊油彩碎片剝落下來……」〔註 105〕

〔註 102〕 蔣玄怡：《中國繪畫材料史》，上海書畫出版社 1986 年版，第 89 頁。

〔註 103〕 〔意〕伊拉里奧‧菲奧雷：《畫家利瑪竇》，白鳳閣、趙泮仲譯，《世界美術》1990 年第 2 期，第 26 頁。按：《野墅平林》是否為油畫作品目前存疑。

〔註 104〕 〔意〕伊拉里奧‧菲奧雷：《畫家利瑪竇》，白鳳閣、趙泮仲譯，《世界美術》1990 年第 2 期，第 27 頁。

〔註 105〕 〔意〕伊拉里奧‧菲奧雷：《畫家利瑪竇》，白鳳閣、趙泮仲譯，《世界美術》1990 年第 2 期，第 27 頁。

　　北京故宮博物院收藏的《桐蔭仕女圖》屏風（圖 3-13），由八扇屏風組成，畫的內容為仕女七人在桐樹和房舍之間細語遊玩，背景襯以遠山風景。屏風縱 128.5 釐米，橫 326 釐米，硬木為架，一面為絹本油畫，一面為康熙皇帝的親筆手書，是臨寫董其昌的行草《洛禊賦》。油畫與書法二者為同時之物，所以可以推測油畫的繪製年代大致是 17 世紀後半期至 18 世紀初。畫面沒有作者的款印，但以繪畫風格來推斷，應該是中國宮廷畫家所畫，這件作品無疑是使用西洋油彩、技法與中國畫底材相互結合的一次有益的探索和嘗試。

　　清宮中西洋傳教士畫家使用絹帛為繪畫底材的也並不鮮見，這些事例見於《清檔》等相關的文獻記載，如乾隆元年（1736 年）「初九日首領薩木哈來說，太監毛團傳旨：重華宮插屏背後，著郎世寧畫綢畫一張，隨錦套一件，黃杭綢單簾一件，襯玻璃。欽此。」〔註 106〕這其中有的就是用油畫材料畫在眷帛上的，如乾隆二十年（1755 年）「五月二十九日用絹畫訖御容油畫一軸」〔註 107〕。這種以絹或綢為底材的油畫往往是西洋傳教士畫家為適應中國的欣賞習慣和宮廷的需要，放下歐洲傳統的畫筆和畫布，轉向中國的筆墨丹青，學習用中國的材料和技法進行創作時，嘗試將中西繪畫材料進行調和的產物，可以說是一種材料上的中西合璧。

　　將油畫畫在絹底上的做法，在同一時期的東鄰日本也有類似的應用。現藏於盛岡市圓光寺的《西洋婦人圖》掛屏，就是用油畫顏料將少女、愛犬描繪在絹地上的，據關衛《西方美術東漸史》推測，這幅畫是當時受西洋繪畫影響的日本畫家模仿歐洲原本的仿作〔註 108〕。

　　從油畫的角度來看，絹和綢未必是一種適合的繪畫底材，尤其是在沒有膠或者其他隔離材料的情況下畫上油彩，油對絹和綢的腐蝕可能是災難性的。汪達洪（Ventaron）神父在 1769 年所寫的一封書信中的文字驗證了這一點：「在我們向皇帝敬獻的此類第一批繪畫，據說是在做工低劣的絹本上所繪。時隔不久，它們都變黑了，以至於在使皇帝龍顏不悅時，他便會幾乎不再需要這一切了……」〔註 109〕

〔註 106〕朱家溍：《養心殿造辦處史料輯覽第一輯雍正朝》，紫禁城出版社 2003 年版，第 5 頁。

〔註 107〕楊伯達：《清代院畫》，紫禁城出版社 1993 年版，第 159 頁。

〔註 108〕〔日〕關衛：《西方美術東漸史》，熊得山譯，上海世紀出版集團 2007 年版，第 269 頁。

〔註 109〕〔法〕伯德萊：《清宮洋畫家》，耿昇譯.山東畫報出版社 2002 年版，第 103 頁。

4. 木板

　　木板、竹片作繪畫底材的歷史可以追溯到史前，戰國時代起竹、木簡就被用作書寫的材料，著名的居延漢簡就是寫在木片上的簡牘，中國古代繪畫很多也都是畫在木板上的，被有些學者稱為中國古代油畫的湖南長沙馬王堆一號漢墓出土的棺槨上的油色彩繪，就是畫在厚的棺槨木板上的；中國的古代漆屏等漆器工藝品也大都以木板為底材。

　　在歐洲木板是早期架上繪畫最基本和最常用的底材，多用於繪製坦培拉和小型油畫，但大型祭壇畫有時也使用木板底材。木板堅固、密實、穩定，取材方便，並且能夠承載有一定厚度和重量的特殊畫底以及顏料。以木板為底材的油畫在明末曾被利瑪竇等傳教士帶入中國，並被作為獻給皇帝的禮物，其中一幅來自西班牙的聖母像，在從碼頭由陸路運往北京時，由於搬運的人不小心，畫板被摔裂成了三塊〔註110〕，關於這幅聖母像僅見於文字記載，但實物已無存。現存於世的明清時期木板油畫並不多，以《木美人》《聖彌額爾大天使》等為代表。

　　《木美人》（圖 2-14）左 160cm×41.cm，右 159cm×38.7cm，厚約 3～4cm，廣東省新會博物館藏，畫作描繪的是兩個相向站立的仕女。《木美人》一畫的作者和繪製年代目前尚無定論，但大致可以確定為 17 世紀前在閩南傳教的歐洲傳教士所繪。此畫的底材為整塊木板，呈暗黑色，均有縱向裂紋，且有多處空洞，依邊緣輪廓均有刀斧砍鑿痕跡，似沿輪廓修整過，左側損毀較右側嚴重，肩部等處有釘子結合，可能是後人在修復時所為，左右兩塊木板紋理稍有不同，左側的紋理稀疏而右側的密實一些，有研究者認為木板的紋理細膩，應該是「類似柚木」〔註111〕，但根據木板的重量來判斷，更可能是松木或杉木類木材。

　　《聖彌額爾大天使》（圖 2-15）約 267×156 釐米，澳門天主教藝術博物館藏，作者傳為倪雅谷，作於十七世紀上半葉。此畫描繪的是四大天使長之一聖彌額爾的形象，作品為木板油畫，尺幅較大，整個作品的底材平整，時至今日只有輕微變形，板材不厚，似為幾塊木板拼合而成。

〔註110〕莫小也：《十七——十八世紀傳教士與西畫東漸》，中國美術學院出版社 2002
　　　　年版，第 55 頁。

〔註111〕梁光澤：《油畫〈木美人〉研究——中國早期油畫溯源之三》，《嶺南文史》2001
　　　　年第 2 期，第 39 頁。

清宮當中也有木板油畫的記載，如乾隆四年（1739年）「三月三十日畫畫人戴正來說，三月三十日太監毛團傳旨：慎修思永西洋樓上南面板牆東邊安一楠木掛子，照硬木窗樣式畫油畫窗一扇，將進去二寸。欽此。」〔註112〕

但總體而言，清代畫在木板上的油畫並不多，這可能出於以下原因，首先木板作為底材，取材不便且製作繁瑣，清宮中的傳教士畫家在繪製油畫時大都就地取材，採用了更加便捷的高麗紙作為底材；其次為追求中西合璧的效果，中國繪畫常用的絹帛往往被當作底材的首選；而且清宮中裝飾繪畫的裝裱形制多為貼落，這樣便於摘取和收藏，木板因此就顯得不太適宜；而對於口岸畫而言，方便攜帶運輸也是一個需要考慮的問題；更主要的原因恐怕是從16世紀開始，歐洲油畫的底材也由木板逐漸轉為畫布了，這種影響顯然也會波及到中國。

5. 其他

除了上述常見的畫布、木板等材料外，還有一些相對特殊的材料也被用於油畫底材。

前文所述顧起元《客座贅語》中「畫以銅板為幀，而塗五采於上」，就是畫在銅板上的油畫。銅板在歐洲早期油畫中作為底材並不罕見，但在當時傳至中國卻成了新奇之物，因為缺少實物遺存甚至在當代還會引起誤解，產生歧異。以這類材料為底材的油畫雖不及以上幾種普遍，但也具有一定的代表性，可謂一個時代的特有現象。由於材料的特殊性，這類油畫尺寸大都比較小，畫在諸如黃銅等銅板上，早期傳入的銅板油畫一般都是聖像畫，清代開始，隨著從歐洲傳入的聖像油畫的減少，這種畫在銅板上的油畫也鮮見於世。銅板油畫也曾被歐洲傳教士帶入日本，並有實物留存，具體形制可參照同時期日本的相關記述（參見第二章第二節內容）。

象牙作為工藝裝飾用品由來已久，歐洲中世紀時就已經有畫在象牙上的繪畫。由於象牙材料的珍稀性和尺寸的限制，畫在象牙上的繪畫尺寸一般都非常小，大都屬於細密畫的範疇。「18世紀初，意大利細密畫家卡里拉（Rosalba Carriera）使用象牙作畫板獲得成功，象牙的光滑表面十分適合展示透明水彩的效果。這樣，橢圓形的象牙細密畫逐漸成為18、19世紀細密畫主要的表現形式。18世紀早期細密畫在英國大受歡迎，成為社會各階層所喜愛的肖像畫

〔註112〕矗崇正：《清宮繪畫與「西畫東漸」》，紫禁城出版社2008年版，第66頁。

表現形式，到 18 世紀下半期，英國已經形成了各種不同的象牙細密畫藝術流派。」〔註 113〕其實不光是水彩，油畫畫在象牙上的也不在少數。在廣州的口岸外銷繪畫中，畫在象牙上的油畫肖像作為一種精細的工藝品，在當時是頗受西方買家歡迎的。

清代還有很多油畫畫在鼻煙壺和西洋自鳴鐘等「奇巧之物」上，供人欣賞和把玩，這些鼻煙壺和西洋自鳴鐘或由西洋進口而來，或由中國工匠所製，上面的繪畫也出自專門繪製西畫的中國畫工之手，作為工藝品，其油畫水準參差不齊，但從不同方面滿足了國人對「新」「奇」需求，也豐富了我們對油畫底材的認識。

（二）底子（ground）

底子塗覆於紡織品、木板等材料上，其目的在於保護底材，使其表面緊致、吸收性適中，以便畫家能夠更好地在上面實現繪畫目的，並使作品保持穩定耐久。大體上看，傳統歐洲油畫的底子由黏結材料和填充材料組成，黏結材料主要包括骨膠、兔膠和明膠等，而填充材料則主要包括白堊和石膏，用來填充底材上的微空，使之密實。一般情況下，油畫的底材上都應該塗布底子，底子在很大程度上會影響畫面的效果。

最早傳入中國的西方油畫大都依照歐洲傳統手法在底材上塗布底子，這一點可從目前遺存下的油畫實物得到驗證。最有說服力的是廣東新會博物館藏《木美人》木板油畫，在作品表面色層剝落的地方，可以清楚地看到均勻的白色底子，應該是膠和白堊的混合物，覆於木板之上，堅實而緻密，很好地起到了畫面基礎的作用。

與之類似的是清代口岸外銷油畫，由於這些油畫的買家是來華的西方人，所以外銷的畫布油畫也都按照西方形制和程序繪製，底子的處理保持了歐洲的油畫傳統，「外銷畫家會以石膏為畫布打底，做法一如同期的西方畫家。」〔註 114〕

最值得關注的是那些畫在中國底材上的油畫，這些油畫大多出自北京宮廷畫師之手，畫師們為適應獨特的中國畫材，嘗試著用中國畫膠礬塗染的方法對傳統的歐洲油畫底子進行了因地制宜的改造。

〔註 113〕江瀅河：《清代洋畫與廣州口岸》，中華書局 2007 年版，第 168 頁。
〔註 114〕《「東西共融──從學師到大師」香港藝術館展覽圖錄》，2011 年版，第 17 頁。

　　中國傳統繪畫的織物底材多為絹帛。唐至五代的絹，有粗細數種，用前要經加漿、捶平處理，而且可能也塗加了其他汁液，米芾《畫史》中記述：「古畫至唐初皆生絹，至吳生、周昉、韓幹後來皆以熱湯半熟入粉，捶如銀板。」〔註 115〕民間繪畫、寺院佛教繪畫或邊遠地區的繪畫，因各種原因多用粗細不等的絹為地，有的背後託布，如敦煌藏經洞隋唐時期幀幡繪佛教畫；宋畫工整細膩，要求絹底勻淨密實；明代廣泛使用的綾是由練熟的絲織成，性軟，容易滲化，所以要先塗膠液，方可進行砑光處理，明代的絹、綾很多都是塗染了膠礬的；清代製絹技術精良，種類繁多，密厚似葛布者如耿絹，平滑者如吳絹，清代絹的一個突出特點是採用膠礬捶平的技術，經砑光後平如明鏡，利於在上面作畫，且膠礬之重，為古畫所不見，關於製練的方法，有記載如下：

> 　　將生絹自上由左右三面幬上，其下未黏，一面用細長竹籤鑽眼，起伏插穿曬乾，將細繩穿縫，竹籤於枋之下，敲開之，兩邊用削塞定，再緊收下繩，俾絹平妥。先熬廣膠，擂明礬末，冬月膠一兩用礬三錢，夏月膠七礬三，將膠預以滾水浸之，入淨鍋煮開，將礬末入甆碗中用冷水浸化，俟膠漸冷，加水礬水，攪勻，再加滾水，將絹豎於壁間，用排筆由上而下刷於絹上，曬乾，再上，須三次方妙。後二次膠水更宜清淡，可用滾水加之，則不致膠冷凝滯。若冬月宜微火溫之，至於膠水厚薄，須審其彈之有聲則可矣。〔註 116〕

　　清代畫家鄒一桂也強調了膠礬的重要性，對如何在絹帛上上膠礬，《小山畫譜》之《末附‧礬絹》寫到：

> 　　膠礬不得法，雖筆墨精妙，亦無所施。置一棚架，直挺二根，約長八尺，寬二寸半見方，多鑿筍穴，橫幹二根，或二三四五尺寬不等（以絹有寬窄也），穿入穴內，用木楔楔緊。然後著漿，漿糊不可太熟，熟則無力。先黏上邊橫幹，次左右兩直挺。黏絹時看照絲縷正直，空下一邊，懸乾數寸，漿乾之後以小竹竿縛定絹邊，而以麻索網於下幹之上，然後上膠礬，以排筆順下，不宜逆帶。礬遍，拔出木楔，自內楔出，繃緊麻索，亦抽緊中腰，反面用木幹撐直，乾後背面亦礬。凡膠礬絹，須天氣晴朗，俟其陰乾，揭下則潔白而

〔註 115〕蔣玄佁：《中國繪畫材料史》，上海書畫出版社，1986 年版，第 89 頁。
〔註 116〕蔣玄佁：《中國繪畫材料史》，上海書畫出版社，1986 年版，第 89～90 頁。

光潤。〔註117〕

　　可見，用膠礬來塗染絹在清代繪畫中是很重要的一個環節，絹在繪畫之前都要經過嚴謹細緻的處理，以保證後期繪製工作的順利實施，這裡的膠礬和歐洲油畫處理畫布時的底子在程序上有相近之處。而從功效上看，膠礬的作用在於固著顏色，在一定程度上防止滲透，而油畫底子的作用同樣也有防止滲透的功用，所以清代的油畫在處理底材時也經常會應用中國畫的塗染膠礬的方法，特別是清代膠礬尤重，這就更有助於其作用的發揮。

　　清代有相當一部分油畫是畫在高麗紙和絹帛上的，這些畫在高麗紙和絹帛等織物上的油畫在處理底材時往往省略和簡化了塗刷底子塗料的這一環節，而只是像馬國賢看到的那樣，「就用明礬水刷一下，也不做更多的準備」，也有可能是用膠水代替，或者兩者兼用，混合起來一起塗刷。錢德明神父的一封信中曾記載王致誠使用過「薄薄的、塗有樹膠的絲綢做的畫紙」〔註118〕。這雖然是一種為克服材料侷限而採取的因地制宜的方式，但它在一定程度上達到了油畫底子的所要達到的目的，同時有效地避免了一些可能出現的問題，畢竟中國的絹帛相對亞麻布而言，韌性要差很多，如若塗刷傳統歐洲油畫的那種白堊或石膏的底子恐怕難堪重負，這種變通之法應該從康熙朝意大利畫家格拉蒂尼進宮時就開始這麼做了，以後成為慣例而一直延續了下去。這樣處理的另外一個目的或許是為了迎合中國人的欣賞習慣而選擇的變通方法，歐洲油畫著眼於寫實，材質也決定了其緻密厚重的畫面效果，而中國繪畫立足於寫意，使用水性顏料，靈動而有韻致，如前所述，水性畫材特有的流暢感加之平滑細膩的表面肌理，無疑能夠順應中國人特別是帝王的審美趣味，如乾隆皇帝就認為：「水畫意味深長，處處皆宜。」〔註119〕油畫畫於經過膠礬的絹帛上，效果自然會多一分「水畫意味」，我們現在所看到的清宮油畫大都採取這種底子製作方法。

　　當然這樣處理在歐洲繪畫中也並非沒有先例可循，在歐洲同時期的一些繪畫作品中，尤其是在坦培拉繪畫中，「古代大師們常常在很細的織物如細麻布上作畫。織物上沒有底子，或者只是薄薄地塗上一層加有明礬的膠。……在

〔註117〕〔清〕鄒一桂：《小山畫譜》，王其和點校纂注，山東畫報出版社，2009年版，第148頁。

〔註118〕〔法〕杜赫德：《耶穌會士中國書簡集——中國回憶錄5卷》，鄭德弟譯，大象出版社2005年版，第40頁。

〔註119〕李超：《中國早期油畫史》，上海書畫出版社2004年版，第207頁。

烏飛齊（Uffizi）美術館有一些丟勒作的傳道者頭像就是用這種方法畫的。」〔註120〕可見從傳統和實踐兩方面看，這一方法在技術上都是可行的。

但一些方面的負面影響無疑是存在的，可能是由於對絹作為油畫底材的不熟悉，也可能由於使用膠礬時的不得法，這種塗染膠礬的絹本油畫也往往會出現致命的問題。王致誠等傳教士畫家在宮中繪製了很多絹本油畫，由於處理不當，時間不長，這些畫就已開始變黑，而當時繪製的包括乾隆畫像在內的大量絹本油畫，到目前大部分均已失傳〔註121〕，極有可能是腐蝕損毀了。膠礬使用不當，造成絹帛畫布缺乏堅實緻密的底子的承托和保護，使得油畫顏色快速氧化應該是這些畫變黑的主要原因；同樣由於膠礬底子不夠緻密，顏料中的油會滲透到下層的絹帛中，造成對畫布的腐蝕和損傷。

除了上述膠礬底子，清宮中也有使用用油加工過的高麗紙的記載。在一封1754年錢德明神父致德·拉·圖爾神父的信中記載：「皇上一大早就已經派人問王致誠神父是否還有已經塗過油，即可用來上顏料的高麗紙，然而並沒有說皇帝將用這種紙幹什麼。因為王致誠神父回答說他的這種紙已經用完，德公接到了命令，要他立即派信差到海淀，向備有這種紙的郎世寧神父要一張這種紙來。」〔註122〕由此看來，這應該就是油性底子的畫紙，而且王致誠和郎世寧都在使用它繪製油畫，可見這種油性底子在宮中也是被普遍使用的。

（三）油畫顏料（oil colors）

油畫顏料是通過將色料分散拌入亞麻仁油等乾性植物油中調勻，使其具有糊狀的稠度而製成的，為使繪畫達到不同的效果，有時還要加入諸如催乾劑、穩定劑和增稠劑等物質。

顏料的製造和發明有自己的歷史，「顏料在歐洲，情況與中國或其他地區也大致相似，古代歐洲人最先選擇的大都是比較現成或容易加工的天然礦物顏料，據考證古希臘和羅馬在公元 3 世紀前，主要用石膏、碳黑天然泥土或再加煅燒而成的土黃、土紅、褐色等幾種顏料，傳說到公元 4 世紀開始能炮製鉛白，稍後會製鉛丹和從碳酸銅礦中提取石綠，朱砂是到中世紀才普遍使用，8 世紀開始能

〔註120〕〔德〕馬克斯·多奈爾：《歐洲繪畫大師技法和材料》，楊鴻晏、楊紅太譯，重慶出版社 1993 年版，第 231 頁。
〔註121〕〔法〕伯德萊：《清宮洋畫家》，耿昇譯，山東畫報出版社 2002 年版，第 104 ～105 頁。
〔註122〕〔法〕杜赫德：《耶穌會士中國書簡集——中國回憶錄 5 卷》，鄭德弟譯，大象出版社 2005 年版，第 41 頁。

用燒鹼提取植物顏料，大批化學合成顏料是近代才陸續出現，鋅白到 18 世紀方被普遍推廣，更加穩定和覆蓋力強的鈦白，則是 19 世紀的發明。古代畫家都親手選擇和加工顏料，故比今天畫家熟悉顏料特性，很長一段時間中，研磨調製好的顏料要放在豬膀胱做的小袋中保存，使用時根據需要再補充添加劑。19 世紀出現玻璃瓶裝的工廠預製顏料。錫管顏料則是印象派時代的產品了。」〔註 123〕

　　19 世紀以前歐洲畫家都是使用由研磨杵（muller）和磨板（slab）手工研磨的顏料。最開始這種手工研磨的顏料由藝術家自己製作，17 世紀中葉出現了顏料製造商，他們為畫家提供研磨製造好的油畫顏料，同時也製作畫布、畫筆等其他繪畫材料。他們的出現使畫家從研磨顏料這種繁瑣而耗時的體力勞動中解放出來，能夠從此專心於繪畫創作，這也在一定程度上意味著畫家的地位從手工藝人向藝術家的轉變，但還是有相當一部分畫家堅持自己研磨製作油畫顏料，因為這樣能使他們更加熟悉他所使用的材料。

　　早在二千五百年前，中國就建立了色彩的五色體系，具有自己的用色傳統和用色習慣，《尚書》言：「彩者，青、黃、赤、白、黑也；言施於繒帛也。」。中國傳統繪畫的顏料主要分為石色（即礦物質顏料）和草色（也稱水色或輕色，植物質顏料，從植物汁液中提取。）唐朝以前以使用礦物性顏料為主，唐代以後，植物性顏料隨著染織業的發展逐漸地在繪畫中得到了應用。中國繪畫所使用的顏料大多取材天然，少有化學合成。

　　從中國繪畫顏料使用的歷史看，在《山海經》《水經注》《尚書》中有「青蔓」、「丹腫」、「石涅」、「石墨」、「貢惟土五色」、「土赤殖」、「砥礪砮丹」、「土黑」、「土黃」、「土惟白壤」等記載，這些礦物質是製作顏料的原料，另「據考古發掘，河北陽原虎頭梁舊石器時代遺址有用於染色的赤鐵礦塊。廣西南寧新石器中晚期部分墓葬遺址有在死者身上或周圍撒赤鐵礦粉末。1979 年陝西臨潼姜寨仰韶文化遺址出土一套繪畫用具，包括蓋板研磨器、磨棒、陶水杯，以及研磨器凹處擱置著的數塊黑色天然顏料。此顏料經化驗為礦物氧化錳。河南淮陽白營龍山文化遺址出土粉刷殘餘白灰（石灰石燒製）。根據以上材料，可知史前繪畫顏料主要有：紅色屬的赤鐵礦粉，黑色屬的氧化錳粉、石墨，白色屬的白堊土、蜃粉、石灰石粉等數種。」〔註 124〕漢代劉熙在《釋名》中記載

〔註 123〕潘世勳：《歐洲繪畫技法源流》，《美術研究》1990 年第 2 期。
〔註 124〕趙權利：《中國古代繪畫技法‧材料‧工具史綱》，廣西美術出版社 2006 年版，第 27 頁。

有很多顏料的名稱、原料和製法，如白堊釋為白善土，綠礬釋為皂礬，雄黃釋為黃金石，扁青釋為石青，綠青釋為石綠。《歷代名畫記》記載：「武陵水井之舟，磨嵯之沙，越雋之空青，蔚之曾青，武昌之扁青，蜀群之鉛華，始興之解錫，崑崙之黃，南海之蟻鉚」〔註125〕，共有九種顏料。據美國哈佛大學福格博物館蓋特斯對敦煌千佛洞壁畫所用顏料的研究，有煙炱、高嶺土、赭石、石青、石綠、朱砂、鉛粉、鉛丹、靛青、梔黃、紅花（胭脂）等11種。

通過和歐洲繪畫使用的顏料對比可以看出，像赭石、白堊、鉛白、朱砂、石綠、土黃等礦物質顏料普遍為中西所通用，且顏料的加工方式也有相同之處，大都採用研磨的方式，將土、石等原材料磨成粉末，所不同的只是所使用的調和媒介有油和水膠的區別，這種彼此間的相似性為中國人認識和掌握歐洲油畫及油畫顏料帶來了很多的便利。

儘管如此，早期來華的宮中傳教士畫家作畫時所用的油畫顏料基本上都來自歐洲，「從檔案中還得知，傳教士畫家所用的油畫顏料也是從歐洲運來的。」〔註126〕《清檔》記載，乾隆二十六年（1761年）正月初五日傳旨：「如意館畫油畫所用各色西洋顏料，著給樣寄信粵海關，照樣送來。」〔註127〕可見，宮中所需的油畫顏料要通過粵海關向國外採購。和油畫顏料一同進口的可能還有調色用的油料，楊伯達在研究《乾隆射箭油畫掛屏》一畫時推測「油色和油料可能都來自歐洲」〔註128〕。法國傳教士畫家倪天爵於康熙五十八年進京，其畫藝為康熙所喜愛，讓其負責琺瑯和彩釉的製作。馮秉正神父在寄往歐洲的一封信中曾提到倪天爵在宮中遇到的困難：「災難在於我們於此處於絕對缺乏歐洲顏料的境地，商船未曾運來過任何這種顏料，而中國的顏料卻大部分都無濟於事。」〔註129〕這也從一個方面反映了清宮中對歐洲顏料的需求和某些進口顏料的不可替代性。

「錢納利到達澳門前，中國繪畫的主要材料是水溶性顏料，用紙、木、絹

〔註125〕《五代唐代畫論》，何志明、潘運告編著，湖南美術出版社1997年版，第178頁。

〔註126〕聶崇正：《清宮繪畫與「西畫東漸」》，紫禁城出版社2008年版，第185頁。

〔註127〕鞠德源：《清宮廷畫家郎世寧年譜》，《故宮物院院刊（紀念郎世寧誕生三百週年特輯）》1988年2月，第67頁。

〔註128〕楊伯達：《清代院畫》，紫禁城出版社1993年版，第245頁。

〔註129〕〔法〕伯德萊：《清宮洋畫家》，耿昇譯，山東畫報出版社2002年版，第134頁。

及象牙作媒體。油畫布（亞麻、帆布）來之不易，所使用的油畫顏料質量低劣，色彩的持久性不強，易和空氣產生化學作用，鉛筆更是珍貴。因為那些繪畫用品俱是舶來品，中國的畫家尚沒有多少人有機會運用。」〔註130〕但廣州口岸的外銷畫家則可充分利用口岸貿易的便利之處，一位曾走訪啉呱畫室的法國人記錄了當時中國外銷畫家所使用的畫筆和顏料：「最優秀的畫家，尤其是肖像畫家，均用英國顏料。」〔註131〕

　　很多來自歐洲的油畫顏料是由傳教士畫家帶入中國的，因為稀有，往往被作為貢品進獻給皇帝的。馬國賢在其回憶錄中記述他曾在康熙壽辰時進獻給皇帝四磅歐洲顏料作為禮物，這應是他從歐洲帶到中國的〔註132〕。另外「乾隆二年（1737 年）四月，沙如玉和戴進賢（Ignatius Koegier 德國人，1716 年入華，1746 年 3 月 30 日卒於北京）、徐懋德（Andreas Pereyra 1716 年入華，1743 年 12 月 2 日卒於北京）、巴多明（Dominicus Parennin 法國人，1698 年入華，1741 年 9 月 24 日卒於北京）等人向乾隆皇帝進獻西洋油畫顏料，各得上等緞一匹，紗一匹。」〔註133〕而這「西洋顏色 12 樣，交郎世寧畫油畫時用。」〔註134〕更有關於顏料種類的詳細記載：「西洋人戴進賢、徐懋德、郎世寧、沙如玉恭進西洋寶黃十二兩、紅色金土十二兩五錢、黃色金土十一兩、淺黃色金土七兩、紫黃色金土十二兩五錢、陰黃六十兩、粉四十兩、片子粉十六兩、綠土三十兩、二等綠土二十一兩、紫粉九兩五錢、二等紫粉十二兩五錢。呈進。奉旨：著交郎世寧畫油畫用。」〔註135〕這裡面諸如「西洋寶黃」、「紅色金土」、「黃色金土」、「淺黃色金土」和「紫黃色金土」等顯然是因無法找到與之相對應的中國顏色名稱而直接以其色相來稱謂。

　　由異域引進顏料在中國歷史上並不鮮見。胭脂即漢武帝時由張騫從西域引進，藤黃原產於越南，在唐代傳入我國，還有中亞的佛青（青金石），最著名的應是元及明早期青花瓷所用的青料──蘇麻離青的進口。在清代口岸外

〔註130〕　陳繼春：《錢納利與澳門》，第 51～52 頁，轉自李超：《中國早期油畫史》，上海書畫出版社 2004 年版，第 225 頁。

〔註131〕　《「東西共融──從學師到大師」香港藝術館展覽圖錄》，2011 年版，第 17 頁。

〔註132〕　〔意〕馬國賢：《清廷十三年──馬國賢在華回憶錄》，李天綱譯，上海古籍出版社 2004 年版，第 86 頁。

〔註133〕　李超：《中國早期油畫史》，上海書畫出版社 2004 年版，第 204 頁。

〔註134〕　楊伯達：《清代院畫》，紫禁城出版社 1993 年版，第 144 頁。

〔註135〕　聶崇正：《清代宮廷油畫述略》，《故宮博物院院刊》1995 年 12 月，第 47 頁。

銷畫的興盛時期，歐洲的『洋顏料』作為商品也已經輸入中國，而來自異域的『洋顏料』往往是那些中國稀有的種類，因此也價格不菲。乾隆年間付梓的《澳門紀略》中就記述了當時澳門「有洋紅，有洋青。洋紅特貴，白銀一金易一兩（四兩為一金），色殊鮮麗可久，歲以之供內庫。」〔註136〕根據「色殊鮮麗可久」的特性和其昂貴的價值，可以斷定此洋紅應為胭脂紅（carmine），這種產自墨西哥，由胭脂蟲血製成的顏料，在16至19世紀的歐洲，是一種重要的藝用顏色，由於殖民者的利益，最初胭脂紅的製作為西班牙人所壟斷，其在歐洲逐漸走俏，價格與黃金相當，19世紀後這種顏色逐漸被淘汰，但像塞尚、杜菲等少數畫家還在使用。洋紅在清代開始被中國畫家所使用，後國內也能自製，改名為曙紅，但國產的洋紅應該是後來從煤焦油染料裏得到洋紅色（magenta 或 solferino），即品紅一類的顏料，而不是由天然胭脂蟲所製。至於洋青，可能就是柏林青，即普魯士青（Prussian blue），江戶時代日本的博物學者、作家、發明家、畫家平賀源內（1728～1780年）曾於1753年遊學長崎，學習過西洋繪畫，所著《物類品騭》一書中「礦物類」部分介紹了當時從歐洲所輸入的西洋顏料。「尤其在所謂『柏林布洛顏料』條上曾說：『這乃紅毛人輸入的，色深，甚鮮，予家藏紅毛花譜一帖，品類凡數千種，形狀、設色皆逼真，其色碧色，就是用這『柏林布洛』塗的，其色極妙，疑為回回青。』〔註137〕這『柏林布洛』就是荷蘭語的 Berlijnesch blanw（柏林青），乃指的今日所說的普魯士青（Prussian blue）。」〔註138〕

　　當然，在當時自製的油畫顏料也是有的，油畫顏料的製作方法往往是宮中傳教士畫家向中國畫師或學徒傳授的。乾隆「元年十二月初三日太監毛團傳旨著調小蘇拉幾名與唐岱、郎世寧學制顏料。」〔註139〕具體使用什麼方法制造油畫顏料，目前還沒有找到詳實的文獻記載，在此有日本十六、十七世紀有馬天草派（耶穌會傳教士在有馬天草創辦學校，傳授西洋畫技法）製作油畫顏料的一些記載可供參考。「那就是把胡桃的果實用擂缽搗碎，加水變成牛乳般的

〔註136〕〔清〕印光任、張汝霖：《澳門記略》，趙春晨校注，廣東高等教育出版社1988年版，第74頁。

〔註137〕所謂「回回青」，也稱「回青」，與「蘇麻離青」一樣來自阿拉伯。有專家考證，「蘇青」與「回青」其實是同一種鈷料的不同稱呼，「回青」色澤濃豔，遠比浙墨、無名子美得多。

〔註138〕〔日〕關衛：《西方美術東漸史》，熊得山譯，上海世紀出版集團2007年版，第313頁。

〔註139〕楊伯達：《清代院畫》，紫禁城出版社1993年版，第143頁。

汁,隨又加入膠液,便可溶解顏料而從事描寫了。倘是描在布上的,則放水於大豆中,搗之為泥,隨於濾過的液內加以膠汁,即可溶解顏料而用毛刷描上。倘是描在板上的,只要在濃厚的液中溶解了多量的東洋顏色,就可同油畫差不多。其中雖也有使用純粹的油的,畢竟因其使用量很少,故不久就完全失其效果了。」〔註140〕「但是用胡桃油和東洋顏料做成的油畫顏料,其發明者之一,即為山田右衛門作。」〔註141〕這裡值得注意的一點就是在用擂缽搗碎胡桃仁的過程中還加入了水,產生出一種「牛乳般的汁」,其實這應該是一種乳液,即油和水的混合物。油畫顏料中含有水,這並不是獨創,在歐洲油畫顏料製造過程中也往往先加水將顏料色粉溶解,再加油研磨,因而會有水分留在製成的顏料之中,當然水分的量是要加以控制的。需要強調的是,「顏料中的某種無光特製,常常都是由於這種加水的方法造成的。」〔註142〕由此聯想到現存於世的很多明清油畫表面啞光的效果,很有可能就是由於這種顏料製作方法所造成的。

由於材料和加工條件等原因,自製油畫顏料的質量難以得到保證。而欠佳的顏料質量和並不舒適的作畫條件使得清宮裡的傳教士畫家的工作變得十分艱苦,王致誠在宮中的畫室「那裡僅有一個小小的火爐,他將其調色碟放在上面,以防顏料會起皮。」〔註143〕

(四)調色和繪畫所用的油(oil)

不同於傳統中國畫所使用的水性媒介,歐洲油畫使用的是油性媒介,材質特性決定了油畫的畫種屬性。自清代乾隆朝,「油畫」一詞開始出現在相關文獻中,人們逐漸注意到油作為媒介在這種外來繪畫中的作用和重要性。

清代著名藏書家汪啟淑在其《水曹清暇錄》中描述了北京阜城門天主堂的西洋油畫,提到了「堂中佛像,用油所繪,遠望如生。」〔註144〕這裡不

〔註140〕〔日〕關衛:《西方美術東漸史》,熊得山譯,上海世紀出版集團2007年版,第284頁。

〔註141〕〔日〕關衛:《西方美術東漸史》,熊得山譯,上海世紀出版集團2007年版,第285頁。

〔註142〕〔德〕馬克斯·多奈爾:《歐洲繪畫大師技法和材料》,楊鴻晏、楊紅太譯,重慶出版社1993年版,第145頁。

〔註143〕〔法〕伯德萊:《清宮洋畫家》,耿昇譯,山東畫報出版社2002年版,第38頁。

〔註144〕〔清〕汪啟淑:《水曹清暇錄》,楊輝君點校,北京古籍出版社1998年版,第141頁。

僅再次提到了「遠望如生」的逼真效果，還指出了油畫繪製的重要媒介──
油。

類似的文字還見於當時其他文人的文集中，乾隆時人張景運在其《秋坪新語》中也詳細地描述了天主教南堂內的西洋油畫：「云其畫乃勝國時利瑪竇所遺，其色彩以油合成，精於陰陽向背之分，故遠視如真境也。」〔註145〕

清代傳教士畫家繪製油畫時所使用油的種類和來源，在目前所掌握的文獻資料中尚無直接記載。但《清檔》中關於西洋人燒琺瑯用油的記載，或許對我們瞭解當時繪畫用油有所幫助，之所以如此說，是由清宮畫院的特點及其歷史演變所決定的。清朝歷代皇帝都喜好琺瑯工藝和製品，康熙朝內廷設立了琺瑯作，專門為皇家製作琺瑯器物，雍正、乾隆朝延續並發展了此傳統。由於琺瑯製作的特點，琺瑯作也有一部分畫家和畫匠，負責設計和裝飾畫樣。琺瑯作、畫院和如意館的畫家雖各有分工，但有時也互相調配使用，這應該說也是清宮中的一個特色。「琺瑯作中也有畫琺瑯的畫家，在內行走，有時也稱『畫院』。畫琺瑯畫家多由廣東或江南的官員保薦，進入琺瑯廠，人數僅次於如意館、畫院處。如意館的郎世寧也畫過琺瑯畫。畫院處鄒文玉曾調入琺瑯處，專繪畫琺瑯；琺瑯處行走的羅福旻也借調給畫院處在齋宮畫《百古圖》。實際上造辦處屬下畫家集中的地點共有畫院處、如意館和琺瑯處等三處，三處所屬畫家可以互相調劑，分工合作，但機構重迭，不易管理，畫家調來調去亦有不便之處，終於在乾隆二十七年調畫院處七品官赫達塞協同花善管理琺瑯處，同時將所有畫院處（在圓明園春宇舒和）的畫家亦歸併到琺瑯處『一體行走』。事實上是畫院處主管官員、畫家一起被並於琺瑯處，而兼顧繪畫圖冊或年畫的任務。著名畫家留在如意館，逐步過渡到單一的畫院──如意館（啟祥宮）。」〔註146〕如此一來，琺瑯處的一些材料自然也可為畫院處的畫家所使用，用於燒琺瑯的調色油被用於繪製油畫也不是沒有可能的。

雍正六年《清檔》「琺瑯作」欄目下有一段西洋人燒琺瑯用油的記載：

> 聞得西洋人說：燒琺瑯調色用多爾那們油，爾著人到武英殿露房去查，如有，俟畫上用小琺瑯片時用此油。……於七月十四日查得武英殿露房舊存收貯多爾那們油四半瓶，連瓶淨重十二斤四兩；從蔣家房抄來的多爾那們油一瓶，連瓶淨重一斤四兩，共三十斤二

〔註145〕方豪：《中西交通史》，上海人民出版社2008年版，第641頁。
〔註146〕楊伯達：《清代院畫》，紫禁城出版社1993年版，第41～42頁。

－154－

兩二錢。〔註147〕

　　這種用多爾那們油調色燒琺瑯的技術也就是純灰色畫琺瑯藝術（grisaille enamel）。純灰色畫琺瑯是一種用單一的暗灰色繪畫的琺瑯技術，這一技術是將白色玻璃狀的琺瑯釉料磨碎加松節油薄荷油或石油和水混合製成糊狀，然後施於通常為黑色或藍色的暗色琺瑯底子上，它能使圖案影像具有立體感的效果，16 世紀法國的里摩日的琺瑯製作者發展了這種藝術，著名的業者有佩尼科德家族〔註148〕。清檔中所記「多爾那們油」即純灰色畫琺瑯技術中所用的松節油。松節油是香精油的一種，是一種無色揮發性溶劑，是在常壓下通過蒸汽蒸餾的方法，由各種松脂的樹脂提煉出來的，雖然古希臘和古羅馬人發明了提取揮發性溶劑的方法（他們在鍋內放上松樹瀝青加熱，上面覆蓋上一長毛朝下的羊皮，然後擰擠羊皮使毛中凝結的液體流出），但在 1400 年蒸餾法被廣泛使用之前，松節油還是很難買到的。松節油在繪畫中起著重要的作用，它可作為顏料的稀釋劑，也可作為調色液使用，是繪製油畫的一種重要媒介材料。從《清檔》「多爾那們油」這一名稱來看，當時宮廷中的松節油應為外來之物，或許是歐洲傳教士帶入中國的，而國人對其特性和用途可能並不十分瞭解。

　　清代與瓷胎畫琺瑯相似的還有洋彩，洋彩始於雍正、盛於乾隆時期，和瓷胎畫琺瑯一樣都使用了琺瑯料，在清人朱琰《陶說》中介紹了洋彩的調色法：

　　　　圓琢白器，五彩繪畫仿西洋曰洋彩，選畫作高手調合各種顏色，

　　　　先畫白瓷片，燒試以驗色性火候，然後出粗入細，熟中取巧，以眼

　　　　明心細手準為佳，所用顏色與佛郎色同，調法有三：一用芸香油，

　　　　一用膠水，一用清水。油便渲染，膠便拭刷，清水便堆填也。畫時

　　　　或倚桌或手持或側眠，低處就器，各隨其宜，以取運筆之便。〔註149〕

　　芸香，又名七里香、香草、芸香草等，最早產於國外，公元前 138 年張騫出使西域時引入我國，芸香油是黃色至琥珀黃色揮發性精油，由芸香科植物芸香或其他芸香屬植物的鮮花和嫩枝經水蒸氣蒸餾而得，芸香油作為揮發性精油，曾被作為調色劑用於中國傳統瓷器彩繪。瓷器彩繪中的洋彩，是仿西洋的畫法，用芸香油的調色法與西洋油畫相似，至於「油便渲染」更是明確了油性

〔註147〕　朱家溍：《養心殿造辦處史料輯覽第一輯雍正朝》，紫禁城出版社 2003 年版，第 124 頁。

〔註148〕　《簡明不列顛百全書第 2 冊》，中國大百科全書出版社 1985 年版，第 314 頁。

〔註149〕　傅振倫：《〈陶說〉譯注》，輕工業出版社 1983 年版，第 43 頁。

材料在表現手法上的特性。

關於油畫的調色用油我們還可以從其他一些地方找到一些線索。日本基督教時代〔註150〕的畫家山田右衛門作精於繪事，其畫風受歐洲藝術的影響，善於描繪天主教的聖像和具有歐洲風格的人物。據記載山田右衛門作「想必是用歐洲傳來的油繪法，大批地製作了和天主教有關係的畫像。上津浦就是天草暴動的策源地，而在此地據說是以胡桃油（在西陲繪畫時，則以輸自中國、朝鮮的胡桃仁或大豆用擂缽打成乳汁，將它濾過後，再加上膠汁液，就可分解顏料，呼這種乳汁為 Go，倘用 Go，雖遇雨都不褪色）繪油畫的」〔註151〕。胡桃油作為顏料的調混劑，在歐洲文藝復興時期已經被廣為使用，凡·艾克、達·芬奇、丟勒都有使用胡桃油作為油畫調色劑的記載，傳說中凡·艾克正是因為發現了胡桃油和亞麻籽油具有最好的乾燥性而便於作為繪畫的調色液才最終發明了油畫。

中日兩國是近鄰，文化交流歷來頻繁，歐洲傳教士進入日本的時間比中國要稍早，西洋畫在日本的傳播也早於中國。1583 年意大利耶穌會士尼閣老到達長崎，並在那裡開設了聖路加學校，訓練日本的年輕教徒製作油畫、壁畫和版畫，同樣的宗教學校在有馬和天草也有，而山田右衛門作即出自尼閣老門下。據蘇立文的《東西方美術的交流》記載：「在有馬的尼古拉（按：尼古拉即尼閣老）的學校裏有一位與信方同學的畫家山田右衛門作，他曾被人稱作『長崎的尤斯圖斯』。」〔註152〕尼閣老在日本有很大的影響，他為日本基督教會培養了許多畫家，後來他的兩位學生曼努埃爾·佩雷拉和倪雅谷被派往中國傳教，並在中國傳授歐洲油畫技法。佩雷拉、倪雅谷與山田右衛門作師出同門，對油畫材料與技法的掌握與運用應有相同之處，以此來推測，上述山田右衛門作在繪製油畫時對胡桃油的運用以及胡桃油的製作方法等也應該會經由佩雷拉和倪雅谷在明末就傳到中國。

其實中國人使用胡桃油作畫的歷史可以追溯到更早的南北朝時期。胡桃即核桃，「胡」字表明其自西域而來，胡桃的原產地是西亞的伊朗，漢代張騫

〔註150〕葡萄牙人來到日本的 1542 年到島原之亂的 1638 年這段時間被稱為「基督教時代」。

〔註151〕〔日〕關衛：《西方美術東漸史》，熊得山譯，上海世紀出版集團 2007 年版，第 262 頁。

〔註152〕〔英〕蘇立文：《東西方美術的交流》，陳瑞林譯，江蘇美術出版社 1998 年版，第 11～12 頁。

出使西域後帶回中國。南北朝時期，中西文化交流頻繁，西亞、中亞的繪畫開始經由絲綢之路傳入中國。「這個時期薩珊波斯和中亞粟特的繪畫技法開始傳入中國，其中就有一種流行於波斯和中亞一帶的油畫傳入中國。其畫法是用胡桃油調顏色來作畫，以色彩表現見長，這已是真正意義上的油畫。這種畫法因由西域的胡人傳來，故稱之為『胡畫』。當時的北朝，有畫家習學這種畫法，能掌握這種『胡畫』技藝的，文獻上見有祖珽、平鑒等人。」〔註153〕關於祖珽用胡桃油作畫，《北齊書》「祖珽傳」有相關的記載，說「珽善為胡桃油以塗畫」。與祖珽同時的北齊人顏之推在其《顏氏家訓》對祖珽和胡桃油也有提及，進一步證實當時已掌握了胡桃油的煉製：「近世有兩人，（祖珽、徐之才）朗悟士也……天文，畫繪，棋搏，鮮卑語，胡書，煎胡桃油，煉錫為銀，如此之類，略得梗概。」〔註154〕從「煎胡桃油」的描述，我們大致可以推測這是在加熱胡桃油，為的是製作熟煉油。所謂製作熟煉油就是將榨取出的油在高溫下持續加熱，並加入乾燥劑熬煉的過程，經過熟煉的乾性油往往清澈、明亮、快乾，對於空氣環境的耐受性更好，因而更適合各種繪畫技法，所以為畫家們所推崇。正如馬克斯·多奈爾所說：「熟煉油曾一度在古代大師的技法中起著重要的作用，比現在所起的作用大得多。那時候作熟煉油並不一定都是仔細的和適當的，拜占庭的製法尤其證明了這一點。硫化鋅、鉛黃、鉛丹、銅綠和其他材料都曾被古代大師們用於乾性油的製作。」〔註155〕根據以上文獻記載，有一點是可以肯定的，即在明清歐洲油畫傳入之前，中國人就已經有使用胡桃油作為繪畫調色媒介的實踐了，隨著西洋傳教士將油畫帶入中國，這一材料又得以延續。這種胡桃油可能是經過冷軋而成（參見上文關於山田右衛門作將胡桃仁「用擂缽打成乳汁」的記載），而且還有可能經過了加熱熟煉，製成熟煉胡桃油被應用於繪畫當中，這和歐洲油畫中所使用的調色媒介基本上是一致的。

　　至於這種「煎胡桃油」的過程中是否加入了馬克斯·多奈爾所說的那些諸如硫化鋅一類的乾燥劑，由於資料有限，我們不得而知，但加入鉛黃還是極有可能的。鉛作為熟煉油的催化劑，在中國傳統漆畫和以油作畫的彩繪工藝中，早已有

〔註153〕羅世平：《中國古代的油畫》，《美術研究》2005年第3期，第58頁。

〔註154〕羅世平：《中國古代的油畫》，《美術研究》2005年第3期，第58頁。

〔註155〕〔德〕馬克斯·多奈爾：《歐洲繪畫大師技法和材料》，楊鴻晏、楊紅太譯，重慶出版社1993年版，第105頁。

應用，歷史上就有使用密陀僧、密陀油的記載。密陀僧，俗稱鉛黃、黃丹，是一種含氧化鉛的固體催乾劑，加入油中起促進乾燥作用。密陀僧據傳是在唐代從波斯傳入的，是中國傳統漆藝的常用材料之一，在唐代的漆器中，就有所謂密陀彩繪。到了宋代，《圖經本草》記載了中國自製密陀僧的詳細工藝，當時的密陀僧出自嶺南、閩中的銀鉛礦，通過煎煉、煆燒的方法，可以使銀鉛分離。

密陀僧加入油中煉製，可以製成快乾的熟煉油，即密陀油。傳統油繪工藝中所用的油一般為桐油。明、清雜記和有關文獻，都有關於油內加密陀僧的煉製方法。明代沈周《石田雜記籠罩漆方》：「用廣德好真桐油，入密陀僧，無名異，煎老。每熟油一兩，和入京山漆生者一兩要經十分淨」〔註156〕而得，其作用在於籠罩，這和歐洲油畫所使用的熟煉快乾油的製法是相近的。

這種使用密陀彩繪的方式也見於日本，如正倉院的「密陀彩繪箱」，就是黑漆地，以密陀彩繪雁鶘諸花鳥紋樣，附有銅鏁，鏁與今式同。正倉院所藏器物的彩繪，有的是一開始就在油彩中混入了密陀僧，而有的是在彩繪以後再塗密陀油。這些藏於正倉院的「密陀彩繪箱」等物，應該是受中國唐代漆藝影響的產物。而在日本的寶曆、明和、安永時代，受荷蘭繪畫影響的日本畫家平源賀內、司馬江漢、亞歐堂等就「用密陀油（案：即密陀僧繪畫所用的油）溶解顏料來模仿紅毛人的油畫。」〔註157〕由此結合上面的記述可以大致推知，密陀僧（鉛黃、黃丹）這種催乾劑以及用它煉製的「熟油」在我國古代很早就已經被應用到以油和漆為媒介的裝飾繪畫工藝當中，煉製技術也已經相當成熟，中國古代文獻中的「熟油」在漆器彩繪工藝中被用於「籠罩」，也說明古人對它光亮、稠厚的特性有很充分的認識。「熟油」從性質上講就是歐洲油畫中所使用的熟煉油（boiled oil），兩者在繪畫和彩繪中的作用基本是一致的。至於中國傳統漆藝中廣泛使用的桐油是否在明清時期油畫中被作為調色媒介來應用，目前還沒有確切的文獻記載，但如果考慮到油畫技法和油漆工藝的相通性，也不能排除這種可能。但在西方繪畫中，將桐油作為油畫調色劑的情況卻不多見，馬克斯·多奈爾在其《歐洲繪畫大師技法和材料》一書中指出了桐油的缺陷：「儘管具有各種令人喜愛的性能，但卻不能使用，因為它會在乾燥時形成一層不透明的膜，同時還會引發皮膚病。此外，它還

〔註156〕〔明〕沈周：《石田雜記》，《學海類編》第九十冊。
〔註157〕〔日〕關衛：《西方美術東漸史》，熊得山譯，上海世紀出版集團 2007 年版，第 310 頁。此處的「案：即密陀僧繪畫所用的油」為原文所注，似有誤。

會嚴重變黃。」〔註158〕

　　晚清外交家黎庶昌在出使西歐諸國之後編成《西洋雜誌》一書，書中對歐洲油畫有較為詳盡的描述，其中關於油畫所使用的油有「以各種顏色調橄欖油，塗於薄板上」的記述。黎庶昌是根據在歐洲時期的見聞得出歐洲油畫調色使用的是橄欖油，但以目前的關於油畫材料的資料來看，橄欖油作為非乾性油，一般是很少用來作為調色油在油畫中使用的，黎庶昌關於油畫「以各種顏色調橄欖油」據出何處，尚不得而知。可見即使是在清晚期，歐洲油畫傳入中國已二、三百年，國人對油畫材料的認識還不是很系統明晰的，甚至還存在著偏差。

二、技法

　　清代油畫技法的傳播體現為兩條線索，一是北方清宮畫院，一是南方廣州口岸。在康雍乾三朝的宮廷中，西洋傳教士畫家為適應帝王的審美趣味和欣賞方式，畫面上在適度保持立體感和明確焦點透視的同時追求平面化、裝飾化的繪畫效果，這實際上是一種折衷的變通之法，與之相對應的技法表現則是有意在塑造上減弱強烈的明暗對比，減少甚至取消陰影；強化線性透視，以突出線條在空間表現中的作用，這種做法成功地衍生了西方透視和中國界畫的複合版本──線法畫；材料運用上經常採用經過加工的紙本材料為底材，油色偏於稀薄，類似水彩效果，以期符合中國人對水墨畫的欣賞習慣。清乾隆時廣州等地口岸繪畫興起，從事繪畫創作的基本都是民間畫師和畫工，他們學習運用西方油畫的材料技法繪製外銷商品畫，使油畫這一外來畫種從宮廷走入了民間，這些民間畫師和畫工沒有文人士大夫的審美品位和藝術追求，其作品有市民氣而無士人氣，出於對外貿易原因，對於油畫的學習和吸收基本上是全盤照搬。

（一）清宮油畫技法及風格演變

1. 康熙時期

　　大清於順治元年（1644 年）入關，定鼎中原，至康熙經歷了平定三藩、統一臺灣後，政權得以鞏固，此時的宮廷畫院尚在初創階段，還不完備，但此時已有一部分畫家供職，如冷枚、金昆、陳枚、唐岱等，還有分別於康熙三十九年（1700 年）和康熙五十年（1711 年）入宮的意大利人格拉蒂尼和馬國賢。格拉蒂尼是按康熙皇帝的旨意受聘來華，作為專業畫家供奉宮廷的，是最早把

〔註158〕〔德〕馬克斯・多奈爾：《歐洲繪畫大師技法和材料》，楊鴻晏、楊紅太譯，
　　　　　重慶出版社 1993 年版，第 112 頁。

油畫藝術引進中國宮廷的專業畫家；而馬國賢和山遙瞻、德理格一起作為「技巧三人」入宮，是清宮第一位傳教士畫家。雖然格拉蒂尼和馬國賢並未像以後的大多數歐洲傳教士畫家那樣終老於中國，而是先後回到了歐洲，但兩人是清代最早的西洋宮廷畫師，他們兩人都曾在宮中向中國學徒教授油畫技法，對清代油畫在中國的傳播起到了奠基的作用。

北京故宮博物院收藏的康熙時期的油畫《桐蔭仕女屏風》（圖 3-13），或許是我國境內現存最早的由中國畫家繪製的油畫。《桐蔭仕女屏風》目前尚保持康熙時原樣，屏風共八扇，每扇高 128·5 釐米，最邊上兩扇每扇寬 38·5 釐米，中間六扇每扇寬 41·5 釐米，用硬木作架。屏風的一面為康熙皇帝手書，臨寫的是明代書畫家董其昌的行草書《洛禊賦》（圖 3-14），書寫在絹地上，繃貼於硬木框架上。文的前後有康熙的三方印章：「日鏡雲伸」、「康熙宸翰」和「敕幾清晏」，經專家鑒定這是玄燁晚年手筆。

屏風的另一面為一幅絹地通景的油畫仕女圖，八扇屏風貫通，畫面沒有作者的款印，無法確定作者，以繪畫風格來推斷，「它應出自中國宮廷畫家之手」〔註 159〕，技法上在一定程度上受到了西洋畫法的影響，聶崇正有更加進一步的推測，認為可能是康熙時期任職欽天監的畫家焦秉貞所作，也有人認為是意大利傳教士畫家馬國賢「來華時期，由他或他的學生畫的」〔註 160〕，「這是目前所見存世最早的一件宮廷油畫作品」〔註 161〕。

油畫表現的是漫步於桐蔭下的仕女。畫的最右面是兩棵梧桐樹，粗壯的枝幹，綠色濃密的樹葉，樹下兩個年輕婦女，邊走邊談，神態悠然，其中一女子穿白色上襦，著灰色長裙，另一女子穿藍色上衣，著深赭色長裙，紅色衣帶飄在裙前。畫面正中為一大廳，建於一平臺上，立面共四柱，柱有柱礎；屋頂上覆筒瓦，廳前有抱廈，廳中門大開，兩邊是帶有花紋的隔扇門。廳內方磚墁地。廳外地上站一年輕婦女，身穿粉紅色連衣長裙，右手置於胸前，肩臂處繞一深綠色飄帶；廳堂門內，也站立一年輕女子，身穿綠色連衣長裙，右手彎曲至胸前，持一柄摺扇。廳堂後門亦大開，隱約可以望見屋後遠處的坡岸、湖水和青山。廳堂之左為一木板小橋，橋上站立婦女三人，一人穿連衣長裙，二人著粉紅色短裙，正在互相談笑。過木橋，又有一座臨水的建築，畫面到此為止。

〔註 159〕聶崇正：《清宮繪畫與「西畫東漸」》，紫禁城出版社 2008 年版，第 187 頁。
〔註 160〕胡光華：《明清西方油畫傳入中國研究》，《美術》2004 年第 1 期，第 127 頁。
〔註 161〕聶崇正：《清宮繪畫與「西畫東漸」》，紫禁城出版社 2008 年版，第 186 頁。

圖 3-13　佚名，《桐陰仕女圖》，清康熙時期，絹本油畫屏風，128.5×326 釐米（共八扇），北京故宮博物院。

圖 3-14　《桐陰仕女圖》屏風正面，康熙皇帝臨寫的董其昌行草書《洛禊賦》。

　　由於是屏風的形式，繪畫的構圖由右至左呈平面展開，以建築物和小橋由近及遠，將兩側人物連接起來，與中國傳統長卷構圖不無相似之處。設色以棕褐色調為主，柔和雅致，和整個屏風的框架妥帖匹配。敷色以平塗為主，光滑細膩，不見筆觸，色彩和明暗層次之間過渡自然，技巧熟練，顯示出了作者對油色材料較強的控制力。清代以絹或高麗紙為底材的油畫大都吸收性很強，表面基本呈啞光效果，往往使人誤認為是用水性材料所畫，而此畫雖也為絹地，但底子的吸收性並不強，畫面的很多暗色部分還有反光，這是油沒有被底子完全吸收而在表層結膜的結果，這種歐洲油畫中常見的具有光澤感的「油性」在清宮油畫中是不多見的。

　　畫中有七個女子穿插其中，這應是此畫的重點，但畫的作者顯然並不長於
表現人物，人物動態的簡單處理表明作者在此處的刻意迴避；人物面部色調柔
和，但不作過多的立體塑造；同樣衣飾也基本平塗，只是略施少許明暗，似乎
作者的興趣並不在此。

　　與人物形成強烈反差的是建築物的刻畫，畫面正中的廳堂佔據了整個畫
面的一半面積，屋脊的頂部有一部分甚至超出了屏風頂緣，使得廳堂具有一種
壓迫感而充盈著畫面。四根立柱被畫家用油彩施以強烈的明暗，在素描處理上
有兩點值得關注，一是高光在柱子的一側被特別地加以強調，二是暗部的反光
也若隱若現，這種處理在以往的中國繪畫中似乎還沒有出現過。中國傳統的凹
凸法歷來是將亮部和高光置於物體中間位置，而暗部被「擠」到物體的邊緣，
以此造成一種起伏感，而反光是被排除在凹凸法表現體系之外的。這幅畫中對
明暗法的運用顯然已經突破了傳統的凹凸法，表明了中國畫家在繪畫實踐中
有效地借鑒了傳入國內的西洋畫法，對明暗造型畫法的把握已經開始從感性
經驗上升到理性認知的階段。

　　建於平臺上的廳堂正對觀眾，中門大開，觀眾視線可透過大廳看到遠景中
隱約可見的遠山。平臺、臺階及地面上的方磚規整劃一，延伸向遠方，這會讓
人馬上聯想到諸如佩魯吉諾《基督將天國的鑰匙授予彼得》（圖 3-15）這類意
大利文藝復興時期繪畫中那種透視感和秩序感極強的鋪滿方磚的廣場和教
堂；廳堂的屋簷同樣排列整齊地從兩側向中間匯聚，整個廳堂的描繪如一幅平
行透視圖解，與之呼應，左側的建築也採取了同樣的手法。但不知是出於有意
還是無意，畫面中建築物透視線的滅點並未匯聚在水平線上，而是被置於屏風
頂緣的正中，使得建築物就像在中國傳統山水畫中一樣，以一種俯視的視角被
呈現出來，建築物這種特殊的視角和具有實體感的刻畫反而使得正常視線下
的仕女產生出一種莫名的疏離感。

　　「雖然這扇屏風是中國最早的油畫之一，畫家所真正迷戀的主要不是西
方藝術的油畫材料本身（畫家不過是像畫水彩一樣地使用油畫材料），而是外
來的繪畫空間觀念。」〔註 162〕「畫家不過是像畫水彩一樣地使用油畫材料」
用於此畫未必妥當，因為油畫的技法和特性在這幅畫中還是有比較充分的體
現的，但是說作者在畫中體現出了對「外來的繪畫空間觀念」的「迷戀」確實

〔註 162〕巫鴻：《重屏——中國繪畫中的媒材與再現》，上海人民出版社 2009 年版，第
　　　　193 頁。

是切中要害，這應該代表了康熙時期從皇帝到畫院畫家對待西洋繪畫的一種普遍心理，也是這一時期宮廷油畫的一個突出的特點。明末對西洋聖像畫「望之如塑」的繪畫效果和注重「明暗凹凸」的寫實手法的熱情，到現在逐漸轉移到了對感知世界秩序的進一步探究上了。

圖 3-15　佩魯吉諾，《基督將天國的鑰匙授予彼得》，1481～1483 年，濕壁畫，349×570 釐米，意大利羅馬西斯廷禮拜堂。

　　之所以在康熙朝產生這一轉變，原因有三：一是康熙本人「好量法、測算、天文、形性、格致諸學」，上行下效，自然成為一時風氣；二是利類思、南懷仁等傳教士入宮後傳播了歐洲的透視法；三是專業畫家意大利人格拉蒂尼的到來，他是作為透視學專家入宮的，在宮中他曾向宮內的中國學生教授油畫技法和透視法。

　　格拉蒂尼是應康熙皇帝的要求，由傳教團選派到中國的意大利畫家。1654年格拉蒂尼生於意大利波羅尼亞，曾在波羅尼亞和摩地納從事美術工作，還曾裝飾納維爾的耶穌會聖彼爾教堂，後到巴黎為當時的耶穌會總部圖書館畫壁畫，「據說這些壁畫透視感很強，但色彩表現較為薄弱。」〔註163〕康熙三十九年（1700 年）格拉蒂尼和法國傳教士白晉等人一起來到北京，在華期間承擔了耶穌會北堂的裝飾，繪製了充滿幻覺的天頂畫和壁畫，其效果讓前來參觀的

〔註163〕〔英〕蘇立文：《明清時期中國人對西方藝術的反應》，http://www.douban.com/group/topic/10253140/。

中國人十分吃驚。「切拉蒂尼（按：即格拉蒂尼）在北京的主要任務無疑是裝飾耶穌會教堂的牆壁與天花板，他用的是典型的巴洛克風格。他描繪的長方形的柱子，似乎真的從一邊的牆延續到桌幾後面東邊的牆，給人的印象是一組逐漸縮小的等距離的柱子，具有縱深感覺，他們不能相信那柱子是畫出來的。當他們抬起頭看天花板時，那些按照透視方法描繪出來的巨大空間，那些似乎在天國中漂浮的人物，令他們驚歎不已。」〔註164〕

關於格拉蒂尼的情況我們所知有限，在中國他也沒有任何作品留存下來，其繪畫手法和風格我們只能從上述記載中大致瞭解：「透視感很強，但色彩表現較為薄弱」，而使觀眾驚歎不已的充滿幻覺的天頂畫是運用了能夠產生強烈的空間感和深遠感的透視畫法。如果將這些和他的出生地波羅尼亞聯聯繫起來，可能會發現這種表現技法的由來。

意大利著名畫家安尼巴萊・卡拉齊（Annibale Carracci，1560～1609）就來自波羅尼亞。35 歲時安尼巴萊應詔赴羅馬，為羅馬法爾內塞宮創作的以愛神為主題的壁畫（圖 3-16），由下向上的透視效果使畫中的人物、雕像及建築顯得異常逼真，此畫使他一舉成名，在羅馬獲得了「繪畫復興者」的崇高聲譽。安尼巴萊創作的壁畫中具有米開朗基羅式的氣魄宏大的構圖，有拉斐爾式的嚴謹優雅的造型，他的壁畫重新恢復了歐洲紀念碑式的優秀傳統，是一種在繼承文藝復興時期大師們的經驗和技巧的基礎上發展出的全新的巴洛克藝術風格，這是一種反樣式主義的風格。16 世紀末安尼巴萊・卡拉奇和他的兄弟在波羅尼亞創立了波羅尼亞美術學院並形成了波羅尼亞畫派，提倡學習古典及文藝復興時期大師的創作，強調典雅的畫風和完美的技藝，對 17 世紀意大利美術產生了巨大的影響。格拉蒂尼出生於波羅尼亞並在此從事美術工作，繪畫技法和風格上無疑會受到稍早的卡拉齊和波羅尼亞畫派影響，他的「按照透視方法描繪出來的巨大空間」的靈感和「典型的巴洛克風格」可能就源於安尼巴萊・卡拉齊法爾內塞宮天頂畫。

繼格拉蒂尼之後來華的傳教士畫家馬國賢，於康熙五十年（1711 年）和山遙瞻、德理格一起作為「技巧三人」入宮，在京十三年，憑藉著在那不勒斯和羅馬學習的繪畫技能，馬國賢為康熙繪製肖像，創作了不少油畫作品，還在宮廷指導過繪畫學徒。

〔註164〕〔英〕蘇立文：《東西方美術的交流》，陳瑞林譯，江蘇美術出版社 1998 年版，第 57 頁。

圖 3-16　安尼巴萊・卡拉奇，《諸神之愛》，1597～1601 年，天頂濕壁畫，
　　　　意大利羅馬法爾內塞宮。

　　晚清外交家薛福成稱馬國賢「以善繪油畫馳名」〔註165〕。但似乎馬國賢
自己並不這麼認為，「我知道自己的技藝只是在設計藝術上，就從來不敢去畫
自己發明的題材，而是把我的雄心都限制在臨摹工作上。但是因為臨摹一點都
不為中國人看重，我發現自己不只是有一點點麻煩了。無論如何我必須觀察所
有別的畫家（大約七八個人）的作品，然後鼓起勇氣來僅僅畫了一些風景和中
國馬匹。」〔註166〕這裡或許有謙辭，畢竟馬國賢在廣州候旨準備進京時曾接
受過繪畫的專門測試，兩廣總督趙弘燦讓他臨摹嶺南名儒陳獻章的畫像，還讓
他畫了一幅真人的畫像，以驗證他的繪畫技能，在宮中馬國賢也曾畫過人物肖
像，這些足以證明，馬國賢還是具有一定繪畫才能的。但關於馬國賢繪畫活動
的記載確實不多，馬國賢年近三十才從歐洲來到中國，在歐期間只有在那不勒
斯作坊學習臨摹和在羅馬學習製版的一些記錄，並沒有像格拉蒂尼和後來的

〔註165〕〔清〕薛福成：《出使英法意比四國日記》，嶽麓書社 1985 年版，第 322 頁。
〔註166〕〔意〕馬國賢：《清廷十三年——馬國賢在華回憶錄》，上海古籍出版社 2004
　　　　年版，第 48 頁。

郎世寧、王致誠等人裝飾教堂一類的繪畫實踐記載，進入清宮後最為著名的創作是銅版畫《避暑山莊三十六景》，後忙於傳教，「又被玄燁所冷落」〔註167〕，綜合看來，雖馬國賢被認為「以善繪油畫馳名」，但其在油畫上的才具應該是在格拉蒂尼之下，更無法和後來的郎世寧、王致誠相比肩，他在中西美術交流上的意義更為主要的是將西方的銅版畫技術引進到中國來。

康熙時期進入宮廷的格拉蒂尼和馬國賢，可以說是清宮中最早的歐洲畫家，在以畫藝服務帝王的同時，他們還向宮中的中國畫家傳授油畫技法和西洋畫理，使他們有了直接學習西洋繪畫的機會，這已經完全不同於明末傳教士攜帶聖像入華所產生的間接影響，中西美術更深層的交流也由此拉開帷幕。

明清兩代的歐洲傳教士入華，都奉行了上層路線的政策，以首先福音化皇帝和權貴，籠絡士人階層，進而宣教於民眾為目標，進入中國的宮廷就成為傳教士的首要任務，明末以利瑪竇為先，並取得了極大的成功，後為艾儒略等仿傚，他們純以傳教為目的，向宮廷輸送了油畫聖像、有銅版插圖的各種書籍，客觀上推動了西方美術在中國的傳播，特別是在宮廷中產生了不可估量的影響，繼而形成了耶穌會士藝術家入華的『第一次浪潮』。

馬國賢在康熙朝來華，正趕上那場讓歐洲和中國不能安寧的巨大爭議——「中國禮儀之爭」，天主教會也因為這一爭論而面臨分裂。「利瑪竇規矩」不再被遵守，而中國人敬天、敬孔和祭祖等禮儀和習俗也被教會禁止，這導致了梵蒂岡教會和北京宮廷關係的持續緊張，並造成了康熙年間中歐文化交流的困難。康熙「除會技藝人留用外，其餘眾西洋人務必逐回，斷不姑留」〔註168〕的政策，以及後來一直延續到雍正乾隆朝的禁教，使耶穌會士在北京繼續生存的空間越發有限。純以傳教為目的的各種活動已不現實，留駐宮中的傳教士們轉而以其技藝服務朝廷，這樣就使得清代傳教士的宮廷繪畫逐漸褪去了宗教色彩，帶有較為鮮明的政治印痕，形成了與明末完全不同的面貌和特色。乾隆朝雖仍禁教，但傳教士在宮中受到極大禮遇，入宮的歐洲傳教士畫家人數為有清一代之最，出現了以郎世寧和王致誠為代表的耶穌會士入華「第二次浪潮」，而馬國賢正處於這兩次浪潮的轉折點上。

〔註167〕鞠德源：《清宮廷畫家郎世寧年譜》，《故宮博物院院刊（紀念郎世寧誕生三百週年特輯）》1988 年 2 月，第 40 頁。

〔註168〕〔意〕馬國賢：《清廷十三年——馬國賢在華回憶錄》，上海古籍出版社 2004 年版，第 156 頁。

2. 雍正、乾隆時期

馬國賢在雍正元年（1723年）離開北京，此時的清宮畫院，除康熙末年入宮的郎世寧外，鮮見有新的來自歐洲的傳教士畫家入宮。雍正在位時間不長，留下的比較有影響的繪畫有收藏於北京故宮博物院的《雍正行樂圖冊》《雍正洋裝像》和《十二美人屏風》等，雖都是絹本設色，而非油畫，但從中卻可以看出西洋畫法的種種影響。十四幅《雍正行樂圖》中雍正扮作僧佛儒道、獵人漁父，各種裝扮都有寓意，場景也隨之變化；《雍正洋裝像》更是洋裝打扮。這兩件作品中，均用傳統中國繪畫手法，但人物卻極為寫實，特別是十四幅《雍正行樂圖》中的人物姿態、角度各不相同，雍正的形貌特徵都把握得恰到好處，保持了高度的同一性，這顯然有西洋肖像畫的影響。《十二美人屏風》為十二幅大幅絹畫，人物幾近真人大小，畫中空間層層疊疊，很容易就讓人聯想到焦秉貞的《仕女圖》和《耕織圖》所用的西洋透視法。

乾隆時期，宮廷院畫的發展達到了高峰，這也帶動了油畫的進一步傳播和普及。進入清宮的西洋傳教士日益增多，更設立畫院處，著名的歐洲傳教士畫家如郎世寧、王致誠、艾啟蒙、安德義、潘廷章、賀清泰等人都效力於此，他們的油畫創作形成了獨具特色和影響的北方宮廷院體油畫，這其中又以意大利人郎世寧和法國人王致誠等傳教士畫家為主要代表。

（1）郎世寧

郎世寧是在清宮從事繪畫活動時間最長、影響最大的歐洲傳教士畫家。雖然關於郎世寧在清宮中繪畫活動的記載最早見於雍正元年，但郎世寧在康熙末年就已進宮，入宮時，馬國賢應該還沒有離開，他在康、雍、乾三朝畫院行走達五十一年。特別是在乾隆朝，郎世寧的才華得到乾隆的賞識並得以充分施展，創立完善了融合中西的新體畫，「由開始的傳教士油畫大師漸升至兼工油畫和新體繪畫的藝術權威，由附隸於著名畫畫人、翰林畫家之後，進而升至與他們平起平坐，最後終於躍居於首席畫家的顯赫地位，長達30年之久。」〔註169〕

郎世寧1688年生於米蘭，在當地的畫室學習繪畫技藝，受過嚴格的繪畫專業訓練，「他曾受名師嚴格培養。在法國藝術界佔有突出地位。」〔註170〕此處「名師」，可能是指意大利畫家安德烈奧·波佐（Andrea Pozzo，1642～1709），波佐

〔註169〕楊伯達：《清代院畫》，紫禁城出版社1993年版，第172～173頁。
〔註170〕〔法〕費賴之：《在華耶穌會士列傳及書目》，馮承均譯，中華書局1995年版，第647頁。

是米蘭的建築師和畫家，耶穌會士，曾作《畫家和建築師的透視學》（Perspectiva Pictorum et Architerctorum）一書，郎世寧將該書帶到了中國，年希堯所作《視學》即參照了郎世寧所提供的此書原本，波佐追求透視效果和視覺真實的畫風對郎世寧應該有很大影響。郎世寧於 19 歲加入耶穌會，後被送到熱那亞，於 1707 年和 1708 年為熱那亞見習修士教堂繪製了兩幅油畫：《聖・依納爵在曼雷薩的山洞中》和《基督顯現在聖・依納爵面前》。「它們表現了一種縮影、透視和構圖的科學。這是一種學術性的繪畫，人們可以從中發現許多不僅僅是安德拉・波茨措（按：即安德烈奧・波佐），而且還有 17 世紀初葉的意大利最大大師們的模糊影響。」〔註 171〕另有八幅油畫，「盡繪聖經事蹟，俱裝飾在郎氏所入之耶穌會新發意院內。每圖皆縱 1.5 米，橫 3 米。」〔註 172〕隨後郎世寧前往葡萄牙的科英布拉耶穌會修道院，並為科英布拉醫院的小教堂繪製關於聖・依納爵生平的壁畫。由於聲名鵲起，郎世寧還受奧地利王後之邀為她的孩子畫像。

圖 3-17　安德列・波佐，《聖聖伊格納圖斯・羅耀拉的榮耀和耶穌會的傳教》，1691～1694 年，天頂畫，羅馬聖伊格納西奧教堂。

〔註 171〕〔法〕伯德萊：《清宮洋畫家》，耿昇譯，山東畫報出版社 2002 年版，第 2 頁。
〔註 172〕鞠德源：《清宮廷畫家郎世寧年譜》，《故宮博物院院刊（紀念郎世寧誕生三百週年特輯）》1988 年 2 月，第 35 頁。

圖 3-18　安德列·波佐,《聖聖伊格納圖斯·羅耀拉的榮耀和耶穌會的傳教》
　　　　　（局部），1691～1694 年，天頂畫，羅馬聖伊格納西奧教堂。

　　由此看出，郎世寧在其繪畫職業生涯之初就已經取得了不凡的成績。他早期的繪畫直接延續了波佐的注重空間透視和強調真實再現的風格，同時承襲了意大利 17 世紀早期巴洛克藝術，特別是卡拉齊等大師的風格，將自然和古典主義相結合，造型上嚴謹細膩而不失生動，畫面處理追求變化而富於戲劇性，這足以使他躋身當時歐洲優秀畫家之列，「有一種可與波茨措的一生相媲美的生涯」〔註 173〕。但郎世寧選擇來到中國，將自己的繪畫才能用於榮耀上帝。

　　郎世寧在清宮五十一年，經歷了康雍乾三朝，創作了大量反映清帝國政治、軍事、文化、外交、帝後生活等方面作品，特別是獨創了融合中西技法於一體的新體繪畫，在畫壇獨樹一幟，繁榮豐富了清宮院畫，並影響了宮中的中國畫家和他的歐洲後繼者。

　　郎世寧的新體繪畫是在他入宮後，經多年調適和實踐逐漸形成的。通過對照早期的《八駿圖》，可以看出，無論是明暗、色調還是布局、章法，郎世寧

〔註 173〕〔法〕伯德萊:《清宮洋畫家》,耿昇譯,山東畫報出版社 2002 年版,第 3 頁。

都進行了大膽的改革，糅合中國畫處理手法和形式意趣，使新體繪畫在題材、技法、風格等方面更能為皇帝所接受，整個雍正朝，可以說是郎世寧新體繪畫的形成期，來自雍正的干預和點評，對郎世寧畫風的改變起了很大的作用。

　　雍正四年正月十五日郎中保德、員外郎海望持出西洋夾紙深遠畫片六張。奉旨：四宜堂後穿堂內安隔斷，隔斷上面著郎石寧照樣畫人物畫片，其馬匹不必畫。欽此。於六月初二日畫得人物畫片一份，海望呈覽。奉旨：此樣畫得好，但後邊幾層太高，難走，層次亦太近。再著郎郎石寧按三間屋內的遠近照小樣另畫一份，將此一份後一間收拾出來以便做玩意用。欽此。於八月十七日畫得深遠畫片六張並原樣二張，海望持進貼在四宜堂內。〔註174〕

　　雍正五年正月初六日太監王太平傳旨：西洋人郎士寧畫過的者爾得小狗雖好，但尾上毛甚短，其身亦小些，再著郎士寧照樣畫一張。欽此。於二月二十日畫得一張呈進。廿九日又畫得一張。〔註175〕

　　二月十六日將西洋人郎石寧畫得圓明園含韻齋殿內對寶座前面東西板牆上畫稿三張，郎中海望呈覽。奉旨：準山水畫稿一張，其畫著添畫日影。〔註176〕

看得出，從透視到比例再到光影效果，雍正的意見來自各個方面，而郎世寧在畫中表現的內容也涉及人物、動物和山水風景，十分廣泛，這種多樣性和全面性的創作，為郎世寧日後成為最為重要的宮廷畫師奠定了紮實的基礎。

　　從形式上看，郎世寧在清宮的油畫創作主要為獨幅油畫、大幅通景油畫和裝飾油畫。

　　郎世寧的獨幅油畫，主要是人物的肖像，這也是他的特長。郎世寧所畫帝后肖像始於乾隆時期，由於乾隆雅好文墨，對西洋油畫也有特殊的興趣，所以存留下相當數量的油畫作品，其中有一部分乾隆和后妃油畫肖像，即前文所述及的《崇慶皇太后半身像》《乾隆皇帝半身朝服像》（圖3-9）《孝賢純皇后半身朝服像》（圖3-19）《慧賢皇貴妃半身朝服像》《純惠貴妃半身像》《嘉妃半身朝

〔註174〕朱家溍：《養心殿造辦處史料輯覽第一輯雍正朝》，紫禁城出版社2003年版，第64～65頁。

〔註175〕朱家溍：《養心殿造辦處史料輯覽第一輯雍正朝》，紫禁城出版社2003年版，第91頁。

〔註176〕朱家溍：《養心殿造辦處史料輯覽第一輯雍正朝》，紫禁城出版社2003年版，第183頁。

服像》（圖3-20）《舒妃半身朝服像》和《婉嬪半身朝服像》等，原先均為掛屏
形式，都是畫在多層裱糊加厚的高麗紙上的紙本油畫。由於高麗紙只做了膠礬
的簡單處理，所以畫面上失去了油潤的光澤，從而具有一種啞光的特殊效果。

　　這幾幅帝後肖像中的人物，都是乾隆初年時的模樣，五官清晰，相貌特徵
明確，規制基本相同，應該是同一時期的作品。將畫中形象與藏於美國克里夫
蘭美術館的《心寫治平圖》、藏於北京故宮博物院的《乾隆皇帝朝服像》《崇慶
皇太后朝服像》等比對，就可發現其中的相似性，所以有專家推測，這些作品
可能是《心寫治平圖》和帝後朝服像的稿本，都帶有草圖、素材性質，是為繪
製帝後朝服像等而作的準備工作的一部分，果真如此的話，這批油畫肖像的紀
實性就值得特別關注。

　　這些帝後肖像均為正面，身著朝服，畫幅接近等人大小。造型嚴謹，人物
解剖結構準確但並未著力強調；正面布光，有意減弱了光線的強度，未施陰影，
五官刻畫清晰柔和，借鑒了中國傳統「寫真」的技法；適度強調了面部的輪廓，
將層次和體積感作有意識的控制；衣冠以刻畫紋飾為主，衣褶和體積均弱化；
色彩單純，以固有色為主，突出色調的和諧統一，減少局部色彩變化；背景部
分完全以色彩覆蓋，不留紙的底色，這和傳統中國的「寫真」畫大相徑庭；用
筆勾勒與塗繪相結合，柔和細膩，平滑不見筆觸。

圖3-19　傳，郎世寧，《孝賢純皇后半身
　　　　朝服像》，油畫屏紙本油畫，53
　　　　×40.5釐米，北京故宮博物
　　　　院。

圖3-20　傳，郎世寧，《嘉妃半身朝服
　　　　像》，紙本油畫，53×41釐米，
　　　　法國多勒市美術館。

　　現藏於故宮博物院的《太師少師圖》（圖 3-21）是郎世寧所作的獨幅油畫
貼落，縱 301 釐米、橫 492 釐米，紙本油畫，表現山石林間的大小獅子若干，
造型準確，刻畫細膩，形象頗生動，畫中山石和獅子並不用線條勾勒，而採用
歐洲畫法，明暗對比強烈，立體效果突出，畫面部分地方油彩較厚，筆觸明顯。
此畫的表現技法與帝後肖像有著顯著的區別，有兩點頗值得注意：一是在畫面
部分地方用色厚重，油畫顏料的肌理感突顯；二是筆觸也相對明顯，使得油畫
的材質感得到加強，這和以往的宮廷油畫追求平滑細膩效果的做法完全不同。

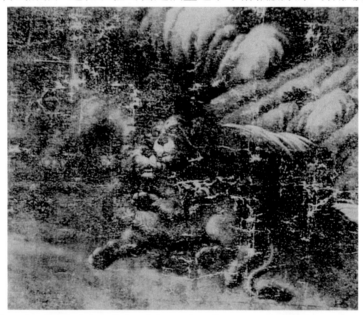

圖 3-21　郎世寧，《太師少師圖》（局部），紙本油畫，301×492 釐米，北京故宮博物院。

　　郎世寧在宮中還繪製了許多大幅通景油畫，通景畫為貼落畫的一種，主要
用於清廷的宮室裝飾，郎世寧這類繪畫的主要特點是強調透視法的運用。《清
檔》中有關於郎世寧繪製通景油畫的記載，如乾隆元年「六月二十九日，西洋
人郎世寧來說，太監毛團傳旨：重華宮著畫通景油畫三張。欽此。」〔註 177〕
乾隆二年六月二十四日為暢春園「壽萱春永」東次間仙樓、「東貼房」二處畫
的通景油畫〔註 178〕。乾隆早期的通景畫大多採用的是油畫形式，而後來通景
畫的繪畫方法逐漸與中國傳統的繪畫手法相結合，使用中國傳統的絹和毛筆，

〔註 177〕張榮：《養心殿造辦處史料輯覽第二輯乾隆朝》，紫禁城出版社 2012 年版，第
　　　　　20 頁。
〔註 178〕鞠德源：《清宮廷畫家郎世寧年譜》，《故宮博物院院刊（紀念郎世寧誕生三百
　　　　　週年特輯）》1988 年 2 月，第 48 頁。

成為中西畫法結合的繪畫形式。

　　清宮中郎世寧親筆所繪通景油畫實物現已難得一見，但可從尚存的倦勤齋通景畫大致瞭解郎世寧的繪畫技法。倦勤齋通景畫由大小不等的20餘幅畫片拼接而成，面積近200平方米，幾乎覆蓋了全部的牆壁和屋頂，通景畫內容為宮殿建築、斑竹籬笆、花卉白鶴，整個頂棚被描繪成一個藤蘿架，架上爬滿了藤蘿，垂下累累碩果，透過縫隙可看見天空。在此之前，郎世寧曾參與敬勝齋的裝飾工作，「建福宮敬勝齋西四間內，照半畝園糊絹，著郎世寧畫藤蘿。」〔註179〕而倦勤齋的建築形制完全仿照敬勝齋，從外觀到內飾幾乎完全一致，倦勤齋通景畫是由郎世寧的學生王幼學等人繪製，王幼學是郎世寧的徒弟和助手，跟隨郎世寧學習過歐洲畫法，還有可能保留有郎世寧的敬勝齋裝飾圖稿，所以倦勤齋和敬勝齋的通景畫在風格和手法上應該是相似甚至是一致的。

　　倦勤齋通景畫是在乾隆三十九年（1774年）開始交如意館的畫家繪製，此時的通景畫已使用傳統中國畫材料，絹本，石青、石綠等礦物質天然顏料，但繪畫技法採用了中西結合的寫實手法，以中國傳統的工筆重彩雙鉤添色畫法與西洋明暗畫法相結合，在藤蘿花的刻畫上極為細膩，竹杆刻畫也都畫出高光以突出立體感；設色上借鑒了西洋畫色彩關係的表現手法，對所繪的物體按結構和受光面來分染，從而較傳統的中國畫渲染又有了更強的立體感；畫中的竹籬圍廊、庭院樓閣等連接了室內和室外的景觀，具有幻真效果（圖3-22）；歐洲透視法的運用在此顯得尤為突出，尤其是歐洲巴洛克教堂天頂畫的極具縱深感的透視效果被借鑒了過來（圖3-23），「倦勤齋頂部的繪畫，應該說主要是受到歐洲天頂畫的影響，而不是繼承了中國本身的藝術傳統……倦勤齋北牆的全景畫，採用了歐洲焦點透視畫的手法……從畫面的風格來看，這組全景畫同樣也充滿了歐洲繪畫的因素，在平面上注重於體積感和深遠感的表現，即力圖在二維空間內表達出三維空間來」〔註180〕，所以「倦勤齋室內頂棚和牆面上的圖畫，是由歐洲傳教士畫家及他們的中國助手借鑒了歐洲教堂中天頂畫和全景畫的形式而移植於清代宮廷內的」〔註181〕。與倦勤齋通景畫類似，據記載郎世寧為南堂繪製的兩幅壁畫也是以透視法表現景物和建築的。

〔註179〕鞠德源：《清宮廷畫家郎世寧年譜》，《故宮博物院院刊（紀念郎世寧誕生三百週年特輯）》1988年2月，第51頁。

〔註180〕《倦勤齋研究與保護》，故宮博物院編，紫禁城出版社2010年版，第89頁。

〔註181〕《倦勤齋研究與保護》，故宮博物院編，紫禁城出版社2010年版第85頁。

圖 3-22　倦勤齋北牆通景畫（局部）。

圖 3-23　倦勤齋天頂畫（局部）。

　　郎世寧在清宮中還擔任工藝美術方面的設計和加工工作，曾涉及琺瑯、玉器、漆器、扇面、文房、玻璃畫和鏡子畫、窗簾、室內布置等，這裡包括在不同的器物上畫裝飾油畫。文獻記載乾隆元年「九月二十六日傳旨後殿明間鐘架玻璃門上著郎世寧畫油畫」〔註182〕；乾隆六年二月初五日「清暉閣玻璃集錦圍屏一架共六十八塊，著郎世寧畫油畫。」〔註183〕乾隆七年五月十六日「郎

〔註182〕楊伯達：《清代院畫》，紫禁城出版社1993年版，第142頁。
〔註183〕鞠德源：《清宮廷畫家郎世寧年譜》，《故宮博物院院刊（紀念郎世寧誕生三百週年特輯）》1988年2月，第50頁。

世寧奉命為玉蘭芬五更鐘門上畫西洋景油畫。」〔註184〕這些油畫往往是出於宮廷需要，傾向裝飾趣味，用筆纖細瑣碎，缺乏油畫表現力，繪畫性不強，不足以代表郎世寧的油畫藝術水平。「世寧從事於歷史肖像畫已久，至是遂被迫放棄其從前學業，而在玻璃上作油畫，在絹上作水彩畫，繪樹木、果實、動物之時多，畫像之時罕。其作業僅在製作窗簾、屏風、扇面，而不在真正繪畫。復次尚應嚴密表現生物或靜物之性質，獸之一毛，魚之一鱗，花葉之纖微，皆須詳細繪出。」〔註185〕

　　郎世寧的繪畫藝術經歷了早期安德烈奧‧波佐式的追求透視效果和視覺真實的畫風以及富於強烈戲劇性的巴洛克畫風，在進入清宮後又有進一步的發展，取中國繪畫之長，融合中西。郎世寧在清宮五十一年，在藝術上的重大貢獻就是創造了具有中國意韻而又符合西方畫理的新型繪畫表現形式，即郎世寧新體繪畫。這種新體繪畫是「本西法，而能以中法參之」(《國朝院畫錄》)，使用中國畫的材料工具、基本運用西洋畫法、部分參用中國畫法；採用勾勒、暈染添色的方法，暈染中以色彩輕重濃淡變化刻畫立體感；注重光影的變化，善於控制光線的強弱及畫面中陰影的深淺濃淡，「奕奕如生，設色奇麗」(《清史稿》)，是融合中西兩種畫法的特殊的藝術形式，在審美趣味上和繪畫技巧上都具有明顯的折衷主義特點。這種中西融合的畫風是郎世寧經過長期適應和探索的結果，奠定了郎世寧在清宮畫院中不可替代的地位，也影響了其後入宮的眾多歐洲傳教士畫家。

《清檔》記載郎世寧在清宮中所畫油畫、通景畫和線法畫〔註186〕

類　別	時　間	作　品
油畫	康熙六十年	東堂裝飾繪畫
	雍正七年正月二十三日	含韻齋畫西洋窗戶欄畫
	乾隆元年八月初十日	後殿明間鐘架玻璃門上畫油畫
	乾隆三年七月初九日	油畫二張
	乾隆四年四月初十日	油畫一張

〔註184〕鞠德源：《清宮廷畫家郎世寧年譜》，《故宮博物院院刊（紀念郎世寧誕生三百週年特輯）》1988 年 2 月，第 51 頁。

〔註185〕〔法〕費賴之：《在華耶穌會士列傳及書目》，馮承均譯，中華書局 1995 年版，第 647 頁。

〔註186〕圖表主要參考楊伯達《清代院畫》和鞠德源《清宮廷畫家郎世寧年譜》等。

乾隆四年五月二十七日	油畫一張
乾隆六年二月初五日	畫清輝閣玻璃集錦圍屏六十八塊油畫
乾隆六年七月二十四日	師徒五人往瀛臺、澄懷堂、長春書屋畫油畫
乾隆六年十一月十八日	往瀛臺、遐矚樓蘭、虛舟三處畫油畫
乾隆七年三月二十三日	玉蘭芬五更鐘門上畫西洋景油畫
乾隆七年五月十六日	養齋宮前殿東暖閣畫油畫書格
乾隆七年八月二十七日	為「匯芳書院」藻軒戲臺畫油畫
乾隆七年九月初四日	為建福宮小三卷房床罩內玻璃鏡畫油畫花卉起稿
乾隆七年十月十二日	為「匯芳書院」畫油畫
乾隆七年十二月初四日	為「九洲清晏」殿內畫油畫二張
乾隆八年正月二十七日	畫訖昭仁殿後殿西邊假門口油畫一張
乾隆十年三月十九日	為景陽宮後殿西間板牆畫油畫一張
乾隆十年七月十八日	重畫重華宮油畫
乾隆十一年正月十七日	為香山行宮響水房四面板牆連頂槅起西洋畫稿
乾隆十一年五月十一日	總管劉滄洲持來油畫一張，著郎世寧添補收拾
乾隆十五年二月二日	畫油畫四幅
乾隆十八年九月二十二日	為「諧奇趣」遊廊等處畫西洋畫
乾隆十九年九月二十三日	赴熱河畫阿睦爾撒納等人油畫臉像十幅
乾隆十九年十二月二十五日	畫油畫臉像二幅
乾隆二十年二月二十三日	照如今御容修改御容油畫一幅
乾隆二十年七月十二日	畫高山流水撫琴景油畫御容一幅
乾隆二十年七月二十八日	畫阿玉錫油畫臉像一幅
乾隆二十年八月十四日	和王致誠、艾啟蒙等赴熱河畫油畫，畫得臉像六份存如意館
乾隆二十一年四月初一日	畫達瓦齊油畫臉像
乾隆二十一年五月十七日	用玻璃片畫油畫
乾隆二十五年三月二十五日	為新建水法西洋門內八方亭畫西洋畫
乾隆二十六年六月初二日	和艾啟蒙一起畫油畫四幅
乾隆二十七年閏五月二十日	為「諧奇趣」東八方樓下檀木插屏畫油畫一張

通景畫及線法畫	雍正四年八月	四宜堂深遠畫片六張
	乾隆元年六月二十九日	重華宮通景油畫二張
	乾隆二年六月二十四日	暢春園「壽萱春永」東次間仙樓、「東貼房」二處各畫通景油畫一張
	乾隆六年九月二十七日	與唐岱往靜明園布一通景
	乾隆十一年八月初五日	與徒弟王幼學等為西苑涵元殿北牆畫通景大畫一張
	乾隆十一年八月二十六日	照養心殿畫為「奉三無私」畫通景大畫二張
	乾隆十二年二月初一日	畫香山「情賞為美」通景大畫一張
	乾隆十二年三月十一日	畫養心殿東暖閣仙樓通景大畫一幅
	乾隆十二年五月十三日	為「思永齋」穿堂內壁子畫通景畫二幅
	乾隆十二年五月二十一日	為清輝閣仙樓畫通景畫一幅
	乾隆十二年六月三十日	為長春園中所頭層殿西牆上畫通景畫
	乾隆十三年五月二十六日	為養心殿後殿三面牆棚頂起通景畫稿
	乾隆十三年八月初六日	為「匯芳書院」眉月軒南進間南牆畫通景畫一幅
	乾隆十三年十月初四日	為豐澤園春耦齋東仙樓畫通景畫一幅
	乾隆十四年正月初九日	為暢春園蕊竹院起通景畫稿
	乾隆十四年二月初五日	照長春園含經堂通景畫意思為暢春園集風軒起通景畫稿
	乾隆十四年四月二十八日	為盤山中所「澹懷堂」後殿起通景畫稿
	乾隆十四年七月二十三日	畫「懷清芬」山水通景畫稿
	乾隆十五年二月初十日	畫「雨香館」後抱廈通景畫一張
	乾隆十五年四月十三日	畫瀛臺純一齋通景畫
	乾隆十五年六月十八日	畫太和保合牆上通景畫
	乾隆十六年二月二十三日	為永安寺半山房蕩胎房畫通景畫，起稿呈覽
	乾隆十六年四月初七日	為靜宜園「煙霏蔚秀」仙樓上四面畫通景畫
	乾隆十六年六月初八日	畫怡性軒四面牆通景畫
	乾隆十六年六月二十九日	仿西洋銅版畫手卷二捲款式，為長春園水法房大殿三間、東西梢間四間、遊廊十八間、東西亭子二間、頂棚連牆，起通景畫稿

乾隆十六年十月十八日	為富春樓「坐擁琳琅」東牆床罩內面連頂棚畫通景畫稿
乾隆十七年七月二十日	為淑清院日知閣南牆畫通景畫
乾隆十八年五月二十五日	為昭仁殿後虎坐起通景畫稿
乾隆十八年六月二十三日	為兩間房行宮畫通景大畫
乾隆十八年七月初五日	為「慎修思永」鑒光樓上東進間南牆起稿畫通景畫
乾隆十八年七月十一日	為含經堂西進間西牆畫通景大畫一幅
乾隆十八年七月十三日	為熱河惠迪吉戲臺畫通景大畫一幅
乾隆十九年正月初四日	為昭仁殿南牆配畫通景畫
乾隆十九年三月初七日	將張為邦從熱河臨來焦秉貞稿放大，起通景畫稿
乾隆十九年十月二十八日	為永安寺看畫廊裏間連糊頂起稿畫通景畫
乾隆十九年十一月初一日	起得四面牆曲尺影壁連糊頂通景畫小稿呈覽
乾隆二十年十月二十一日	為熱河「滄浪嶼」東間北牆起通景大畫稿二張
乾隆二十一年四月十五日	為含經堂西所涵光室殿內圍屏八扇畫西洋水法人物花卉通景畫一幅
乾隆二十一年十月初二日	豐澤園春耦齋大殿內東仙樓二間畫通景畫
乾隆二十一年十一月初八日	瀛臺漱芳潤殿內北牆，照南面曲尺柱子通遠景配畫起稿
乾隆二十二年五月十八日	為新建水法西洋樓先畫三間樓棚頂及周圍牆壁上通景大畫
乾隆二十三年四月十四日	為「九洲清晏」畫通景畫四張
乾隆二十三年五月初八日	照「物外超然」後抱廈通景畫為含經堂畫通景畫
乾隆二十三年七月初五日	為思永齋東所樓下，照「匯芳書院」眉月軒西洋景樣式，畫西洋通景畫；將雙鶴齋現有通景大畫，改其樣式，另畫一幅通景大畫
乾隆二十三年十月初三日	為瀛臺寶月樓畫西洋式壁子隔斷線法畫
乾隆二十四年三月二十二日	為五福堂桃花春一溪樓下南梢間板牆起通景畫稿

乾隆二十四年七月初二日	為「多稼軒」東梢間西牆起通景畫稿
乾隆二十五年八月初八日	為新建水法十一間樓後殿西洋式棚頂三間連牆窗戶門桶畫通景畫
乾隆二十七年五月初五日	為十一間樓起稿西洋畫，棚頂、牆壁畫西洋通景畫
乾隆二十九年七月二十三日	為「玉玲瓏館」照殿西六間畫線法畫
乾隆三十年五月十三日	為「玉玲瓏館」新建五間殿畫西洋線法畫
乾隆三十年七月初七日	起鶴安齋東五間殿內線法畫稿

（2）王致誠

王致誠，畫師之子，錢德明神父稱「其出生於畫板與畫筆之間」〔註187〕，青年時代曾赴羅馬深造兩年，在歐洲時既已獲得聲名。乾隆三年（1738年），36歲的王致誠來華入宮，「致誠之來華，或云乃北堂法國耶穌會士招致，以南堂葡萄牙會士擁有郎世寧等數人，而欲競爭也。」〔註188〕，足見王致誠畫藝不下於郎世寧。王致誠精油畫，擅長肖像畫和歷史畫，他的油畫技能是被乾隆皇帝所特別看重的。

「據錢德明回憶，除了幾幅為教堂繪製的宗教畫外，他還應皇帝及各類人士之約，作過二百多幅肖像畫，其中有皇帝本人及皇親國戚的，有滿、蒙、漢文武大臣的，也有外國使臣及傳教人士的。」〔註189〕王致誠最具有代表性的油畫肖像作品是乾隆十九年（1754年）在熱河避暑山莊所繪三車凌、阿睦爾撒那少數民族首領油畫臉像。這裡所謂的「臉像」，也就是肖像畫，按中國傳統習慣，畫中的人物形象多以正面為主。乾隆十九年發生了準部杜爾伯特部三車凌和輝特部阿睦爾撒那回歸的事件，為紀錄這一重大歷史事件，王致誠、郎世寧和艾啟蒙等先後受命赴熱河行宮為回歸的少數民族首領繪製臉像。

厄魯特是蒙古族的一支，由準嘎爾、和碩特、杜爾伯特和土爾扈特四部落組成，皆以伊犁為合宗之處，因準嘎爾部在伊犁，所以厄魯特蒙古以準嘎爾為首。長期以來準嘎爾一直與清朝作對，在天山北麓伊犁地區形成割據。自順治始一直到乾隆時期，始終未能平復。乾隆十九年準嘎爾部內訌，杜爾伯特部的

〔註187〕〔法〕費賴之：《在華耶穌會士列傳及書目》，馮承均譯，中華書局1995年版，第820頁。
〔註188〕方豪：《中西交通史》，人民出版社2008年版，第642頁。
〔註189〕孟華：《來自法國的宮廷畫師——王致誠》，《中西文化交流先驅》，東方出版社1993年版，第343頁。

生存受到了嚴重的威脅。乾隆十八年（1753年）冬，厄魯特蒙古杜爾伯特部的三位首領——三車凌，即臺吉車凌、車凌烏巴什、車凌蒙克率部屬萬餘人內遷，投奔清朝政府。

為了表彰杜爾伯特三車凌「率萬餘眾，傾心來歸」的功績，乾隆十九年五月（1754年7月）乾隆皇帝在避暑山莊親自接見了三車凌等人，還分別冊封車凌為親王，車凌烏巴什為郡王，車凌蒙克為貝勒，其餘頭目也都分別封為貝子、公、臺、吉等，以表示對杜爾伯特部首領的嘉獎。接著又連續數日在避暑山莊萬樹園中舉行了盛大的宴會，慶賀三車凌的來歸。為紀錄這一重大歷史事件，乾隆皇帝命承恩公德保帶領王致誠於五月初七日赴承德避暑山莊為三車凌等畫油畫肖像十二幅。

同年，蒙古和碩特部輝特部臺吉阿睦爾撒納，在噶爾丹策零死後擁立達瓦齊為汗，旋據塔爾巴納哈臺與之對抗，失利後阿睦爾撒納取道科布多投靠清朝，乾隆皇帝按照接待三車凌的規格款待阿睦爾撒納，九月二十三日命郎世寧、王致誠和艾啟蒙前往熱河繪製油畫肖像。

王致誠是三人中最先赴熱河作畫的。乾隆十九年五月王致誠奉命赴熱河，這次他在熱河共住了50餘天，其主要任務是繪製大型紀實性繪畫《冊封三車凌盛典》，另一任務就是繪製歸附的少數民族首領油畫肖像。王致誠在此期間身染疾病，但仍每天入宮作畫，為各位少數民族首領寫生，共完成三車凌油畫肖像十二幅。這時王致誠年52歲，來華已16年，正處於繪畫創作的盛期。

三車凌油畫肖像中的一部分現藏於德國柏林國立民俗博物館，作品規制基本相同，縱70釐米，橫55釐米，紙本油畫（圖3-24，3-25）。作品均為正面胸像，每幅畫的左右上角都分別用滿、漢兩種文字縱向寫下了被畫人的部落、封號和姓名，人物均身著滿族貴族朝服，雖姿態劃一，但由於是基於寫生，形象特徵都表現得十分鮮明、充分，解剖結構準確，臉型具有十分典型的蒙古族特徵，作者還著力刻畫了人物的性格特徵，人物或威猛或憨厚，一目了然；作品一律正面布光，不施陰影；以體塊的方式刻畫面部體積和結構，較郎世寧的帝後肖像更注重立體感的塑造；在明暗布置上有意對暗部陰影加以控制，不使其色調過重、面積過大，明暗層次豐富；色彩單純但不乏微妙變化，可以看出畫家對色調的出色控制力，形色結合尤佳；以淺藍色平塗背景，表層多有橫向裂紋，似為卷折所致；在背景和朝服處色層多有剝落，露出了高麗紙底材，但面部基本完好，可見面部色層較厚，顏料固著較好；剝落處未見下面有另外

色層，可以推斷出作品應採用直接畫法完成。這些肖像作品充分體現出了王致誠高超的油畫技巧和在肖像畫領域的不凡才能。

圖 3-24　王致誠，《額爾德尼像》，1754 年，紙本油畫，70×55 釐米，德國柏林國立民俗博物館。

圖 3-25　王致誠，《布彥特古斯像》，1754 年，紙本油畫，70×55 釐米，德國柏林國立民俗博物館。

關於王致誠繪製這些肖像的方法和過程，曾有記錄：「此輩未習於此種繪畫像方法，見在布上繪其相貌服裝，不勝驚異。初描數筆，見微相類，乃相視而笑，及見全身繪成，則視之忘形，此輩不解其理，注視畫板畫筆不已。畫師之一切動作皆在其注視之中。旁觀之滿、漢大臣悉皆歡笑，所笑者非摹本，乃本人，蓋此輩面目態度皆失常度也。」〔註190〕從「微相類」到「全身繪成」，是一個從粗略到具體的描繪過程，是典型的一次性直接畫法的程序。歐洲自十七世紀以後，由於油畫技法的進一步完善，直接畫法逐漸取代了間接畫法，成為了一種使用最為普遍的油畫技法，並一直沿用至今。這種我們現在看起來再平常不過的油畫繪製方法，在清代宮廷當中卻是稀罕的，這畢竟和中國傳統的寫真方法完全不同，當時人們「不解其理」在所難免。

「王致誠的油畫臉像繪製，之所以是其油畫藝術的重要代表，是由於宮廷特殊的要求和限定，使他的油畫藝術的施展空間受到很大的限制。正如 1743 年王致誠在一封信中，曾經說自己主要是在絲綢上畫水彩，或是用油彩在玻璃上作畫，很少採用歐洲的方式作畫，除非是為『皇帝的兄弟們、他們的妻子和幾位有血緣關係的皇子和公主』畫像。」〔註191〕

乾隆曾給工部下諭旨：「水彩畫意趣深長，處處皆宜，王致誠雖工油畫，惜水彩未愜朕意；苟習其法，定能拔萃超群也。願即學之。至於寫真傳影，則可用油畫，朕備知之。」〔註192〕乾隆所諭確實加大了這種限制，使得王致誠的油畫多見於「寫真傳影」這類肖像作品，而無從在其他領域發揮他的特長。

但王致誠所作的紀實性油畫作品《乾隆射箭油畫掛屏》（圖 3-26）卻是個例外，這幅掛屏是清宮中極少的主題性油畫之一。外框縱 105.3 釐米，橫 224.1 釐米；畫心縱 95 釐米，橫 213.7 釐米，紙本油畫。描繪乾隆皇帝於避暑山莊在御前侍衛的護衛下練習射箭的場景。這幅油畫掛屏內部為木質骨架，由 11 根立骨和 5 根橫骨組成面積相等的若干方格。骨架上裱多層淺黃色高麗紙，油畫便直接畫在高麗紙上。此掛屏採用了具有中國特色的裝潢形式和裝潢材料，但技法上運用了焦點透視和明暗處理等方法，所用油色比較稀薄，筆觸也清晰可辨。

〔註190〕〔法〕費賴之：《在華耶穌會士列傳及書目》，馮承均譯，中華書局 1995 年版，第 824 頁。

〔註191〕李超：《中國早期油畫史》，上海書畫出版社 2004 年版，第 129～130 頁。

〔註192〕方豪：《中西交通史》，上海人民出版社 2008 年版，第 642 頁。

　　為表現射箭的主題，畫作採取了開闊的橫幅構圖，長寬比例為 2：1，最初是裝飾避暑山莊如意洲雙松書屋的牆壁的橫批，因為懸掛於牆壁之上，故稱為掛屏。畫面場景頗大，周圍環境為避暑山莊典型的北方風景；人物眾多，除乾隆皇帝外，畫面中共有 21 個侍衛和侍從，或站或蹲，或遞箭、或理鵠，各司其職，動態和神情各異。乾隆等主要人物均具有肖像畫特徵，人物裝束、習射裝備均合乎典制，應是畫家認真細緻觀察並做了大量素材準備的結果。乾隆的面部刻畫細膩，結構嚴謹，明暗對比雖不強烈但凹凸分明，手部的細節刻畫準確。在環境描繪上空間感和透視感把握有度，近實遠虛，近景、中景、遠景層次分明。用色清朗、明快，樹木和遠山的蔥鬱繽紛的色彩將季節的特徵充分表現出來。從作品可以看出畫家堅實的造型能力和純熟的油畫技巧。

圖 3-26　王致誠，《乾隆射箭油畫掛屏》，1755 年紙本油畫，畫心 95×213.7 釐米，外框 105.3×224.1 釐米，北京故宮博物院。

　　還有一點值得注意，乾隆對水彩畫的偏好以及王致誠本人「在絲綢上畫水彩，或是用油彩在玻璃上作畫」的個人實踐，在很大程度上也影響了王致誠的油畫表現風格。歐洲油畫在走入中國宮廷的時候，不得不做出一些犧牲自身特性的妥協，即使是在「寫真傳影」「可用油畫」這一本該發揮油畫特長的領域內，材料和技法上的變通也是難免的，「顯然，乾隆對『水畫』（按：即水彩畫）的推崇，並非完全取消了王致誠繪製油畫的空間……同時其為符合『朕意』，學習水（彩）畫，捨棄其『所長』，自然在作品中『油色較薄』，側面反映了某種『油畫水彩化』的影響。」〔註 193〕

　　就王致誠油畫的整體風格而言，「王致誠的油畫與法國 18 世紀油畫有著

〔註 193〕李超：《中國早期油畫史》，上海書畫出版社 2004 年版，第 207 頁。

血緣關係。那時，法國油畫受到前一個世紀荷蘭風景畫的影響，並吸收了古典主義傳統，形成了富有寫實主義特色、筆觸細膩、格調輕恬的風格。」〔註194〕王致誠也曾畫過玻璃油畫、通景畫和畫在綢絹上的「水畫」，但都不及他的油畫有成就，為適應宮廷趣味而另習新法，對他而言是「幾盡違個人之好尚與天才」〔註195〕，王致誠天生就是一個油畫家。

《清檔》記載王致誠在清宮中所畫油畫、玻璃油畫、通景畫和線法畫〔註196〕

類　別	時　間	作品
油畫和玻璃油畫	乾隆四年七月二十七日	為「萬方安和」掛屏畫油畫
	乾隆四年九月二十六日	在啟祥宮行走，畫油畫
	乾隆七年九月四日	為建福宮玻璃鏡畫油畫花卉
	乾隆七年十月二日	在造辦處油畫房畫建福宮小三卷房床罩玻璃油畫
	乾隆八年三月十二日	照畫稿一件畫玻璃油畫
	乾隆八年四月十四日	如意館畫玻璃油畫
	乾隆八年四月二十二日	為「方壺勝境」畫玻璃油畫
	乾隆八年五月十七日	畫油畫玻璃斗方八塊
	乾隆八年七月十日	畫玻璃油畫一塊
	乾隆九年二月十日	畫油畫
	乾隆十年四月二十七日	掛屏上玻璃畫油畫
	乾隆十年七月初五日	畫油畫
	乾隆十七年二月二十一日	為油畫菊花玻璃找補梗葉
	乾隆十九年五月初七日	赴熱河畫油畫臉像十二幅
	乾隆十九年六月初八日	畫油畫御容一幅
	乾隆十九年九月二十三日	赴熱河畫阿睦爾撒納等人油畫臉像十幅
	乾隆二十年五月十九日	完成乾隆射箭油畫掛屏

〔註194〕楊伯達：《清代院畫》，紫禁城出版社1993年版，第226頁。
〔註195〕〔法〕費賴之：《在華耶穌會士列傳及書目》，馮承均譯，中華書局1995年版，第823頁。
〔註196〕圖表主要參考湯開建《清宮畫家法國耶穌會修士王致誠在華活動考述》，載《國際漢學》，大象出版社2012年版。

	乾隆二十年八月十四日	和郎世寧、艾啟蒙一起赴熱河畫油畫，畫得臉像六份存如意館
	乾隆二十二年十一月一日	為玻璃燈畫畫
	乾隆二十三年正月二十二日	為含經堂影壁畫油畫獅子、老虎
	乾隆二十三年十月十五日	為愛山樓後澤蘭堂畫油畫美人一張
	乾隆二十四年二月十二日	畫得夜景大畫並油畫美人
	乾隆二十四年十二月十六日	畫眾大人油畫臉像
	乾隆二十五年四月十一日	為承光殿古籍堂畫油畫假門二張
	乾隆二十五年六月二十三日	為「蓬島瑤臺」畫西洋水法風景油畫，為紫檀木插屏一座另畫油畫一張
	乾隆二十六年五月十六日	為「諧奇趣」樓西洋油畫等起稿
	乾隆二十七年十月十四日	為怡性軒樓畫油畫人物
	乾隆二十八年正月二十三日	為瀛臺聽鴻樓畫西洋畫一幅
通景畫和線法畫	乾隆十四年七月十六日	畫靜宜園「雲樓松塢」雲莊殿通景畫
	乾隆十四年十一月九日	在瀛臺蘭室起通景畫畫稿
	乾隆十四年十二月二十四日	在瀛臺蘭室照樣準畫通景畫
	乾隆十五年十一月二十二日	在靜宜園棲雲樓起通景畫稿，照樣準畫
	乾隆十六年十一月	郎世寧為長春園水法房大殿三間、東西梢間四間、遊廊十八間、東西亭子二間、頂棚連牆，起通景畫稿，照郎世寧通景畫稿放大
	乾隆十八年十一月八日	照郎世寧通景畫小稿4張，放大
	乾隆十九年十一月	畫背畫通景稿
	乾隆十九年十二月十九日	起通景小稿
	乾隆二十三年十一月十日	畫線畫法一張
	乾隆二十五年十月十三日	為熱河夕佳樓畫西洋通景大畫
	乾隆二十八年三月十八日	為思永齋畫通景畫絹
	乾隆二十九年五月二十九日	為「蓬島瑤臺」兩卷房西里間南牆起畫稿為澄虛榭靜香館畫支窗線法絹畫一幅
	乾隆二十九年十月十七日	為「玉玲瓏館」後殿西牆線法畫面周圍添畫

　　從格拉蒂尼、馬國賢開始，經郎世寧、王致誠等人再到賀清泰、潘廷章，
油畫在清宮經歷了一個曲折的發展過程，是在中西繪畫碰撞和匯通的交替中
演進的。格拉蒂尼和馬國賢最先將歐洲的油畫帶入清宮，並將「泰西畫法」
傳授給宮中的中國畫師，使中國人有了直接接觸和學習油畫的機會，應該說
他們是油畫在清宮傳播的奠基者。但格拉蒂尼和馬國賢在康熙的宮廷中就像
過客一般，他們短則幾年，長則十幾年就離開清宮回到歐洲，他們可能從未
想過要去適應中國這個他們暫時的停泊地，甚至稱這裡為「危險的巴比倫
城」，利瑪竇以來傳教士們一直奉行的文化適應策略似乎也未影響到他們手
中的畫筆。

　　至乾隆朝情況發生了轉變，乾隆本人對西洋美術的愛好以及藝術趣味很
大程度上影響了歐洲油畫在清宮的傳播和發展。不同於康熙對待西學的那種
注重數理、格致，講求經世致用的實用態度，乾隆對待西洋美術則更強調文化
內涵和審美趣味，這在一定程度上也左右了清宮中西洋繪畫的走向。隨著郎世
寧地位的確立、王致誠以及隨後一批傳教士畫家進入宮廷，油畫在乾隆時期出
現了一波前所未有的興盛。中西合璧的新體畫的成熟也直接影響到這一時期
的清宮油畫，為其打上了獨特的印記。

　　「水彩畫意趣深長，處處皆宜……至於寫真傳影，則可用油畫。」在乾隆
看來，水性媒介繪畫在意蘊上的先天優勢使其具有更為廣泛的適用性，而油畫
材料的特殊性只有在肖像寫真上才可能得到展現的機會，油畫中濃重的陰影
表現更是被視為污跡，為其所詬病。「帝不喜油畫，蓋惡塗飾，陰色過重，則
視同污染，由是寧取淡描而使陰色清淡。」〔註197〕乾隆這種趣味偏好，是促
成新體畫在宮中產生的最大誘因。於是以郎世寧、王致誠為代表的宮廷傳教士
畫家在歐洲油畫原有的透視和明暗畫法基礎上，「為了適應中國的欣賞習慣和
宮廷的需要，他們在大多數時間裏放下油畫筆，開始接觸中國的紙、絹、筆、
墨和硯，學習中國畫的技巧和創作，綜合了中西不同的觀察方法和表現方法。
在作品中，他們採用了例如：人物畫用西法，背景用中法，或乾脆由中國畫家
來畫；面部塑造採用正面光源，以減輕明暗度的差別，使光線和體積原則有所
減弱等方法，以此顯現清宮油畫折衷主義色彩的畫法之變。」〔註198〕這種畫

〔註197〕〔法〕費賴之：《在華耶穌會士列傳及書目》，馮承均譯，中華書局 1995 年
　　　　　版，第 822 頁。
〔註198〕李超：《中國早期油畫史》，上海書畫出版社 2004 年版，第 131 頁。

法以西法為主，參用中法，與焦秉貞、冷枚、陳枚等中國宮廷院畫家的中法為
體、西法為用的畫法完全不同，因而在院畫之中別具特色。郎世寧是這種融合
中西的新體畫的創始人和推行者，因其在宮中的地位和影響，中西合璧的新體
畫繪畫風格在宮中廣泛傳播，大量紀實性主題創作都在此階段完成，王致誠、
艾啟蒙、安德義等傳教士畫家無不「棄其所習，別用新體」。

　　及至賀清泰、潘廷章進入清宮時，郎世寧、王致誠等都已相繼去世，賀清
泰和潘廷章沒有直接受到郎世寧的指導，但由於這時新體畫在宮中已成一時
之風，所以他們在繪畫中自然而然地延續了中西融合的手法，其作品多為郎世
寧等人作品的模仿，在繪畫技法上並沒有多少創新，藝術水準也無法達到郎世
寧、王致誠的水平。

　　由於視角不同，人們對於清宮中的新體畫評價始終褒貶不一。與中國人關
注趣味、格調不同，西方人的評價更多是著眼技巧和畫法。乾隆五十七年（1792
年），英國政府派馬嘎爾尼使團訪華，隨行的英使約翰·巴羅曾在北京圓明園
看到過郎世寧作品，作為歐洲人他認為郎世寧的新體畫雖筆觸細膩，但過於瑣
碎，「純為華風……陰陽遠近，俱不可見」〔註199〕，在約翰·巴羅眼中這種新
體畫已經完全華化，既不注意明暗表現，也不守透視法規則，在畫面中已經難
覓那些歐洲繪畫的基本特徵了。應該說巴羅所言不無道理，郎世寧新體畫雖還
是以西畫為本，但在技法上的變革，已經觸動了油畫表現的一些本質特性，其
平面性、裝飾性、清晰性的繪畫效果和繪畫材料方面的中國化嘗試已經使得油
畫的材料載體和造型載體都相應地發生了轉化——這是將一種美術樣式從一
種載體轉移到另一種載體的突破性實踐。

（二）廣州口岸外銷畫的技法及風格

　　對於在北京宮廷所見的郎世寧等人「純為華風」的作品，來自歐洲的巴羅
顯然不能接受。在他的《中國遊記》一書中，他將在廣東和北京所見的繪畫做
了一番對比，「巴羅認為廣東的畫家比北京的宮廷畫家要好一些，因為他們能
夠非常精確地為外國顧客製作寫實的花鳥畫。他們甚至要求數清魚身上鱗片
的數目，以便很好地在作品中描繪出來。他們還能夠複製舶來的歐洲彩色版
畫，連原畫的缺點也一一依樣描摹。和其他外國人的看法一樣，巴羅也認為越
是沒有中國繪畫的特色、越像西方繪畫的作品便越好，並據此對於中國南方的

〔註199〕向達：《唐代長安與西域文明》，重慶出版社2009年版，第418頁。

寫實繪畫以較高的評價。」〔註200〕

自乾隆二十二年（1757年）廣州一口通商以來，來到這裡的外國人大多數都是商人，他們對藝術並沒有多少興趣，此時此地的繪畫流通完全是一種商貿活動，所以實際上口岸繪畫就是一種特定的商品。在巴羅眼中，「精確」和「複製」可以說是口岸畫的特點，當然心思縝密、擅於模仿一直不為中國畫師所缺，但「連原畫的缺點也一一依樣描摹」顯然是缺乏辨別力和鑒賞力，而「越像西方繪畫的作品便越好」更是缺乏個性和創造力的表現。

口岸外銷畫家的創作不是為了適應中國人的欣賞趣味，而更多的是去迎合西方人口味，多臨仿之作也是出於此目的，而在油畫材料技法上則學習仿傚得更為徹底，即使是細枝末節也不輕易放過。「外銷畫廣泛採用油畫為媒介。從眾多存世例子所見，外銷畫家會以石膏為畫布打底，做法一如同期的西方畫家。他們也用進口油彩顏料，但敷彩時似乎偏好薄塗。另外一個特點是他們大多選擇將畫布釘在固定型內框上。即使西方畫家在18世紀中葉紛紛轉用新興的伸展型內框，外銷畫家仍一直沿用舊法。這種固定型內框多以四根小木栓或小竹栓來固定四支角。貼著畫布的木框內側被輕微削斜，亦是特色之一。」〔註201〕

在繪畫風格上，外銷畫也直接受到不同時期西方繪畫風格的影響，這在不同畫家、不同時期的作品中都有所體現：如以17世紀荷蘭繪畫精巧細膩的寫實風格創作的港口風光和室內家居生活類繪畫；以18世紀意大利繪畫古典主義和巴羅克風格創作的肖像和市井風俗類繪畫；而19世紀英國畫家錢納利的華麗寫實畫風更是影響了一大批肖像畫家。

外銷畫在藝術表現上的貢獻是用西方技法表現中國的世俗題材，把油畫創作的範圍擴展到廣闊的世俗社會中去；它在油畫傳播上的貢獻是使油畫從宮廷走入了民間，當北京宮廷的西方傳教士和西洋油畫逐漸失去其影響力時，口岸外銷畫使得它以另一種形式得以延續。但說到底，口岸外銷畫還是中國畫師用西方的繪畫媒材，仿傚西方的繪畫技法，為西方人繪製的作品，它沒有中西造型觀相互衝擊和碰撞時所激發的火花，也缺少中西繪畫風格和手法彼此

〔註200〕〔英〕蘇立文：《東西方美術的交流》，陳瑞林譯，江蘇美術出版社1998年版，第82頁。

〔註201〕《「東西共融——從學師到大師」香港藝術館展覽圖錄》，2011年版，第17頁。

間適應和融合時帶給人的啟發，更沒有象北京宮廷中郎世寧、焦秉貞等人所做的那些有益嘗試和創新。

「西洋畫在明清之際所產生的最煊赫的影響恐怕還是在宮廷繪畫，這是聰明的傳教士甚至欲傾畢生心血奮力衝開的一條重要文化通道。」〔註202〕無論從創造性而言，還是從影響的深度和廣度而言，南方的口岸繪畫都還遜色很多，這是宮廷繪畫和口岸繪畫兩者的不同性質所造成的。

第四節　碰撞——中西繪畫觀的交匯之二

一、國人對西洋繪畫及技法的再認識

1. 望之如塑——歎其真

清代文人曾七如遊歷廣東時曾對明代《木美人》油畫有詳盡的記錄，此外還有詩作描寫其所見流行於廣東地區的西洋玻璃畫，對其中的幻覺效果驚歎不已：

> 一幅亞洋畫得成，千盤萬曲訝深閎。定神玩去疑身入，著手摸來似掌平。幻出樓臺蜃氣結，描將人物黛眉生。壁間高掛終惶惑，錯認鄰家院落橫。〔註203〕

清初談遷的史料筆記《北遊錄》記述了他在北京的見聞，其中有關於教堂西洋畫的記述：

> 供耶蘇畫像，望之如塑，右像聖母，母冶少，手一兒，耶蘇也。
> 又所畫天主像，用粗布，遠睇之，目光如注，近之則未之奇也。〔註204〕

根據《北遊錄》成書年代分析，這裡描述的可能是湯若望時期南堂的祭壇畫。「用粗布」，明確了畫的材質，表明畫像應是布上油畫，明清時期，受條件所限，裝飾教堂的繪畫很少有當時歐洲流行的濕壁畫，而大多懸掛繪製和攜帶便捷的油畫；同時，「望之如塑」更說明油畫畫像效果的逼真，足以取代中國廟宇中常被供奉膜拜的那些木胎塑像。

乾隆時期吳長元所輯的《宸垣識略》是一部記載北京地理歷史掌故的書，

〔註202〕袁寶林：《比較美術教程》，高等教育出版社1998年版，第202頁。
〔註203〕〔清〕曾七如：《小豆棚卷十二怪異類》，盛偉校點，齊魯書社2004年版，第201頁。
〔註204〕〔清〕談遷：《北遊錄》，汪北平校點，中華書局1960年版，第45～46頁。

其中有對當時南堂中繪畫更細緻具體的描述：

> 堂制狹以深實，正面向外，而宛若側面。其頂如中國卷棚式，
> 而覆以瓦；正面止啟一門，窗則設於東西兩壁之巔。中供耶穌像，
> 繪畫而若塑者，耳鼻隆起，儼然如生人。左右兩磚樓夾堂而立。左
> 貯天琴，日向午則門樓自開，琴乃作聲，移時聲止，樓則閉矣。右
> 聖母堂，以供瑪利亞，作少女狀，抱一兒，耶穌也。衣無縫，自頂
> 被於體。〔註205〕

「繪畫而若塑」與談遷的「望之如塑」一樣，都是在強調西洋油畫所呈現
出的立體感和逼真效果，「儼然如生人」恐怕是清代人們對西洋油畫的最為普
遍的感受了。

述及南堂西洋畫的更有乾隆時張景運《秋坪新語》中的精彩記載：

> 中畫像男女不一，或介冑持兵，或嬋娟麗若天人，莫不五彩炫
> 耀，突出壁間，如塑成，蓋皆侍者也。……悉繪神鬼狀，好醜間雜，
> 僉裸其上下身，腰間蔽前蔽後，雲錦燦如，莫可方物。卻立堂前，
> 翹首向後斜視，則梁間人層層壓疊，如附窺，如笑睨，如側立，如
> 怒撲，如欲下擊，如與上騫，縱橫顛倒，隱現發虧，千態萬狀，飛
> 動駭人，幾忘其為繪素也。復由壁右穿戶出，至一堂中，懸聖祖賜
> 額。東西兩壁各繪房舍，倚西壁而東望，則重門洞闢，深杳無際，
> 洞房窈窕，復室迴環，孚思或啟或閉，珠箔半掩半垂，室有幾，幾
> 有瓶，瓶中有花，有爐有鼎有盤，盤置枸櫞木瓜之屬，新鮮如摘。
> 壁有畫，畫旁有門，門中復有室。室中洋蘭鋪地，丹錦幂案，床檀
> 凝紫，櫥紗縈煙，翠幌金屏，備極人間之富麗。凝眸片晌，竟欲走
> 而入也，及至其下捫之，則塊然堵牆而已。殆如神州瑤島可望不可
> 即，令人悵惘久之。復轉自東壁西向望，則重廊復室，歷歷如東壁
> 者然，云其畫乃勝國時利瑪竇所遺，其彩色以油合成，精於陰陽向
> 背之分，故遠視如真境也。近時不乏能手，遜其妙遠矣！壁畫雖舊，
> 卒莫得而易之。〔註206〕

南堂西洋畫所表現的不僅有狀態萬千的各色人物，還有形態各異的居家

〔註205〕〔清〕吳長元：《宸垣識略》，1983年版，第125頁。轉引自莫小也：《十七-
十八世紀傳教士與西畫東漸》，中國美術學院出版社2002年版，第81頁。
〔註206〕方豪：《中西交通史》，人民出版社2008年版，第640~641頁。

器物和迂迴曲折的宮室景物，如此精妙絕倫、生動傳神的繪畫，讓人產生「遠視如真境」的視幻效果，使人「幾忘其為繪素」、「欲走而入」，張景運認為這都源自於西洋畫法「精於陰陽向背之分」，善於運用明暗法塑造對象。其實在明末，顧起元的《客座贅語》中就有「中國畫但畫陽不畫陰」而西洋畫「兼陰與陽寫之」的論述，清張庚《國朝畫徵錄》對此作了進一步的解釋：「凡人正面則明，而側處即暗，染其暗處稍黑，斯正面明者顯而凸矣。」〔註207〕而張景運在這裡特別提到「其彩色以油合成」，將西洋畫的獨特材質——油色，與逼真的表現效果聯繫了起來。

另外，乾隆時金石學家汪啟淑的《水曹清暇錄》在描述利瑪竇舊居中的聖像時也說到：

> 堂中佛像，用油所繪，遠望如生，器皿頗光怪陸離。〔註208〕

可見當時的國人在欣賞西方寫實油畫時，不只是驚歎其逼真，已經能夠從「如明鏡涵影」的逼真效果中辨識出畫家所用的「陰陽向背」之法，並將其與油性材料的特殊表現力聯繫在一起看待，可以說這是在油畫技法和材質屬性方面，認識上向前更進了一步。

西洋畫中另一個給國人留下突出印象的是透視法的運用。《澳門記略》中的一段文字記述了西洋畫的種類及令人稱奇的透視效果：

> 其餘技則有西洋畫。三巴寺有《海洋全圖》。有紙畫，有皮畫、皮扇面畫、玻璃諸器畫。其樓臺、宮室、人物，從十步外視之，重門洞開，層級可數，潭潭如第宅，人更眉目宛然。又有法瑯人物山水畫，織成各種故事畫、繡花畫。〔註209〕

另有清代文人姚元之，嘉慶十年進士，能詩擅畫，工於書法。在其文集《竹葉亭雜記》卷三記載了北京宣武門南堂內郎世寧的線法畫：

> 南堂內有郎士寧線法畫二張，張於廳事東、西壁，高大一如其壁。立西壁下，閉一目以覷東壁，則麯房洞敞，珠簾盡捲。南窗半啟，日光在地。牙籤玉軸，森然滿架。有多寶閣焉，古玩紛陳，陸

〔註207〕〔清〕張庚、劉瑗：《國朝畫徵錄》，祁晨越點校，浙江人民美術出版社2011年版，第59頁。

〔註208〕〔清〕汪啟淑：《水曹清暇錄》，楊輝君點校，北京古籍出版社1998年版，轉引自李超：《中國早期油畫史》，上海書畫出版社2004年版，第84頁。

〔註209〕〔清〕印光任、張汝霖：《澳門記略》，趙春晨校注，廣東高等教育出版社1988年版，第81頁。

離高下。北偏設高幾，几上有瓶，插孔雀羽於中，燦然羽扇。日光
所及，扇影、瓶影、幾影不爽毫髮。壁上所張字幅篆聯，一一陳列。
穿屋而東，有大院落。北首長廊連屬，列柱如排，石砌一律光潤。
又東則隱然有屋焉，屏門猶未啟也。低首視麴房外，二犬方戲於地
矣。再立東壁下，以覷西壁，又見外堂三間。堂之南窗日掩映，三
鼎列置三幾，金色迷離，堂柱上懸大鏡三。其堂北牆樹以楅扇，東
西兩案，案鋪紅錦，一置自鳴鐘，一置儀器，案之間設兩椅。柱上
有燈盤，四銀燭矗其上。仰視承塵，雕木作花，中凸如蕊，下垂若
倒置狀。俯視其地，光明如鏡，方磚一一可數。磚之中路，白色一
條，則甃以白石者。由堂而內寢室，兩重門戶，簾櫳窅然深靜。室
內几案遙而望之飭如也，可以入矣。即之，則猶然壁也。線法古無
之，而其精乃如此，惜古人未之見也，特記之。〔註210〕

　　歐洲繪畫中的線性透視法於 15 世紀出現在意大利，至 18 世紀時已經相
當完備，但對中國而言還是新奇之法，清代以前的中國傳統繪畫中並沒有這種
線性透視畫法，「線法古無之」，其特殊的表現效果使人耳目一新自然是情理之
中的事了。

　　透視法最初是由利類思、格拉蒂尼等人引入清宮，而郎世寧是最早在清宮
中運用透視法作畫的西洋畫家；雍正年間年希堯曾出版《視學》一書，這是中
國第一部介紹西方透視學的著作，此書就是以郎世寧帶到中國的《透視畫法和
構圖》一書為藍本編寫而成。從上述文字可得知，郎世寧裝飾南堂的壁畫已經
將透視法帶到了清宮之外，這為其傳播提供了更為廣泛的空間。

　　明末清初散文家魏禧在康熙十三年作《跋伯兄泰西畫記》描述了看西洋畫
的觀感：

　　甲寅嘉平，伯兄出示泰西畫，歎其神奇，甚欲得之。既讀此記，
則如見其平墀雕牆，高堂層階，復室周軒曲巷，可出入遊而居。見
其人馬起立，人可呼而至，馬可騎也。予抄置几案，則不復欲得此
畫矣。至於牆之陰陽，除之明光，外達牆而內燭牖，尤古人所謂難
狀之景。吾意畫者私心自喜，當謂天下無復有能竭其目力以及此者。
況能以文字情狀之乎？惜乎不令泰西人見也。予性好宮室園亭之樂，

〔註210〕〔清〕趙翼、姚元之：《簷曝雜記·竹葉亭雜記》，李解民點校，中華書局 1982
　　　　年版，第 66 頁。

而貧無由得，每欲使畫工寫仿古人名第宅，或直寫吾意所欲作，故於此畫最為流連。然中國人自古無有，是此以知泰西測量之學為不可及。伯子又述客言：「泰西人作宮殿圖，千門萬戶，不可方物，觀者如身望阿房建章中。」噫，安得使予見之而記之。〔註211〕

魏禧在這裡同樣提到了透視法「中國人自古無有」，同時還提及了透視法的理論基礎——「泰西測量之學」，表明了對兩者關係的洞悉。

針對西洋畫中的明暗法、透視法以及用筆取勢，清代袁棟在《書隱叢書》中有一番頗有見地的評述：

> 畫家布置屋宇、桌椅等，例用側筆以取勢，西洋畫專用正筆。用側筆者其形平而扁，故有二面，而四面具用正筆者，其形直而興，故有一面而四面具在，陰陽向背處以細筆皴出黑影，令人閉一目觀之，層層透徹，悠然深遠，而向外楹柱宛承日光瓶盎等物又俱圓湛可喜也，其法視古為獨出心裁矣。《畫鑒》云：尉遲乙僧，外國人，作佛像，用色沉著，堆起素絹；今所傳者乃歐羅巴人利瑪竇，所遺畫像有坳突、室屋有明暗也。甚矣，西洋之巧，然豈獨一畫事哉。〔註212〕

這裡分析了西洋畫法中陰陽、坳突、投影、光線與體積、空間相互之間的關係；「閉一目觀之」既是欣賞畫中空間、立體效果的方式，也是西洋畫作畫時一種特有的觀察方式，更是西洋繪畫焦點透視的一個前提；文中還將西洋畫明暗畫法和唐代尉遲乙僧所使用的凹凸法聯繫起來，提示出兩者的關聯性。

2. 不入畫品——譏其匠

在讚賞西洋畫逼真的視覺效果和特殊的繪畫技法的同時，非議也開始出現，而這些批評多關乎西洋繪畫的審美和品位。

清末畫家松年著《頤園論畫》，認為西洋畫雖「工細酷肖」，但如拋開皴染烘托所造成的立體效果，就顯得平淡無奇，與中國畫比較缺乏靈動和神韻，實屬藝匠之作：

> 西洋畫工細酷肖，賦色真與天生無異，細細觀之，純以皴染烘托而成，所以分出陰陽，立見凹凸。不知底蘊，則喜其工妙，其實板板無奇，但能明乎陰陽起伏，則洋畫無餘蘊矣。中國作畫，專講

〔註211〕方豪：《中西交通史》，人民出版社2008年版，第637頁。
〔註212〕江瀅河：《清代洋畫與廣州口岸》，中華書局2007年版，第86～87頁。

筆墨勾勒，全體以氣運成，形態既肖，神自滿足。〔註213〕

在這一點上最具代表性的恐怕是鄒一桂《小山畫譜》中對西洋畫的評論。鄒一桂（1686～1772）是活動於清雍正、乾隆時期的花鳥畫家，字原褒，號小山，晚號二知老人，江蘇無錫人，為清初花鳥畫家惲壽平之婿。擅畫花卉，學惲壽平畫法，設色明淨，風格清秀。著有《小山畫譜》一書，闡述了其繪畫理論。鄒一桂雖不供職於清宮廷畫院，但其畫風具有典型院體特點，且曾承詔於乾隆二十一年（1756年）畫內廷洋菊三十六種，並蒙皇帝賜題，這使得他與畫院的宮廷畫家有共同之處；同時鄒一桂又是進士出身，內閣學士，算是文人畫家。以其身份和地位來看，鄒一桂對繪畫的評論特別是對西洋繪畫的評論在當時無疑具有一定的代表性。《小山畫譜》在卷下專有《西洋畫》一節：

> 西洋人擅勾股法，故其畫於陰陽、遠近不差錙黍，所畫人物、屋樹皆有日影，其所用顏色與筆與中華絕異，布景由闊而狹，以三角量之，畫宮室於牆壁，令人幾欲走進。學者能參用一一，亦具醒法，但筆法全無，雖工亦匠，故不入畫品。〔註214〕

這段文字論述了西洋繪畫的透視法和明暗法的效果、原理及依據，對繪畫材料亦有所涉及，雖只是言簡意賅的概括，但應該說還是比較全面、準確。明末清初引發國人關注的明暗法、透視法在這裡再次被提到，「令人幾欲走進」是對西洋繪畫的寫實效果的形象的概括；而產生這一神奇效果的技法和畫理也從學理上作出了解釋：「遠近不差錙黍」的精確透視來自於勾股法，也就是西洋人所擅長的幾何方法，明暗在於畫出了「陰陽」和光影，即「所畫人物、屋樹皆有日影」；至於西洋繪畫的材料工具──顏色與筆，則與中國傳統繪畫「絕異」。

在最後，鄒一桂站在自己的立場上，以自己的視角對西洋畫作出了一番品評，應該說，這一立場和視角具有著相當程度的普遍性，它代表了當時大部分文人畫家對西洋畫的看法。這一段對西洋畫著名的評價先揚後抑，在技法層面上對西洋畫作出了一定的肯定，指出其中有值得借鑒之處，「亦具醒法」，可「參用一一」。但在藝術表現方面，特別是繪畫的格調和品位上，卻持否定態度：其一，在表現手法上不講求筆法、缺乏筆墨趣味是西洋畫在藝術表現方面一大

〔註213〕周積寅：《中國畫論輯要》，江蘇美術出版社，1985年版，第288頁。
〔註214〕〔清〕鄒一桂：《小山畫譜》，王其和點校纂注，山東畫報出版社，2009年版，第144頁。

欠缺，中國傳統繪畫特別是文人畫講求書畫同源，書畫用筆同法，工畫者多善書，繪畫的用筆要借鑒書法，正所謂「骨法用筆」，注重筆墨的趣味；其二，在繪畫的格調和品位上，西洋畫與中國繪畫的審美趣味完全不同，西洋畫雖工整、細膩，但缺乏內在的神韻。顧愷之的「傳神」、謝赫的「氣韻」，兩者其實是共通的，神韻構成了中國繪畫所追求的最高境界，「謝赫論畫有六法，而首貴氣韻生動」〔註215〕，西洋畫寫實逼真，工細有加，但在中國人的觀念中，精細刻畫對繪畫本身而言卻未必有益，所謂「過於刻畫，未免傷韻」〔註216〕，而一旦繪畫失去了神韻，其價值就會受到質疑，「得其形似，則無其氣韻，……豈曰畫也！」〔註217〕，所以在鄒一桂眼中，如果以中國傳統的品第標準評判西洋畫，神、逸、妙諸品自然無從談起，即使是能品也不在其列，這些西洋畫雖精工細作，別具工夫，「畫有性周動植，學侔天動」，但「有形似而無氣韻，則華而不實」〔註218〕。一旦畫被歸為「匠」類，那就是中國文人所最為不齒的了。

西洋畫果真不講筆法嗎？恐怕未必。對鄒一桂的品評，後代文人也有不同見解，鄭午昌在《中國畫學全史》中寫到：「清代畫家，亦知西畫之陰影生動處，有足取法一二，惟嫌其無筆法，故匠視之。其實西洋畫亦自有其筆法，不過與中國畫法不相入爾。」〔註219〕這說明鄒一桂之後，人們對西洋畫有了更進一步的認識，反映出在廣開國門之後，人們能夠更加理性地看待西洋畫法與中國畫的種種不同。

但在當時鄒一桂的觀點無疑代表了文人畫家的看法，即使是中國畫家，因參用西法，往往其作品的品格也會而受到同樣的貶抑。康熙朝焦秉貞因供職于欽天監，有機會向歐洲傳教士學習西洋遠近測算之法，作《耕織圖》，成功地將西洋透視法融入中國傳統繪畫樣式中，得到康熙皇帝的褒獎，不僅為之作序，每圖還都題了詩。但在乾隆初年成書的《國朝畫徵錄》中，對焦秉貞的述

〔註215〕〔明〕汪珂玉：《跋六法英華冊》，轉自周積寅：《中國畫論輯要》，江蘇美術出版社 1985 年版，第 216 頁。

〔註216〕〔清〕惲壽平：《南田畫跋》，轉自周積寅：《中國畫論輯要》，江蘇美術出版社 1985 年版，第 233 頁。

〔註217〕葉朗：《中國美學史大綱》，上海人民出版社 1985 年版，第 17 頁。

〔註218〕〔宋〕黃休復：《益州名畫錄》，轉自周積寅：《中國畫論輯要》，江蘇美術出版社 1985 年版，第 143 頁。

〔註219〕鄭午昌：《中國畫學全史》，上海書畫出版社 1985 年版，第 438 頁。

評為：「焦氏得其意而變通之，然非雅賞也，好古者所不取。」〔註220〕

　　而對比同時期畫家查士標在《國朝畫徵錄》中的述評：「畫初學倪高士，後參以梅華道人、董文敏筆法，用筆不多，惜墨如金，風神懶散，氣韻荒寒，逸品也。」〔註221〕對唐岱的述評：「工山水，用筆沉厚，布置深穩，得力於宋人居多，能品也。」〔註222〕

　　查士標之畫為「逸品也」，唐岱的畫為「能品也」，幾相對照，可以悟出玄機所在：查士標取法倪瓚、吳鎮和董其昌，且家中多鼎彝及宋元人真蹟；而唐岱「得力於宋人居多」，兩人均得到宋元古人氣韻的真昧，自然能夠居於逸品和能品之列，而焦秉貞的繪畫技法取自泰西，雖有變通，但畢竟缺乏文人畫傳統的根基，「非雅賞也，好古者所不取」，「不入畫品」在所難免。

二、對郎世寧新體畫的看法

　　意大利人郎世寧是清代在中國最有影響的傳教士畫家，他自康熙五十四年（1715年）由馬國賢引薦給康熙皇帝並從此留在內廷作畫，歷經康、雍、乾三朝，創作了大量反映清代政治、軍事、文化、民族事物和皇室生活的繪畫作品，他將歐洲油畫技法介紹並傳授給中國畫家，使油畫成為清代宮廷中僅次於傳統中國畫的又一重要畫種，促進了油畫在中國的引進和推廣；他是清宮線法畫的創始者，對透視法的進一步傳播和普及起到了重要作用；同時他學習和借鑒傳統中國繪畫的技法，成功地創造出了符合帝王審美需求和中國傳統審美觀念、融東西於一體的新體院畫，郎世寧以其卓越的藝術成就在清代康雍乾宮廷畫院佔據了重要的地位，他所創的新體院畫寫實、清麗、富貴，風格鮮明，受到宮廷的賞識，被王致誠、艾啟蒙、潘廷章、賀清泰等清宮傳教士畫家以及郎世寧的中國弟子所繼承和發揚，成為清宮畫院中一個重要的格體。

　　乾隆二十八年（1763年）蒙古愛烏罕部進獻四駿，為此次貢馬事件，乾隆皇帝特在二十八年正月，於暢春園西廠舉行閱兵大典，後作《愛烏罕四駿馬

〔註220〕〔清〕張庚、劉瑗：《國朝畫徵錄》，祁晨越點校，浙江人民美術出版社2011年版，第58頁。

〔註221〕〔清〕張庚、劉瑗：《國朝畫徵錄》，祁晨越點校，浙江人民美術出版社2011年版，第36～37頁。

〔註222〕〔清〕張庚、劉瑗：《國朝畫徵錄》，祁晨越點校，浙江人民美術出版社2011年版，第146頁。

歌》，並命郎世寧於十月初一日畫手卷一卷。《清檔》有此記錄：「九月二十六日交郎世寧畫愛烏罕四駿手卷一卷，傳旨著交如意館配袱別樣子，發往南邊（按：指蘇州織造），依從前做法照樣做來。」〔註223〕郎世寧受命繪製完成《愛烏罕四駿圖》（圖3-27），乾隆見郎世寧畫中有馬無人，遂又命宮廷畫師金廷標模仿李公麟《五馬圖》筆法畫四駿，並在每匹馬旁補畫牽馬之人。為此乾隆還特意題詩《命金廷標模李公麟五馬圖法畫愛烏罕四駿圖因疊前韻作歌》。在乾隆的另一首題畫詩《題李公麟畫三馬蘇軾贊真蹟卷》的自注中，還對此有進一步的說明：

> 癸未歲，愛烏罕貢四駿，命郎世寧為之圖，形極相似，但世寧擅長西洋畫法，與李伯時筆意不類，且圖中有馬而無人，因更命金廷標用公麟五馬圖法，用郎之肖似李之韻，為四駿寫生，並各有執靮人，即用回部衣飾，更為萃美佳跡。〔註224〕

翰林院編修胡敬所著《國朝院畫錄》對此事也有記載，詳錄乾隆題詩於其中，並有對郎世寧及其新體畫評介：

> 郎世寧，海西人。工翎毛花卉，以海西法為之。伏讀。聖製詩二集題准嘎爾所進大宛馬名之曰如意驄，命郎世寧為圖而繫以詩，有凹凸丹青法流傳自海西句。注：唐尉遲乙僧善凹凸法，乙僧亦外國人也。龍馬歌題世寧所畫有我知其理不能寫，爰命世寧神筆傳句，三集命金廷標模李公麟五馬圖法畫愛烏罕四駿，有泰西繪具別傳法，沒骨曾命寫蝘蹄，著色精微入毫末，宛然四駿勝沙堤，似則似矣遜古格，盛事可使方前低，廷標南人善南筆，模舊令貌銳耳批，驄騧駃駿各曲肖，卓立意已超雲霓，副以於思服本色，執靮按隊牽駃騠，以郎之似合李格，爰成絕藝稱金提句，注前歌曾命郎世寧為圖，世寧所畫有馬而無人，茲各寫執靮人一，如伯時卷中法。四集題畫詩有：寫真世寧擅，續我少年時句。注：郎世寧，西洋人，寫真無過其右者。臣敬謹案，世寧之畫本西法，而能以中西參之，其繪花卉具生動之姿，非若彼中庸手之詹詹於繩尺者比，然大致不離故習，觀愛烏罕四駿，高廟仍命金廷標仿李公麟筆補圖，於世寧未許其神全而第許其形似，亦如數理之須合中西二法，義蘊方備。大聖人之

〔註223〕楊伯達：《清代院畫》，紫禁城出版社1993年版，第165頁。
〔註224〕江瀅河：《清代洋畫與廣州口岸》，中華書局2007年版，第101頁。

衡鑒，雖小道必審察而善擇兩端焉。〔註225〕

乾隆所題的詩雖是針對《愛烏罕四駿圖》一畫所作，但也可看作是對郎世寧新體畫、甚至整個西洋繪畫的評價，其中「泰西繪具別傳法」，「似則似矣遜古格」，「未許其神全而第許其形似」等評述涉及了材料技法、作品格調和形神關係等多個方面，體現出了中西繪畫觀、審美觀乃至文化觀等多方面認識上的差異。

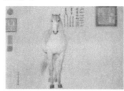

圖 3-27　郎世寧，《愛烏罕四駿圖》，1763 年，絹本設色，40.7×297.1 釐米，臺北故宮博物院。

1. 似則似矣遜古格

格，在中國傳統畫論中指藝術作品的質量、格調。唐代韓愈《畫記》就有「至河陽，與二三客論畫品格，因出而觀之。」〔註226〕「格」和「品」一樣，涉及到中國繪畫常說的品評。中國繪畫的品評風氣始於魏晉，盛於南北朝時期。東晉顧愷之的《論畫》可謂中國繪畫品評最早的文獻，南齊謝赫在《古畫品錄》中將從三國到蕭梁的二十七位重要畫家，按其藝術成就分為六品，而其品評所依據的準則就是著名的「六法」。在隨後的唐代朱景玄《唐朝名畫錄》、張彥遠《歷代名畫記》等畫論中也都沿用了謝赫的這種品評體例，直至清代也未脫出這個範圍。「以張懷瓘《畫品斷》，神、妙、能三品，定其等格，上中下又分為三；其格外有不拘常法，又有逸品，以表其優劣也。」〔註227〕北宋黃休復在《益州名畫錄》中更直接將朱景玄《唐朝名畫錄》中的「神」、「妙」、「能」、「逸」四品，重新排序，定為「逸格」、「神格」、「妙格」、「能格」四格，在這裡，格也就是品。

格高而思逸，畫家的思想和精神氣質決定了繪畫作品的藝術格調，而筆墨的精妙也與作品的格調有直接的聯繫。乾隆所言的古格，無疑就是這種傳統的

〔註225〕〔清〕胡敬：《國朝院畫錄》，清嘉慶刻本，卷上十四。
〔註226〕《唐宋八大家古文》，沈德潛選，宋晶如注釋，中華書局 1987 年版，第 101頁。
〔註227〕〔唐〕朱景玄：《唐朝名畫錄序》，轉自周積寅：《中國畫論輯要》，江蘇美術出版社 1985 年版，第 140 頁。

品評標準。乾隆漢文水平很高，能詩善畫，其藝術成就在清代帝王中是最高的；同時，在清朝帝王中乾隆對文化事業最為重視，在原如意館外，乾隆元年還設立了畫院處，乾隆朝院畫可以說是清代院畫的頂峰，這與乾隆本人雅好文墨有直接關係。乾隆經常參與、指導甚至干預繪畫創作，《清史稿》中就有乾隆幸臨畫院，親自指授的記載。乾隆的藝術品味和繪畫觀在很大程度上影響了當時的繪畫創作和繪畫評論。乾隆極其看中郎世寧的寫真技法，認為無人能出其右，其所作《愛烏罕四駿圖》也精微生動，但仍未達到乾隆心目中絕藝的標準，畢竟在三品或四格中，並沒有「似」的位置，在對待繪畫中「形似」的問題上，乾隆秉承的是中國傳統繪畫美學原則，特別是文人畫的藝術趣味和審美理想，追求形似無疑是被排除在中國傳統文人畫的美學理念之外的。

　　古格還體現一種對古意的追求。元代趙孟頫曾提出在繪畫中追求「古意」的觀點，他認為唐代繪畫高於宋代，主張作畫應取法唐代，而摒棄宋畫中刻板、枯硬的缺點。「作畫貴有古意，若無古意，雖工無益。今人但知用筆纖細，傅色濃豔，便自謂能手，殊不知古意既虧，百病橫生，豈可觀也？吾所作畫，似乎簡率，然識之者知其近古，故以為佳。」〔註228〕繪畫中工整並不可貴，而簡率卻並非不可取。這是一種文人士大夫的藝術追求，與職業畫師以工整見長的繪畫風格是完全相對的。李公麟的畫「能分別狀貌」，栩栩如生，從技法角度看，「其成染精緻，俗工或可學焉，至率略簡易處，則終不近也。」〔註229〕趙孟頫在評價他人作品時也往往以是否合古意作為尺度來衡量：「李唐山水，落筆老蒼，所恨乏古意耳。」〔註230〕這種在繪畫中對古意的追求和評判對後世影響很大，不僅乾隆將「古格」視為繪畫品位高低的主要標準，清代同期其他的一些士人畫家也大都持有與此相同的觀點。清代畫家黃鉞，乾隆時進士，曾作《二十四畫品》，其三即為高古：「即之不得，思之不至。寓目得心，旋取旋棄。緗金仙書，掲石鼓字。白雪四山，充塞無地。羲皇上人，或知其意。既無能名，誰洩其祕？」〔註231〕而清代潘曾瑩《紅雪山房畫品》的十二品中亦有「古澹」〔註232〕。

〔註228〕葛路：《中國畫論史》，北京大學出版社 2009 年版，第 134 頁。

〔註229〕《宣和畫譜卷七‧人物》，轉自張彥遠：《歷代名畫記》，京華出版社 2000 年版，第 348 頁。

〔註230〕葛路：《中國畫論史》，北京大學出版社 2009 年版，第 134 頁。

〔註231〕俞劍華：《中國古代畫論類編》，人民美術出版社 2007 年版，第 439～440 頁。

〔註232〕俞劍華：《中國古代畫論類編》，人民美術出版社 2007 年版，第 445 頁。

2. 未許其神全而第許其形似

　　形與神歷來就是中國傳統美學的一個重要範疇，中國繪畫理論的核心也是圍繞著形神問題展開的。從歷史角度來看，對形神關係的探討及形神論的發展轉變經歷了一個過程。上古畫論多是主張象形的，《爾雅》：「畫，形也。」形似是先秦繪畫創作和審美的共同要求。魏晉南北朝時期肖像畫的發展已經很完備，繪畫中對形的掌握已經具有較高的水平，人們開始不滿足於此，顧愷之「傳神寫照」的理論應運而生，「以形寫神」辯證地對待形與神兩者的關係，更進一步講，顧愷之的「以形寫神」實質上是更重神似，通過形的刻畫而達到神似，寫神是他的最終藝術追求。而謝赫是通過「形妙」和「象外」這一對概念來闡述形神關係，「若拘以體物，則未見精粹；若取之象外，方厭膏腴。」〔註233〕宋元以降，直至明清，尚意、尚氣、重神韻而輕形似則開始成為了共識，遂有歐陽修「古畫畫意不畫形」、蘇軾「論畫以形似，見與兒童鄰」、徐渭「不求形似求生韻」等論斷。由此在中國畫創作和中國繪畫鑒賞中，神似、神韻逐步確立了主導地位，中國繪畫中的肖像畫也因此被稱為傳神、寫真，而不是寫形、寫貌。

　　氣韻和神似兩者彼此是相通的，「氣韻是在重神似的審美思想基礎上發展起來的範疇，氣韻也可理解為神韻。提出氣韻生動的謝赫，在評畫中有時就以神韻代氣韻，因此重形似與重氣韻，即重形似與重神似。」〔註234〕對於這一點，唐代張彥遠也有類似的觀點：

　　　　彥遠試論之曰：古之畫，或能移其形似而尚其骨氣，以形似之外求其畫，此難與俗人道也。今之畫，縱得形似，而氣韻不生，以氣韻求其畫，則形似在其間矣。……若氣韻不周，空陳形似，筆力未遒，空善賦彩，謂非妙也。……今之畫人，粗善寫貌，得其形似，則無其氣韻；具其彩色，則失其筆法，豈曰畫也？〔註235〕

　　張彥遠於此將氣韻和形似的關係詳細地加以了闡述，同時也強調了氣韻的主導地位。

3. 須合中西二法，義蘊方備

　　如何做到「以郎之似合李格」，那就要「合中西二法」，就是在保有中國傳

〔註233〕俞劍華：《中國古代畫論類編》，人民美術出版社2007年版，第357頁。
〔註234〕葛路：《中國繪畫美學範疇體系》，北京大學出版社2009年版，第182頁。
〔註235〕〔唐〕張彥遠：《歷代名畫記》，京華出版社2000年版，第17頁。

統繪畫審美趣味和意韻的同時吸收西洋繪畫寫實技巧，這在一定程度上是一種折衷之法。康熙之後，特別是乾隆朝宮廷中出現的大量中西合璧的繪畫作品，可以說就是這種折衷主義的產物。這種清宮繪畫的折衷主義具體表現是西洋傳教士畫家放棄自己所熟悉的油畫材料，拿起筆墨紙硯，嘗試用中國的繪畫材料進行創作，郎世寧的新體畫就是這種嘗試和探索的結果；而畫院中的一部分中國畫家，或遵聖命，或是有意識地也去學習「泰西之法」，並將其運用到創作之中。

在郎世寧新體畫風格的形成上，乾隆皇帝的作用不可小覷。乾隆對西洋美術的興趣遠超過了康熙，而他的愛好和趣味使得歐洲傳教士畫家不得不「棄其所習，別為新體」。乾隆「對歐洲油畫的明暗凹凸丹青法，既喜歡又排斥，對其立體感也頗為欣賞，但對其強烈的明暗對比，尤其對面孔的陰影卻十分反感，要傳教士畫家改變畫法。還經常親臨畫室觀看郎世寧作畫，勸告他畫油畫不要西洋氣。對這樣苛刻而近似無理的要求，郎世寧為了在宮內站穩腳跟，只好惟命是從，違心地適應弘曆的要求，學習使用中國的毛筆、顏料、紙絹，將油畫酌減明暗對比，不畫陰影，創造了『中西合璧』的新畫法，得到了弘曆的讚賞，並為西方傳教士畫家樹立了標準畫法。」〔註236〕

乾隆皇帝認為西洋油畫長於寫實，所以適用於寫真傳影，繪製肖像，但也正是由於追求形似，而拘於體物，未免意韻稍欠；而中國畫的水性材料和畫法的靈動性正可彌補這一不足。「以郎之似合李格」，「合中西二法」而達到神形兼備，乾隆的出發點是好的，但未免過於理想化，這種表面上的中西融合實質上可能只是一廂情願，材料技法層面的簡單取捨，往往會造成各自畫種特性的缺失，相伴而生的中西繪畫體用之爭更會使中西融合的效果適得其反。

為了適應乾隆的趣味和欣賞習慣，郎世寧、王致誠等歐洲傳教士畫家在大部分時間裏都放下了油畫畫筆，開始嘗試使用中國畫的水性材料，學習中國畫繪畫技法，以追求類似水墨畫的韻味，而油畫則被用於寫真，即肖像畫的領域，這無疑給油畫的表現力帶來了侷限性。

三、西方人眼中的中國畫

清宮中的傳教士畫家，對被迫「棄其所習，別為新體」也時有抱怨。王致誠在1743年給達索的一封信中提到了他在中國作畫時的種種煩惱：

〔註236〕楊伯達：《清代院畫》，紫禁城出版社1993年版，第51頁。

　　　　至於繪畫，除了皇帝兄弟、其嬪妃，另外幾位宗室王公和公主、
幾位寵臣和其他王爺的畫像之外，我從未以歐洲風格為任何人畫過
像。我可以說，我必須忘記自己過去所學的技藝，我還必須學會一
種新技藝以符合該民族的情趣。這樣一來，我必須用四分之三的時
間，在玻璃上作油畫，或者是在絲綢上作水墨畫，也畫樹木、水果、
飛鳥、遊魚、各種動物，很少畫人物肖像畫……幾乎不能以自己的
風格和自己的才能作畫。〔註237〕

　　其實對清宮的這種參用中西的新體畫，歐洲人則認為是失去了油畫的特
性，實為不中不西之物。隨馬嘎爾尼訪華的英使約翰‧巴羅在其《中國遊記》
一書中對他所看到的郎世寧作品有一番評價：

　　　　余在圓明園中見風景畫兩大幅，筆觸細膩，然過於瑣屑，又於
足以增強畫幅力量影響之明暗陰陽，毫不注意；既不守透視法之規
則，於事物之遠近亦不適合；然其出於歐人之手，則猶一望可知也。
後於畫隅見郎世寧名，始審所測非誣。郎世寧為一有名之西洋教士，
供奉內廷，作畫甚夥，顧以聽從皇帝之指揮，所作畫純為華風，與
歐洲畫不復相似，陰陽遠近，俱不可見。某教士曾謂描繪自然，竟
失其真，謂為眼目不全，尚不足以釋之也。欽使東來，進獻畫像，
鼻部以廣闊之陰影為之烘染，皇帝以大臣指此而言曰：「白璧之玷，
良可惜哉！」是可見矣。〔註238〕

　　約翰‧巴羅指出郎世寧的風景畫對「明暗陰陽」「毫不注意」且「不守透
視法之規則」，以至於「陰陽遠近，俱不可見」，這被視為「與歐洲畫不復相似」
的主要原因。可見，歐洲人同樣認為明暗法和透視法是中西繪畫技法上的主要
差別所在，並一直堅持立體和空間表現是繪畫的最基本要素。文中特別提到了
中國人視畫面中陰影為「白璧之玷」，這當然不能簡單歸因於觀察力不足和繪
畫知識的欠缺，中西繪畫表現上的差異根本上是來自於各自的視覺經驗和文
化傳統。

　　耶穌會學者阿爾瓦雷斯‧德‧塞多明在 1641 年曾寫到：

　　　　就繪畫而論，中國人喜好新奇，而不去追求完美地表現對象，

〔註237〕〔法〕杜赫德：《耶穌會士中國書簡集——中國回憶錄第4卷》，鄭德弟、朱
　　　　靜等譯，大象出版社 2001 年版，第 300 頁。
〔註238〕向達：《唐代長安與西域文明》，重慶出版社 2009 年版，第 418～419 頁。

他們不知道如何掌握透視和明暗畫法。〔註239〕

1687 年來華的法國傳教士白晉神父就認為「透視法中國人最不擅長。」〔註240〕他曾奉康熙皇帝之命從中國返回歐洲，邀請各種藝術人才，特別是擅長透視學的人才效力於清宮，1699 年隨他一起來到中國的就有擅長透視的意大利畫家格拉蒂尼。格拉蒂尼在宮廷當中繪製油畫並向他的中國弟子傳授油畫技法和透視法，但顯然不能完全適應在中國的工作，四年後就返回歐洲，在其日記中，他曾寫到：「為了藝術，而祝意大利萬歲。」〔註241〕顯然意大利而非東方的藝術更令他心儀。

儘管在 18 世紀初，意大利就曾展出過中國繪畫，但「意大利的藝術家對此毫不關心，甚至顯示輕蔑的態度。對於將文藝復興美術的形式和構成當作藝術理想的畫家們來說，像東方美術那樣重視線描和空間的表現並沒有多少意義。」〔註242〕這也不足為怪，因為即使是深諳中國文化的利瑪竇，「對中國繪畫的記敘也是抱著居高臨下的態度。」〔註243〕

精於測繪、以數學家身份入華的法國傳教士蔣友仁也曾說：

中國人對建築和繪畫全然不知，就如我之對希臘文和希伯來文那樣。但他們著迷於巧妙地描繪具有自然遠近大小的風景畫之類富有魅力的圖畫，但是如何採用構成畫面的技法，他們卻一點也不去研究。〔註244〕

英國藝術評論家拉斯金對中國繪畫的武斷評論代表了那個時代歐洲人的普遍看法：

中國人處處都很幼稚，他們認為一幅好的透視畫是不真實的，就跟我們感到他們的盤子圖案不真實一樣，看見最終會聚於一點的

〔註239〕〔英〕蘇立文：《東西方美術的交流》，陳瑞林譯，江蘇美術出版社 1998 年版，第 98 頁。

〔註240〕〔英〕蘇立文：《東西方美術的交流》，陳瑞林譯，江蘇美術出版社 1998 年版，第 104 頁。

〔註241〕〔法〕伯德萊：《清宮洋畫家》，耿昇譯，山東畫報出版社 2002 年版，第 129 頁。

〔註242〕〔英〕蘇立文：《東西方美術的交流》，陳瑞林譯，江蘇美術出版社 1998 年版，第 97 頁。

〔註243〕〔英〕蘇立文：《東西方美術的交流》，陳瑞林譯，江蘇美術出版社 1998 年版，第 101。

〔註244〕〔英〕蘇立文：《東西方美術的交流》，陳瑞林譯，江蘇美術出版社 1998 年版，第 97 頁。

奇怪的建築物就感到驚異。

　　一切早期繪畫作品，無論什麼國家的還是什麼人的，由於缺少陰影，就表現出沒有知識幫助憑藉眼睛去發現真理是多麼指望不上。〔註245〕

英國的《世界》雜誌 1755 年 3 月 25 日發表一篇文章寫到：

　　中國繪畫缺乏繪畫藝術所具有的明暗、透視比例基礎，缺乏為表現對象所必要的明暗強弱，色彩雖然鮮豔但是色調層次不夠豐富。這種將自然形態拼湊在一起使人感到中國繪畫的基礎是支離破碎的。〔註246〕

　　顯然，西方人認為明暗法和透視法是西洋畫所獨有，它們並非單純來自經驗，更多的是依靠數理測算的知識體系，它們構成了繪畫的基礎，而這一基礎是中國繪畫所完全不具備的。從現象看，這一認識是符合事實的，但它忽視了中西的繪畫一個本質區別：一直以來，中國繪畫是在一個自足的體系中自尋軌跡，自我發展和自我完善的；而對西方繪畫而言，與科學的聯姻是使繪畫擺脫匠藝，成為自由藝術的根基。中國繪畫的關鍵點在於其基於身心感受而形成文脈，西方繪畫的關鍵點在於其基於視覺經驗而構建的學理。

四、從審美情趣和文化心理透視中國人的西畫觀

1. 術畫與藝畫

　　普林尼《博物志》中曾記載古希臘著名畫家宙克西斯和巴哈修斯競技畫藝的故事，對我們瞭解和認識西方繪畫是具有啟發性的。

　　比賽中宙克西斯極為成功地描繪了一幅葡萄圖，其逼真的效果引來了飛鳥來爭相啄食，而巴哈修斯卻以更為逼真的手法描繪了一塊蓋在畫板上的蓋布，使得那位由於鳥兒上當而自鳴得意的宙克西斯也信以為真，請求他移開蓋布展示作品。最後，當宙克西斯意識到自己弄錯時，謙虛地承認自己被擊敗，因為他的畫技可以欺騙了鳥兒，而巴哈修斯的畫技卻成功地欺騙了他——一位藝術家。據說後來宙克西斯還畫過一幅兒童摘葡萄的作品，同樣引來了飛鳥，但他卻對此感到沮喪，他覺得畫中葡萄畫得比兒童要好，而如果能更栩栩

〔註245〕〔英〕貢布里希：《藝術與錯覺——圖像再現的心理學研究》，林夕、李本正、范景中譯，浙江攝影出版社 1987 年版，第 323 頁。

〔註246〕〔英〕蘇立文：《東西方美術的交流》，陳瑞林譯，江蘇美術出版社 1998 年版，第 111 頁。

如生地表現兒童的話，鳥兒就會因害怕不靠近葡萄的。

這個故事可以看作西方繪畫觀最簡明的表述，它將繪畫視為自然的摹本，對自然的模仿自古以來就是西方繪畫發展的動力，即便不是唯一的，也是最主要的，在西方這種觀點的影響一直延續到十九世紀末。

類似的逸聞也出現在中國古代的畫論中，北宋郭若虛《圖畫見聞志》記載：

> 昔者孟蜀有一術士稱善畫，蜀主遂令於庭之東隅畫野鵲一隻，俄有眾禽集而噪之。蜀主次令黃筌於庭之西隅畫野鵲一隻，則無有集禽之噪，蜀主以故問筌，對曰：「臣之所畫者，藝畫也；彼所畫者，術畫也；是乃有噪禽之異。」〔註247〕

對此《圖畫見聞志》的作者郭若虛評述：「藝必以妙悟精能取重於世，然後可著於文，可寶於笥；惡夫眩惑以沽名者，則不免鑒士之棄。」〔註248〕

同樣是繪畫對眼睛的欺騙，結果卻相互牴牾。可見在中國繪畫中，像這種表現視幻效果，刺激欲望，愉悅感官的做法不能被列入藝術的範疇，只能說是沽名亂藝，是為士人所不齒的。在對待視覺感受、視覺經驗、藝術表現乃至繪畫功能的看法上，中西繪畫觀有著明顯的不同。

那麼什麼是中國傳統的繪畫觀？說到底它就是文人的繪畫觀。文人的審美標準左右著人們對藝術的品評，而「志於道，游於藝」則明確了藝的作用，也確立了藝的位置，於是畫便有士體和匠體之分，術畫和藝畫之別。

我們可以從清宮畫家的人員組成來認識「士」和「匠」的不同。雍正朝以前，清宮內中國畫家大多來自廣東、江西、蘇州等南方地區，被稱為「南匠」，雍正初年，改稱為「畫畫人」，乾隆朝沿用，畫家的待遇和地位均有提高，區別於造辦處其他匠作的畫匠和畫樣人。不同於宋代徽宗翰林圖畫院畫家服紫緋佩魚袋，也不同於明代授錦衣衛武職官銜，清代的畫畫人一般無官秩，但有某些具有較高造詣的畫畫人，皇帝有時會破例賞賜官秩，著名的如唐岱，曾做參領、內務府總管，雍正時授騎都尉（四品），陳枚任員外郎（從五品），張宗蒼授戶部主事（正六品），金廷標乾隆三十年歿賜七品，西洋畫家郎世寧曾被授三品頂戴，歿後賜侍郎銜，這在歐洲來華的傳教士畫家中是官秩最高的了。

〔註247〕〔北宋〕郭若虛：《圖畫見聞志卷六·術畫》，轉自張彥遠：《歷代名畫記》，京華出版社 2000 年版，第 148 頁。

〔註248〕〔北宋〕郭若虛：《圖畫見聞志卷六·術畫》，轉自張彥遠：《歷代名畫記》，京華出版社 2000 年版，第 148 頁。

　　在清宮中除了供職於畫院的院畫家外，還有一類翰林畫家，指那些擅長繪畫，經常向皇帝進獻書畫或受命創作的大小文臣官吏，他們身有官秩，不在畫院，各有所屬，但往往以畫名為世人所知，過去也被稱為宮廷畫家，其著名者如高其佩、蔣廷錫、鄒一桂、董邦達等。他們既是翰林文臣，又是畫家，或者說是有官秩的文人畫家。

　　在宮中翰林畫家和畫畫人的地位完全不同，翰林為尊，畫畫人為卑，這可以從合筆劃上的排序上看出。合筆劃是清宮畫中獨具特色的一種繪畫形式，中西畫家合作的合筆劃在清宮中屢見不鮮，雍正曾命高其佩、唐岱和郎世寧同時創作或合作合筆劃，從三者位置順序可以看出地位的高低及受重視的程度。高其佩在雍正時曾官至刑部右侍郎（從二品），居首位；唐岱雖以畫祇候內廷，受封為騎都尉（四品），又為內務府總管，但非翰林出身，故次之；而郎世寧縱有畫名，當時也只是畫畫人，居末位。

　　既如此，翰林畫家（他們本身即是文人）的影響便顯現出來，特別是文人畫家的繪畫觀念和審美趣味對院畫往往起著主導的作用。通觀清代的院畫，花鳥多自惲壽平而出，而惲壽平可以說走的就是南宗的路子；「山水畫則承明末之餘風，加以王煙客供奉內廷，沈、文、董、陳之勢蔓延於畫界，所謂文人畫之思想趣味，翕然投合，蓋亦運會使然也。自明之萬曆至康熙、乾隆之間，成一貫之狀態。」〔註249〕可以說清代院畫的品位取向基本上是以南宗文人畫為主導。

　　文人畫理論與董其昌的南北宗理論可視為同出一脈，董其昌在清代也影響甚大，其畫「冠絕一時，海內望之如景星慶雲」〔註250〕，「聖祖尤酷愛董華亭真蹟，因搜羅海內佳品，玉牒金題，匯登秘閣」〔註251〕，至乾隆時對董其昌的愛好不減於康熙。「康熙、乾隆又把他作為繪畫的標準來看待（這兩個皇帝之出此，恐怕也有籠絡東南世族的政治意圖在內）」〔註252〕，所以當時畫院奉文人畫為正統也就不足為怪了。可以看出，在康雍乾時期宮廷中，文人畫一直是主宰，這種被文人畫審美趣味所主宰的院畫「遠述黃筌」，自然是力圖以藝畫取重於世，而視術畫為眩惑取功了。

〔註249〕陳師曾：《中國繪畫史》，中華書局 2010 年版，第 96 頁。
〔註250〕李浴：《中國美術史綱》，遼寧美術出版社 1984 年版，第 807 頁。
〔註251〕潘天壽：《中國繪畫史》，團結出版社 2011 年版，第 208 頁。
〔註252〕李浴：《中國美術史綱》，遼寧美術出版社 1984 年版，第 807 頁。

文人畫強調「士氣」和「筆墨」承襲，其著眼點在於書畫同一、詩文一體，更多的是將繪畫創造歸結為形式創造，將繪畫的美歸結為形式美；在繪畫創作的心態上，中國的文人畫實際上更講究「文」，不刻意，不過於用心，不規繩墨，「逸筆草草」，追求心境的滿足而非視覺的滿足；繪畫的宗旨並非在畫本身，而是以畫為寄，以畫為樂。而與之相異的東西往往會被視為異端，「非吾曹當學也」〔註253〕，「匠」和「士」，「畫師」和「文人」涇渭分明，他們彼此作品的格調也須是高下立現的。立足於文藝復興傳統的西方繪畫，以忠實反映客觀現實為要務，講求科學，手法寫實，精心盡力而為，實為用心之致。但這種客觀描繪自然的用心之作，在中國文人畫家眼中往往是瑣碎而了無生機的，「至如刻畫細碎為造物役者乃能損壽，蓋無生機也。」〔註254〕不僅無益，反而有害。

「術」和「藝」，在中國代表了兩種不同審美觀和價值觀，兩者的高下評判體現出文人這一個特殊階層對話語權的操控。「使中國人在 18 世紀拒絕接受西方的藝術，這就是中國畫自身存在的固有特徵。儘管並不是所有的藝術都反映了士大夫的文化，然而卻是這個處於中國社會頂峰的小集團決定了中國藝術的主旋律。是這些學者們建立了藝術的標準，而不是朝廷。西方風格的繪畫，和摻用西方寫實主義作的畫，即使達到讓人驚歎的水平，它也不適合士大夫去實踐的。在那個社會裏，文人學士即是審美情趣的最終審判者，他們的判斷就是一切。」〔註255〕

2. 採其逼真，譏其有匠氣

清代國人對於西畫的態度，「有完全讚賞，有完全反對者（宗教畫），而大多數則採其逼真，譏其有匠氣。」〔註256〕這在很大程度上體現了中國人在文化心理層面的自足感和自負感，這種心態應該說在明末利瑪竇入華之時就已經形成了，但卻在以後一直發揮著影響。

在利瑪竇來華的 16 世紀，歐洲的主要發明和創新大多集中在諸如地球的知識、鐘錶和望遠鏡的製作等跟航海大發現相關的方面，而其世界觀、歷史觀

〔註253〕李浴：《中國美術史綱》，遼寧美術出版社 1984 年版，第 807 頁。
〔註254〕〔明〕莫是龍：《畫說》，轉自潘運告：《明代畫論》，云告譯注，湖南美術出版社 2002 年版，第 124 頁。
〔註255〕〔英〕蘇立文：《明清時期中國人對西方藝術的反應》，載黃時鑒主編：《東西交流論譚》，上海文藝出版社 1998 版，第 333～334 頁。
〔註256〕方豪：《中西交通史》，人民出版社 2008 年版，第 635 頁。

和科學基本知識的內容很多還都是中世紀的。正如李約瑟所強調的那樣，利瑪
竇在中國所傳佈的歐洲科學在許多方面尚不如其中國對話者們的科學先進，
他試圖在中國傳佈的科學實質上還是屬於古希臘至中世紀的科學體系，而「如
果我們轉向歷史觀和人文科學方面，那就不僅僅是利瑪竇本人，而且包括其耶
穌會士的繼任者們，都大大落後中國人的觀念。」〔註 257〕特別是受基督教世
界觀的影響，「對於那個時代的歐洲人來說，《聖經》中包括了對人類古代歷史
所知道的一切。」〔註 258〕這無疑具有相當大的侷限性。而真正將近代先進的
西方科學知識和觀念傳入中國的是百年之後，在康雍乾時期來華的傳教士們
（如將哥白尼的日心說、開普勒的行星橢圓軌道學說引入中國，並編纂《曆象
考成後編》的德國人戴進賢和葡萄牙人徐懋德等人）。所以明末西學東漸，利
瑪竇在中國取得了前所未有的成功，但仍有不少來自知識階層的質疑之聲。

　　與此相似，從繪畫的宏觀角度而言，當時的中西繪畫處於各自不同的發展
階段。借用羅樾（Max Loehr，1903～1988）關於中國繪畫分期的觀點，中國
繪畫藝術在明清已經完成了元代的「超再現藝術」階段，走向了「歷史性的東
方藝術」階段，傳統的風格開始作為主題起作用，而且被解釋為它們就是本來
的現實。更進一步而言，主流的明清繪畫是一種關於繪畫的繪畫，其內容就是
思想，它已成為引喻、評注和日益抽象的繪畫。應該說中國繪畫從董其昌開始
已經通過「摹古」和「仿」走向了抽象化。這一點即使明清的中國藝術家尚未
能夠完成思想上的自覺，那麼最起碼他們已經在繪畫形式和表現上形成了自
覺，這在他們的創作實踐中都已表現了出來。反觀西方繪畫發展歷程，明清之
際傳入中國的西方繪畫源自古希臘、羅馬藝術，經歷了文藝復興洗禮，建立在
科學思想和人文精神的基礎之上，明顯地帶有現實主義傾向，其出發點在於
「視覺經驗的複製」，這時的西方繪畫尚處於古典時期，真正脫離現實走向抽
象是在 20 世紀初才開始。彼時彼地中西藝術家們在繪畫領域完全關注著不同
的對象，思考著不同的問題。

　　同時不可否認的是，深受中國傳統文化薰陶的文人階層，在面對外來的西
方藝術時往往流露出一種主體文化的優越感，這種優越感植根於其長久以來

〔註 257〕〔法〕謝和耐、戴密微等：《明清間耶穌會士入華與中西匯通》，耿昇譯，東
　　　　　方出版社 2011 年版，第 115 頁。
〔註 258〕〔法〕謝和耐、戴密微等：《明清間耶穌會士入華與中西匯通》，耿昇譯，東
　　　　　方出版社 2011 年版，第 115 頁。

就已形成的夷夏觀念之中;中國傳統文化往往以其高層次的精神價值判斷,居高臨下地看待西方繪畫的技術傳入。中國的知識分子長期以來一直將西方繪畫視為一種技術,而非藝術,加之中國文人對於自己傳統文化的自信,這在一定程度上決定了中西文化交流在一開始就處於一種錯位和不對等的狀態,而這一不對等一直延續到鴉片戰爭的爆發才發生改變。

正是這種錯位,造成西畫東漸只能在材料、技術領域——「器」的領域取得進展和局部的成功,而在繪畫觀念本身,即「道」的層面卻沒有引起中國人足夠的重視。這一點在不同階層人群對西方繪畫的接受程度上體現得最為充分。

於是在這種自足的心態和文化優越感之下,中國繪畫依自己的軌道完成著自我發展。「中國藝術關鍵性技法的稔熟似乎全然存在於中國文化的延續當中,它獨立於外部影響,偶而才與外部有所接觸。」〔註259〕中國繪畫自其樣式確立以來,逐步形成了一個自足的演化體系,很少受到繪畫以外因素的影響;而文藝復興以來的西方繪畫受外在因素,尤其是自然科學影響甚大,在其發展的各個階段都莫不如是,建立在幾何學基礎上的透視學、建立在物理學基礎上的光學、建立在生理學基礎上的人體解剖學等等,它們成為西方繪畫寫實手法的必備的學理基礎,因此也成為了西方繪畫的一個有機組成部分。明清時代的中國畫家在看待當時的西方繪畫時,出於主體文化的優越感,往往會按照自己看待本民族傳統繪畫的思維定式,將這些所謂的繪畫之外的因素與繪畫本身絕然剝離開來,簡單而孤立地看待其技法,視之為「巧技」,而西方繪畫也因這種剝離淪為了「筆法全無,雖工亦匠,不入畫品」的術畫,這也就形成了在學習和借鑒西畫上僅在技法上「採其逼真」的實用主義態度。

五、明清西洋繪畫由盛而衰及原因

如果全面地審視明末至清中期這二百年期間的西畫東漸,會看到一個由興到盛再衰的過程。明末傳教士初入中土帶來了西方油畫聖像,使中國文人和上層官宦對西方美術發生了濃烈的興趣,到清代康乾時期情況更盛,雖其間有「禮儀之爭」和禁教等干擾,然而西畫東漸並未受到實質性的影響,特別是清宮中仍有為數不少的傳教士畫家效力,開一代融合中西的繪畫新風。

〔註259〕〔美〕方聞:《心印——中國書畫風格與結構分析研究》,陝西人民美術出版社 2004 年版,第 11 頁。

但隨後情勢由盛轉衰,乾隆末期在京的歐洲人已經日漸減少,畫院和欽天監中傳教士復漸絕跡;當時文人對融合中西的新畫風漸生厭棄不滿,甚至鄙斥。以至於「西方美術在中國的影響即使沒有逐漸消失,也只是像沙一樣慢慢流向社會底層的職業畫師和工匠當中,使他們的技法有所變化,並且一直延續到現代。」〔註260〕

由明至清的西畫東漸並非是線性的演進,它是一個碰撞調適與匯通交融的複雜進程,隨著這一進程,中西雙方之間原來存在的一些誤讀和隔閡似乎不但未能消弭,有些反而更加突顯了,淺表的分歧被溯源到學理的對立。在中西繪畫的碰撞中,中國傳統繪畫特別是傳統文人畫的美學追求逐漸主導了中國人的繪畫創作,伴隨著本土傳統文化的自尊和自大的心理,正統的觀念又獲得了權威性的地位,這就是中國畫自身存在的固有特徵。隨著清宮畫院和欽天監中傳教士復漸絕跡,他們所發揮的影響也日趨微弱,中西對話的大門也一點一點地被偃上。自萬曆至乾隆,油畫在中國傳播了兩個多世紀,雖材料被引進,技法被參用,樣式被模仿,但卻並未真正沉澱下來。

反思西畫東漸由盛而衰,歷史的發展性和連貫性應予以高度注意。就中國內部而言,明末是一個文化創新、觀念開放和思想自由的時代,歐洲油畫能夠在明清之際傳入中國,固然傳教士發揮了極大的作用,但中國人自己的現實需要卻是最為主要的。傳教士入華並非是為了來教授西方科技知識和文化藝術,傳佈福音和歸化中國是其根本目的,對他們而言,傳播西方科技知識和文化藝術是世俗活動,只是他們吸引中國知識階層,在中國立足的手段。1600 年左右在中國內部的思想領域形成了一種對因循守舊作風的反動,傳統文化價值受到了質疑,而對經世致用知識的興趣愈發強烈,它隨著明末的黨爭等政治危機和滿清入主中原引起的思想危機得到了空前的發展。而此時西方傳教士的入華則正與這場反傳統的思潮和運動相聯繫起來,西洋美術也因此受到廣泛的關注。

隨著清政權的鞏固和明末反對新政者逐一退出歷史舞臺,中國在 17 世紀末開始進入了長達百餘年的康乾盛世,起於康熙二十年(1681 年)平三藩之亂,止於嘉慶元年(1796 年),這是清朝統治的最高峰。而從 17 世紀中葉開始,近代科學在歐洲出現,伽利略的自由落體、牛頓的萬有引力定律、笛卡兒的方程

〔註260〕〔英〕蘇立文:《東西方美術的交流》,陳瑞林譯,江蘇美術出版社 1998 年版,第 79 頁。

式、萊布尼茨的微積分等等，在康乾盛世——中國進入輝煌和興旺發達的時代時並沒有進入到中國。康熙仍然關心數學和天文學，且具有科學方面的才智，乾隆則熱衷於西洋繪畫、音樂和建築，但西方的影響卻在逐漸消退。法國著名漢學家謝和耐認為「這不僅僅是由於他們個人的氣質的不同，而是由於當時的基本思想狀態發生了深刻的變化。這並不是由於傳教士們比他們在乾隆時代與諸如徐光啟那樣的人物交往更少了，而是因為時代發生了劇變。」〔註261〕由於繁榮和強盛，反對和敵視正統的勢力理所當然地受到排斥和打擊，所以對歐洲新鮮事物的興趣也開始逐漸削弱了。可以說清朝政權的鞏固反而窒息了明末開始興起的革新的傾向，學術思想也被引向了國學方向；而恰恰是在利瑪竇之後，西方科技和文化取得決定性發展的時候，中國對西方的興趣卻減弱了。

〔註261〕〔法〕謝和耐、戴密微等：《明清間耶穌會士入華與中西匯通》，耿昇譯，東方出版社 2011 年版，第 117 頁。

第四章　泰西之法——明清時期的西洋畫法和畫理畫論

　　一般意義上講，繪畫技法是指在材料的具體應用中所使用的技巧和手法，畫法是指繪畫中觀察事物和表現事物的方法，技法是畫法和材料之間的紐帶和橋樑，而畫理則是畫法系統化、理論化的概括。技法、畫法和畫理屬於不同層次、不同範疇，但又彼此相互聯繫，是一個系統化的整體。

　　明清之際，油畫由歐洲傳教士傳入中國，但由於條件所限，大多數中國人是無緣得見這些油畫作品的，因而對其材料和技法無法獲得直觀的瞭解，在當時真正使西畫得以廣泛傳播的媒介並不是油畫這種純粹的視覺藝術形式，而是諸如《福音故事》《萬國圖志》和《奇器圖說》等西洋圖書，這些圖書很多都「間有圖畫」，用明暗法、透視法等西洋畫法繪製，使人「猶可覽而想像之」。由於圖書能夠在更廣的範圍內傳播，也便於大量複製或被中國本土的木刻雕版改作，視覺樣式一目了然，西洋畫法和畫理也就開始通過這一途徑被國人所關注。正如蘇立文所說：「耶穌會傳教士帶來的歐洲油畫雖然令人讚歎，但從長遠看還是帶插圖的書籍和刻印版畫的影響更大一些。」〔註1〕

第一節　西洋畫法

　　明顧起元《客座贅語》中有利瑪竇關於中西繪畫差異的論述，涉及到明暗

〔註1〕〔英〕蘇立文：《東西方美術的交流》，陳瑞林譯，江蘇美術出版社1998年版，第51頁。

畫法中的陰陽和凹凸等方面內容。至清代,隨著西洋畫在中國傳播和影響的擴大,國人對西洋畫法也逐漸有了更全面和深入的認識。

那麼什麼是明清時期中國人眼中的西洋畫法?回答這一問題恐怕不能僅停留在視覺觀感上,而以一個畫家的視角來審視往往會更具專業性,因而也更深刻、更有說服力。清代畫家鄒一桂工花鳥,對繪畫技法也有獨到見解,他對西洋畫法的特點有較為深入的分析,指出:「西洋人擅勾股法,故其畫於陰陽、遠近不差錙黍。」〔註2〕「陰陽」、「遠近」即明暗、空間,可見國人眼中的西洋畫法即表現「陰陽」和「遠近」的明暗法和透視法,西洋畫法能夠通過「陰陽」表現凹凸立體,通過「遠近」而窮深極遠,而所謂「勾股法」是指西洋畫法是建立在數理測算的科學基礎之上,這種對西洋畫法的認識在當時應該說是相當全面的了。對此歐洲畫家也有相近的觀點,列奧納多・達・芬奇在其畫論中提出:「論明與暗——光和影,再加上透視縮形的表現構成繪畫藝術的主要長處。」〔註3〕可見在文藝復興時期,明暗法和透視法已經成為了西方繪畫中兩種最為重要的表現手法,其在繪畫表現中所具有的鮮明而且突出的特點在一定程度上構成了西方繪畫的畫種特性。

表現「陰陽」、「遠近」的技法在中國傳統繪畫中並非沒有,南朝梁張僧繇在建康一乘寺所作壁畫即用了表現立體感的「凹凸法」,北宋郭熙的山水畫論著《林泉高致》中也早就提出了表現空間、遠近的「三遠法」,「凹凸法」和「三遠法」可以說就是中國傳統繪畫中的明暗法和透視法。但這些應用在中國畫中的「凹凸法」、「三遠法」和西洋繪畫中的明暗法、透視法相比較還是存在著很大的差異,極為重要的一點是西洋畫法是建立在數理測算的科學基礎之上的,來自於「剖析分剖」、「以三角量之」,因此能達到「與生人亡異」、「窮深極遠」而「不差錙黍」的效果,這種科學理性的基礎確實是強調感性經驗的中國繪畫所不具備的。

一、明暗法

> 使物體有立體感的是光和影,而給所畫的事物以體積感的則是
> 黑和白。——阿爾貝蒂

在畫面中以明暗來表現形體的體積可謂西方繪畫的一個傳統,這在龐貝

〔註2〕〔清〕鄒一桂:《小山畫譜》,王其和點校纂注,山東畫報出版社2009年版,第144頁。
〔註3〕楊身源、張弘昕:《西方畫論輯要》,江蘇美術出版社1990年版,第126頁。

壁畫和法尤姆的蠟畫肖像中都能看到。公元 1 世紀的龐貝壁畫《麵包師夫婦》中已經可以清楚地看出畫家運用明暗法塑造人物形象的努力，而法尤姆肖像對明暗法的運用更加純熟，將人物的性格特徵都展現無遺，生動逼真，這些技巧都是源於古希臘，經由羅馬流傳下來的。而實際上明清時期由歐洲傳教士帶入中國的大多數油畫聖像中所使用的明暗法，稱其為「明暗對照法」應該更加合適。所謂明暗對照法（chiaroscuro），是指「在素描、繪畫和版畫藝術中，通過明顯的明暗區之間的平衡對比來表現形體的手法。這種手法始於文藝復興時期，它使構圖中主要人物周圍形成一種深度與空間的錯覺。列奧納多（Leonardo）和倫勃朗（Rembrandt）在使用這種手法中堪稱高手。」〔註4〕

　　文藝復興初期，歐洲畫家也用明暗和光線來營造立體感，在這個時期的人看來，世界是光明的，每一物體自身都發出光亮，陰影是用來暗示物體的體積和三維空間的。而直到達‧芬奇創作《最後的晚餐》，「明暗對照法」才問世，這是一種全新的概念，在達‧芬奇的畫中，光是一種主動的力量，從外部進入畫面，同時「明暗也變成了獨立的成分，它們在不同的高度和不同的深度上相映成趣」〔註5〕。隨後這一畫法被系統化、理論化，所以藝術史學家沃爾夫林稱：「達‧芬奇被認為是明暗對比法之父，此說很正確，尤其是他的《最後的晚餐》，在較後的藝術中第一次大規模地把明暗用做構圖因素。」〔註6〕達‧芬奇極為重視繪畫中的明暗，他把「光亮」和「暗影」列為畫家經營作品必須考慮的十個項目中的頭兩項〔註7〕。

　　文藝復興之後，十七世紀歐洲畫家如卡拉瓦喬（Michelangelo Merisi da Caravaggio，1571～1610）和倫勃朗（Rembrandt Harmenszoon van Rijn，1606～1669）等將「明暗對照法」向前推進並做了進一步的完善。意大利畫家卡拉瓦喬把濃重的陰影帶進了繪畫當中，從而使明暗對照法具有更加強烈的明暗對比效果，而卡拉瓦喬作品中的自然主義手法又增添了這種強烈效果的可信度和真實性。荷蘭畫家倫勃朗更是自由而純熟地運用明暗和光線，魔術般地將

〔註4〕〔美〕拉爾夫‧邁耶：《美術術語與技法詞典》，邵宏、羅永進、樊林等譯，江蘇教育出版社 2005 年版，第 75 頁。

〔註5〕〔瑞士〕海因里希‧沃爾夫林：《藝術風格學──美術史的基本概念》，潘耀昌譯，中國人民大學出版社 2004 年版，第 27 頁。

〔註6〕〔瑞士〕海因里希‧沃爾夫林：《藝術風格學──美術史的基本概念》，潘耀昌譯，中國人民大學出版社 2004 年版，第 26 頁。

〔註7〕楊身源、張弘昕：《西方畫論輯要》，江蘇美術出版社 1990 年版，第 118 頁。

畫面中的形象深深地藏匿於陰影當中，甚至有的形象消弭於其中，他是用陰影來弱化繪畫中的次要因素，用黑暗來繪製光明。在他們兩人的作品中明暗對照法營造出了強烈的氛圍感和戲劇性，而這種氛圍感和戲劇性也是十七世紀整個巴洛克藝術的一個主要特徵。

實際上，就表現立體感視幻效果而言，繪畫中明暗畫法並不是能夠達到此目的的唯一手段，但對油畫而言卻是一個極佳手段，這是由油性材料的乾燥速度和便於銜接的技法特點決定的，油色暈接產生的微妙漸變和層次能夠表現出豐滿、立體的形狀和具有空間感的氛圍，也就是說油畫的畫種屬性和以明暗法表現立體視幻效果有一種天然的契合性。

明清時期西洋油畫傳入中國，其畫面形象「如明鏡涵影」、「與生人不殊」的寫實視幻效果與這種明暗畫法有直接的關聯，這不僅令人驚歎，也引發國人的好奇，「中土之士，亦因西洋教士攜來之繪畫，應用陰陽明暗之法，儼然若生，為中土所未見，而生愛好。並因喜新之心，中土畫家，亦漸漸受其影響。」〔註8〕這種來自異域的海西畫法在當時也因新奇而受到國人關注，進而影響到了中國的本土畫家。

「中國畫但畫陽不畫陰，故看之人面軀正平，無凹凸相。吾國畫兼陰與陽寫之，故面有高下，而手臂皆輪圓耳。」〔註9〕顧起元記述的利瑪竇的這段話可能是中國最早闡釋西洋明暗畫法，並將起伏（凹凸）、立體（輪圓）與陰陽聯繫起來的文字。陰陽本是古人對宇宙萬物兩種對立事物相反相成的性質的一種抽象性概括，《說文解字》中對陰陽的解釋為：「陰，暗也，水之南、山之北也」；又「陽，高明也。」陰陽在此處即指明暗，是國人引用本土概念對外來之物的比附性解釋。繪畫中陰陽（即明暗）的作用是表現凹凸和輪圓，這裡我們同樣可以用兩組概念加以對應，即以起伏對應凹凸，以立體對應輪圓，和明暗與陰陽的對應關係一樣，三組對應的概念體現了中西繪畫在塑造立體效果上的不同認識。三組概念對應關係如下：

凹凸——起伏
輪圓——立體
陰陽——明暗

〔註8〕潘天壽：《中國繪畫史》，團結出版社2011年版，第264頁。
〔註9〕〔明〕顧起元：《庚巳編·客座贅語》，譚棣華、陳稼禾點校，中華書局1987年版，第193～194頁。

值得注意的是凹凸所對應的是起伏，這是一種在平面上的高低變化；而輪圓對應的是立體，立體是指具有長、寬、厚的三維體量。立體的概念是從物體所佔有的空間的角度出發，這和從平面角度看問題的凹凸——起伏的出發點是有根本區別的。中國畫家和文人在描述繪畫的著述中多用「凹凸」而非「輪圓」或「立體」來表述，從一個側面也反映出了他們在對待立體塑造和立體感表現上所持有的一貫態度，從根本上講也是造型觀不同使然。

明清時期，當中國人剛開始接觸到繪畫中立體塑造這一問題時，更多的是從畫面和形體本身出發，依形體的起伏變化來理解立體塑造，所以稱之為凹凸；而不像西洋繪畫那樣，著眼於光線在形體上的明暗變化而產生的立體感和空間感。中國畫家雖也在畫面中用明暗來表現體積和空間，但很少將光線的因素囊括到畫中，對中國畫家而言，光是外在於畫面的不確定因素，即使一定要通過光線來表現體積，那也往往將其固定不變地布置在正面，以減少陰影的出現，這實際上是將光的作用和影響降到最低。

與明暗、陰陽相類似的還有黑白，但黑白和明暗是不同的概念，彼此具有不同的意義。首先黑白和青、黃、赤同屬於中國古代的五色體系，在中國繪畫中是作為色彩被運用的，唐末至五代隨著水墨山水畫的出現，黑白的作用日益突顯，「以墨取色」成為了主導；其次，明暗可以顯現為黑白，但在繪畫中明暗是受畫面外部光線和畫面內形體制約的有規律性變化的一個體系，而黑白並不一定受上述因素的制約，因而也不具備像明暗那樣的規律性。

萬曆二十六年（1598 年）意大利傳教士龍華民曾寫信給羅馬教廷索求帶有插圖畫像的圖書，「以為西洋畫有陰陽明暗，儼然若生，為中國畫所未有，故中國人士頗為愛好云云。」〔註10〕陰陽明暗為當時中國人所好奇不假，但言「為中國畫所未有」則未必恰當，前文所說的凹凸法即為運用明暗來表現立體的實例。

有相關記載表明凹凸法早在南北朝時期就已見諸中土。兩漢之際，佛教東傳，隨之佛教美術也開始傳入中國，南朝梁張僧繇受此影響，「更直接得其手法，略加以變化，成中土之新佛畫。曾在建康一乘寺，作門畫，近望人物宛然，遠望眼暈如有凹凸，故人稱一乘寺為凹凸寺。所謂遠望眼暈如有凹凸，大概為中土所不常用之陰影法，略與日本奈良法隆寺金堂之壁畫，出於同一

〔註10〕向達：《唐代長安與西域文明》，重慶出版社 2009 年版，第 400 頁。

手法者。」〔註11〕唐代又有來自西域的尉遲乙僧，「曾在慈恩寺塔前，作《觀音像》，於凹凸之花面中，現有千手千眼之大慈悲菩薩，為能陰影法而技術精妙。」〔註12〕

可見表現明暗凹凸的手法，早在南北朝時就已出現在當時的繪畫中。凹凸法來自天竺，這種用明暗來表現立體的方法和中國傳統的平面裝飾性風格相比具有顯著的不同，可謂「華夷殊體」，由於偏離了中國繪畫講求「氣韻生動」的審美追求和「骨法用筆」的表現方式，難為中國繪畫藝術所包容，隨後逐漸淡出了人們視線。但有一些細節還是值得我們關注：一是傚果上，段成式《酉陽雜俎·寺塔記下》描述了光宅坊光宅寺尉遲乙僧所作的壁畫：

> 今堂中尉遲畫頗有奇處，四壁畫像及脫皮白骨，匠意極險。又
> 變形三魔女，身若出壁。又佛圓光，均彩相錯亂目成。講東壁佛前
> 錦如斷古標。又左右梵僧及諸番往奇，然不及西壁。西壁逼之摽摽
> 然。〔註13〕

這裡的「身若出壁」和「逼之摽摽然」說明了這些受西域影響的繪畫所具有的逼真的立體感，這在當時的國人看來是「頗有奇處」的；二是技法運用上，張僧繇在畫一乘寺門畫時「用朱、青、綠三色仿傚天竺法畫成了有立體感的花紋」〔註14〕，「其法不用筆墨勾勒，以重色青綠朱粉適宜染暈，開一新生面，所謂沒骨法也。」〔註15〕

這種仿傚天竺的畫法「是以能於平面之中呈立體之勢。其畫人物，如手臂之屬，輪廓線條乾淨明快，沿線施以深厚色彩，向內側逐漸柔和輕淡，遂呈圓形。是即所謂凹凸法也。」〔註16〕應該說這裡的凹凸法是一種用明暗表現起伏的畫法，其效果為形體四周輪廓處暗而中心逐漸明亮，類似於施加了固定正面光源的效果，具有一定的程式性。與西洋畫的明暗對照法比較可以發現，西洋畫中的明暗畫法以光線為主導，依光影變化而用明暗刻畫體積，光線與物體的距離和角度也不是固定不變的，因而畫面中的明暗位置和強弱都是依規律而

〔註11〕潘天壽：《中國繪畫史》，團結出版社 2011 年版，第 262 頁。
〔註12〕潘天壽：《中國繪畫史》，團結出版社 2011 年版，第 262 頁。
〔註13〕〔唐〕段成式：《酉陽雜俎·續集卷六·寺塔記下》，曹中孚校點，上海古籍出版社 2012 年版，第 160 頁。
〔註14〕李浴：《中國美術史綱》，遼寧美術出版社 1984 年版，第 410 頁。
〔註15〕陳師曾：《中國繪畫史》，中華書局 2010 年版，第 25 頁。
〔註16〕向達：《唐代長安與西域文明》，重慶出版社 2009 年版，第 324 頁。

變化的，其效果是立體的；凹凸法則對畫面外在光線的變化不予考慮，它所呈現的是起伏效果。

其實立體也並未被排除在中國畫表現之外，古人論畫十分注重「下筆便有凹凸之形」〔註17〕，在歷代畫論中可以看到不少相關的論述。宋代郭若虛《圖畫見聞志》卷一「敘製作楷模」中就曾說：

> 畫山石者，多作礬頭，亦作凌面，落筆便見堅重之性，皴淡即生窳凸之形。〔註18〕

山水畫的山石表現完全在於筆墨，而於皴染之中便營造出窳凸之形。明末清初畫家龔賢在《龔安節先生畫訣》中的表述則更進一步，並對黑白的規律作了概括性的總結：

> 畫石塊上白下黑。白者陽也，黑者陰也。石面多平故白。上承日月照臨故白。石旁多紋，或草苔所積，或不見日月為伏陰，故黑。〔註19〕

上述「凹凸之形」和「窳凸之形」，就是要在畫中呈現的立體效果，而黑白、陰陽則是達到此效果所使用繪畫手段，這種手段和西洋畫的明暗畫法是類似的，而「上承日月照臨故白」已經直接揭示了光線與明暗的關係，這在中國畫中是具有突破性的見解。

實際上明清畫家在接觸了西洋畫後，也在嘗試借鑒和學習包括明暗法在內的西洋畫法。為塑造「凹凸之形」，中國畫家使用了渲染的方法，這是和傳統線條勾勒法完全不同的手法。

明末曾鯨被認為是採用西法「首開其風者」，他擅寫真，曾在金陵生活並進行繪畫創作，所畫人物，如鏡取影，妙得神情，點睛生動，栩栩如生。曾鯨每作一寫真肖像，往往烘染數十層，敷色淹潤，以形成凹凸立體之感〔註20〕。這種「烘染數十層」的方法，也常被認為是「以中法參以西法」〔註21〕，其寫真畫「如鏡取影」、「咄咄逼真」的效果與這種技法有直接關係。

蔣廷錫為康熙癸未進士，而後入翰林，他並非職業畫家，屬「雅尚筆墨」

〔註17〕〔明〕董其昌：《畫禪室隨筆》，上海遠東出版社1999年版，第98頁。

〔註18〕〔唐〕張彥遠：《歷代名畫記》，京華出版社2000年版，第89頁。

〔註19〕俞劍華：《中國古代畫論類編》，人民美術出版社2007年版，第782頁。

〔註20〕〔明〕姜紹書：《無聲詩史·韻石齋筆談》，印曉峰點校，華東師範大學出版社2009年版，第90頁。

〔註21〕向達：《唐代長安與西域文明》，重慶出版社2009年版，第404頁。

的文人畫家之流，在作畫時也曾經嘗試學習運用西洋畫法。他在一幅落款為「戊戌」（康熙五十七年）的《牡丹》扇面的題跋中就將自己的畫法歸納為「戲學海西烘染法」。

清代張庚《國朝畫徵錄》將莽鵠立也歸為受西法影響的畫家，其技法即渲染：

> 工寫真，其法本於西洋，不先墨骨，純以渲染皴擦而成，神情酷肖，見者無不指曰是所識某也。〔註22〕

《國朝畫徵錄》中還對寫真技法有如下的概括：

> 寫真有二派：一重墨骨，墨骨既成，然後傳色以取氣色之老少，其精神早傳於墨骨中矣，此閩中曾波臣之學也；一略用淡墨，鉤出五官部位之大意，全用粉彩渲染，此江南畫家之傳法，而曾氏善矣。〔註23〕

這裡談到「江南畫家之傳法」──「全用粉彩渲染」，應與蔣廷錫、莽鵠立同為一類。把西洋畫法稱作「海西烘染法」，說明中國畫家在實踐中將傳統的繪畫手法與「海西法」建立起了一種聯繫，中國畫家試圖通過渲染來控製墨色的深淺變化，以形成不同的明暗層次，進而表現立體的效果，應該說這是一種直接而且有效的方式。

墨骨和渲染之間的關係，與沃爾夫林《藝術風格學》中的「線描和塗繪」這一對概念有著相似之處。我們可以在這裡嘗試建立這樣一種對應關係：墨骨即線描，渲染即塗繪。在《藝術風格學》中，線描和塗繪分別代表著不同的觀察方法和感知方式，「線描風格是按線條觀察的，而塗繪風格是按塊面觀察的」〔註24〕，其最後的效果也是不同的，無疑「塊面」是形成體積的一個重要的因素，塗繪在塑造立體感方面的優勢也就因此而顯露出來，而塗繪對明暗處理的便利性也將這一優勢進一步擴大。重要的是「塗繪風格一開始就是把世界處理成實際被看到的樣子，因此這種風格被稱為幻覺主義。」〔註25〕而這種「如明

〔註22〕〔清〕張庚、劉瑗：《國朝畫徵錄》，祁晨越點校，浙江人民美術出版社 2011 年版，第 140 頁。

〔註23〕〔清〕張庚、劉瑗：《國朝畫徵錄》，祁晨越點校，浙江人民美術出版社 2011 年版，第 68 頁。

〔註24〕〔瑞士〕海因里希·沃爾夫林：《藝術風格學──美術史的基本概念》，潘耀昌譯，中國人民大學出版社 2004 年版，第 26 頁。

〔註25〕〔瑞士〕海因里希·沃爾夫林：《藝術風格學──美術史的基本概念》，潘耀昌譯，中國人民大學出版社 2004 年版，第 41 頁。

鏡涵影」、幻覺感十足的歐洲寫實繪畫令「中國畫工無由措手」，其表現手法也正是讓中國人最感興趣的。

二、透視法

透視學是繪畫的韁轡和舵輪。——達・芬奇

透視（Perspective）是一種在二維平面上表現三維空間和立體形象的繪畫方法。透視畫法是西方藝術表現手法的基本要素，是在特定的歷史時期逐漸發展和完善起來的。透視一般是指對全景和整體結構的描繪，而表現單個物體的透視畫法通常被稱為短縮法（Foreshortening）。

透視一詞源於拉丁文 perspectiva（看透），是羅馬哲學家波西奧（公元 524年）譯自亞里士多德著作中的希臘語 optike，原本的含義就是透過透明平面來觀看景物。最初研究透視是採取通過一塊透明的平面去看景物的方法，將所見景物準確描畫在這塊平面上，從而研究它們的形狀，即形成該景物的透視圖，後遂將在平面上研究如何把所見物象投影成形的原理和法則稱為透視學。

表現透視可以有很多方法，最為主要的是幾何法和錯覺法。藝術家為了在畫面中表現空間秩序，採用幾何的方法，從形這一方面研究平面上表現物象的立體感、空間感的原理和法則稱為幾何透視（也稱線性透視），嚴格意義上的透視學就是以線性透視為研究對象的，它是對形體和空間的數學解決方法，透視學中的投影成形等原理和法則完全屬於數學範疇。藝術家為表現空間當中物象的色彩以及清晰度等方面的變化還可以採用光學的解決方法，諸如前進色和後退色等錯覺手法，這屬於色彩學的範疇，這就是色彩透視、空氣透視或視覺透視。

繪畫中的透視畫法發端於古希臘，在古羅馬的壁畫中也有所呈現，而真正意義上的透視學則是發源於意大利，是文藝復興時代的產物。隨著新興資產階級的產生，工商業的發達，建築業的勃興，舞臺戲劇的盛行，人們越發需要一種合乎科學規則地再現物象空間以及認識客觀世界的手段。由於古希臘羅馬文化的重新發現，公元前一世紀古羅馬建築師維特魯威（Vilruvius Pollio）在公元前 27 年寫的《建築十書》在文藝復興的意大利又引發了人們的興趣，特別是其中涉及到的關於透視原理的一些論述引起了人們的關注。在繪畫領域，藝術家們也開始不滿足於工匠的地位，人文思想和科學方法在藝術家之中廣為傳播，成為時尚，繪畫理論在這一時期也逐漸發展起來，尋求用科學理性的方法去認知世界、表現世界在藝術家中已成為一個普遍的願望和努力的方向。就是在這

種背景下，透視學通過畫家、建築師、數學家和手工藝人們的不懈能力，經過不斷的探索、改進和發展，逐漸完善起來，成為一個系統獨立的學科。

意大利建築師、雕塑家布魯內萊斯基（Filippo Brunelleschi，1379～1446）是已知的第一位系統研究如何在二維表面呈現三維視覺效果的藝術家。通過一塊平面鏡所反射的佛羅倫薩洗禮堂的映像，布魯內萊斯基描繪出洗禮堂的三維效果，並精確地分析了其形式，完成了滅點、水平線等透視基本概念和理論的建構，「既通過人類目力所能觀察到的結構，也通過基於其上的映像，在彼此之間必需的和邏輯的關係上，布魯內萊斯基不僅複製了他所能看到的建築結構的線條，而且複製了建築結構實際擁有的線條」。〔註26〕在布魯內萊斯基把新發現應用於建築設計的同時，與他同時代的藝術家馬薩喬（Masaccio，1401～1428）也在繪畫《聖三位一體》上運用透視法創造了深度幻覺空間。

15 世紀意大利畫家阿爾貝蒂（Leon Battista Alberti，1404～1472）在 1453 年所寫的畫論《論繪畫》實際上是一篇關於透視法的論文。阿爾貝蒂在論文中敘述了繪畫的數學基礎，以及透視法在平面上再現三維物體的必要性，他通過為所有的映像建構一種合理的、定義精確的空間網格，把布魯內萊斯基的觀點系統化了。

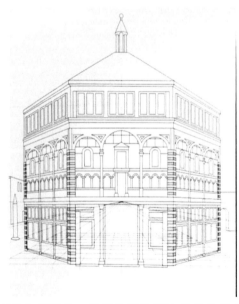

圖 4-1　布魯內萊斯基，羅馬佛羅倫薩洗禮堂透視映像復原。

〔註26〕〔美〕瑪格麗特‧L‧金：《歐洲文藝復興》，李平譯，上海人民出版社 2010 年版，第 93 頁。

同時期的兩位意大利畫家保羅・烏切洛（Paolo Uccello，1397～1475）和皮耶羅・德拉・弗蘭切斯卡（Piero della Francesca，約1420～1492）繼續對視覺現象作研究和實驗，在寫實性藝術作品中進行透視法的實踐。特別是德拉・弗蘭切斯卡在1485年完成了《繪畫透視學》，把透視的技術方法作了數學上的詳細闡述，從而為透視學奠定了嚴格的科學基礎。

文藝復興盛期，達・芬奇在學習、研究和總結前人研究的基礎上，根據自己的繪畫創作實踐寫出《繪畫論》一書，將透視、解剖、明暗和構圖等方面知識進行了整理，形成了比較系統的理論，其中從形狀、色彩和體積三個方面，論述因距離遠近不同呈現的透視現象主要為縮小、變色和模糊消失，將其歸納為物體形的透視、空氣透視和隱形透視，這些透視總稱透視學。達・芬奇的理論和他的繪畫實踐對後世影響頗大。

德國畫家阿爾佈雷特・丟勒（Albrecht Dürer，1471～1528）把幾何學運用到藝術中來，使這一門科學獲得理論上的發展，其透視作圖法後世一直影響著不同時代的藝術家，被稱為「丟勒法」。

在文藝復興之後的兩個世紀裏，透視學繼續在理論上不斷發展，並逐步系統化、學科化。17世紀上半葉，法國里昂的建築師兼數學家沙葛（Shage，1593～1662）最先在數學的基礎上研究透視理論，他在1636年出版的《透視學》一書中，描述了幾何形體透視投影的正確法則及形體各部分尺寸的計算方法。18世紀末，法國工程師、學者蒙諾（G・Monge，1745～1818）發表《畫法幾何》一書，提出用多面正投影圖表達空間形體，為畫法幾何奠定了理論基礎。以後各國學者又在投影變換、軸測圖以及其他方面不斷提出新的理論和方法，使這門學科日趨完善。畫法幾何（descriptive geometry）是研究在平面上用圖形表示形體和解決空間幾何問題的理論和方法的學科，廣泛應用於工程及技術方面，對造型藝術的空間表現也具有指導作用。

這裡特別值得一提的是意大利畫家安德烈奧・波佐，他於1693年作《透視畫法和構圖》（Perspectiva Pictorum et Architerctorum，又譯《畫家和建築師的透視學》）一書，該書於1698年在羅馬發行後不久就被傳教士帶到了中國，此書在中國產生了極大的影響，年希堯所作《視學》即參照了郎世寧等所提供的此書原本。

透視法被應用於造型藝術領域可以說是歐洲文藝復興時期最偉大的創造之一。藝術家們借助透視法突破了繪畫平面的二維性，富有想像力地穿透到三維

空間。一個使人感興趣的巧合是：在文藝復興時期的歐洲，透視法和油畫幾乎同時出現，它們的發明和完善都持續了一百多年，相伴而生，這僅僅是巧合嗎？

透視法在被稱為透視法之前，另有其名。「過去，透視法不叫透視法，而叫公度，也就是說，透視法是根據觀看者（即觀眾）的距離對再現畫面按比例進行的和諧建構。」〔註27〕

「可公度性」一詞也曾出現於阿爾貝蒂的《論繪畫》和德拉·弗蘭切斯卡的《繪畫中的透視法》裏。「可公度性」的拉丁文是 commensuratio，法文是 commensurabilité。這個詞本是天文學術語，文藝復興之後滲透到其他領域，它主要是利用數學模式反映事物本身或相關事物之間的運動關係中隱含的週期性規律，體現了自然界可被人認識的一種秩序。在繪畫的語境下，「可公度性」和「透視法」相提並論，可以理解為「精確被測性」或「精確再現性」。文藝復興時期的人們製造鐘錶測量時間，在繪畫和地圖中繪測空間，布魯內萊斯基既是透視法的發明者同時也是機械鐘錶的製作大師。在此時期出現了測量時間和空間的新觀念，以數學方式測繪空間，將空間幾何化是透視法所帶來的顛覆性的變革。讓我們再回到透視——Perspective，從透視一詞 Perspective 可以看出 per（through，通過，由）＋spec（see，看）＋tive（形容詞綴），強調的是通過視覺方式獲得的結果，這些來自於感官經驗。當布魯內萊斯基在佛羅倫薩的洗禮堂用鏡子反射影像，展示透視效果的時候，他確實是通過自己的眼睛獲得到了一個偉大的發現，無疑透視法始於感覺經驗，但它在隨後人們希望「公度」可見世界，探尋自然界可被人所認識的秩序的過程中，走上了一條理性化、幾何化的道路。

中國古代關於繪畫中遠近關係的論述多見於山水畫論中，南朝宋畫家宗炳的《畫山水序》就涉及到了遠近距離和物體關係的原理以及作畫的基本方法：

> 且夫崑崙山之大，瞳子之小，迫目以寸，則其形莫睹，迥以數里，則可圍於寸眸，誠由去之稍闊，則其彌小。今張綃素以遠映，則崑閬之形，可圍於方寸之內，豎劃三寸當千仞之高，橫墨數尺，體百里之迴。〔註28〕

〔註27〕〔法〕達尼埃爾·阿拉斯：《繪畫史事》，孫凱譯，董強審校，北京大學出版社 2007 年版，第 35 頁。

〔註28〕〔南朝宋〕宗炳：《畫山水序》，轉自俞劍華：《中國古代畫論類編》，人民美術出版社 2007 年版，第 583 頁。

唐宋之間的佚名山水畫技法短論《山水論》有：

> 丈山尺樹，寸馬分人。遠人無目，遠樹無枝。遠山無石，隱隱如眉。遠水無波，高於雲齊。〔註29〕

北宋沈括在《夢溪筆談》中有：

> 大都山水之法，蓋以大觀小，如人觀假山耳。若同真山之法，以下望上，只合見一重山，豈可重重悉見？〔註30〕

上述論述闡釋了基本的「近大遠小」的觀念，可視為短縮法。

北宋畫家郭熙在他的山水畫論著《林泉高致》中提出著名的「三遠」說，對後世畫家影響巨大，可視為中國山水畫獨有的遠近法。

> 山有三遠：自山下而仰山巔謂之高遠，自山前而窺山後謂之深遠，自近山而望遠山謂之平遠。高遠之色清明；深遠之色重晦；平遠之色有明有晦。高遠之勢突兀；深遠之意重疊；平遠之意沖融而縹縹緲緲。其人物之在三遠也：高遠者明瞭，深遠者細碎，平遠者沖澹。明瞭者不短，細碎者不長，沖澹者不大。此三遠也。〔註31〕

「三遠」法，可以說是中國山水畫的特殊空間表現方法，是以仰視、俯視、平視等不同的視點，來描繪自然景物，它不同於西洋繪畫中固定視點的焦點透視，視點靈活移動，以達到咫尺萬里的效果。「三遠」法不僅注意到了形的遠近大小變化關係，而且對色、勢、意和遠近的連帶關係也給予了關注。如果將「三遠」和西洋透視法作一簡單類比對應的話，高遠表現的是山勢逼人、高山仰止，如范寬《溪山行旅圖》，是一種仰視所見的效果；平遠表現的是開闊曠蕩、平淡沖融，如趙孟頫的《鵲華秋色圖》，是一種平視所見的效果；深遠表現的是疊巘重嶂、千岩萬壑，如巨然的《萬壑松風圖》，深遠中既有俯視，又有平視的效果，是山外山、景外景，多視角的綜合，深遠「其實不能單獨成立，它或歸於『高遠』，或歸於『平遠』。而『高遠』和『平遠』中也必有一定程度的深遠。」〔註32〕

從宗炳開始，經王維到郭熙，中國畫的遠近法逐漸得到發展，從開始僅有

〔註29〕葛路：《中國畫論史》，北京大學出版社 2009 年版，第 76 頁。

〔註30〕〔北宋〕沈括：《夢溪筆談》，轉自俞劍華：《中國古代畫論類編》，人民美術出版社 2007 年版，第 625 頁。

〔註31〕〔北宋〕郭熙：《林泉高致·山水訓》，轉自俞劍華：《中國古代畫論類編》，人民美術出版社 2007 年版，第 639 頁。

〔註32〕陳傳習：《中國繪畫美學史》，人民美術出版社 2012 年版，第 264～265 頁。

平遠一法，演進為平遠、高遠和深遠三法，基本奠定了中國傳統繪畫的空間表現體系，也標誌著中國山水畫的成熟。郭熙之後有北宋韓拙和元代黃公望分別提出了「闊遠」、「迷遠」、「幽遠」和「平遠」、「闊遠」、「高遠」，可視為郭熙「三遠」法的發展。

不過從嚴格意義上講，明清以前類似西方繪畫的焦點透視法的理論和實踐在中國繪畫中還未曾出現過，最突出的兩點體現為：一是中國繪畫中沒有固定的視點；二是線條平行，並無西方繪畫中那種匯聚的焦點，這也就是說中國的傳統繪畫中並沒有透視法。中西繪畫分屬於不同的體系，有著不同的表現樣式和美學追求，這決定了其在各自表現空間時所採取的手法和方式，中國繪畫的畫面構成和組織在於「經營」，用移動的視點，創造了超越鏡框限度的擴大的視覺範圍；西方繪畫運用固定視點的單點透視法，旨在給觀賞者提供一個身臨其境的靜止的舞臺。從視覺方式而言，借用當代藝術史家諾曼·布列遜的用語，中國繪畫，特別是中國山水畫遵循的是「掃視」而非西方繪畫的那種「凝視」的邏輯，其原因在於中國畫家注重「讀」畫，而西方畫家則是以純視覺方式來「看」畫。

明末，利瑪竇等歐洲傳教士曾帶入大量有關建築方面的書籍，如布勞恩和霍根伯格的《世界的都市》等，書中附有很多以透視法繪製的銅版畫插圖，這使中國人有機會直接接觸到了西洋透視法。對來自於歐洲的這種基於數理和測算的透視法，中國人表現出了濃厚的興趣。意大利耶穌會士利類思於崇禎十年（1637年）來華，經歷了明清兩朝，通立法，還擅長繪畫。「利類思神甫在中國宣傳了歐洲的透視法，他曾向皇上進呈三幅恪守透視法的畫作。」〔註33〕透視法在當時清廷上層人士中引起了強烈的反響，「利類思神父在北京的耶穌會庭院裏展示了歐洲素描的複製品，在好奇心的驅使下，官員們前來參觀，看到後大吃一驚，在平面的紙上畫家怎麼能夠巧妙地畫出立體的廳堂、走廊、門牆、大道和小徑，猛然看去，幾乎認為是真的了。康熙皇帝也被這種新穎的透視畫法所吸引，他要求耶穌會立刻派遣精通透視畫專家和他最喜愛的彩瓷畫法專家到北京來。」〔註34〕

〔註33〕 〔法〕伯希和：《利瑪竇時代傳入中國的歐洲繪畫與版刻》，李華川譯，《中華讀書報》2002年11月6日。
〔註34〕 〔英〕蘇立文：《東西方美術的交流》，陳瑞林譯，江蘇美術出版社1998年版，第56頁。

意大利人格拉蒂尼就是作為透視學專家在康熙三十九年（1700 年）來華的，他是馬國賢和郎世寧來華之前的一位專業畫家。此人擅長透視，曾向宮廷內的畫學生教授透視畫法，康熙四十三年（1704 年）返回歐洲。馬國賢在康熙五十年（1711 年）進入清宮時，還見過他的七、八個中國學生在高麗紙上畫中國風景，這在馬國賢的回憶錄中有相關記載，可見透視和透視畫法在康熙朝就已經開始在宮廷之中有所傳播了。

但是可能在格拉蒂尼到來之前，清宮畫家就已經開始學習並嘗試運用西洋透視法作畫了，當時供職于欽天監的焦秉貞可稱代表。《國朝院畫錄》一書曾記載，康熙皇帝對焦秉貞運用西法作畫十分欣賞：

> 海西法善於繪影、剖析分剬，以量度陰陽向背，斜正長短，就
> 其影之所著，而設色分濃淡明暗焉。故遠視則人畜、花木、屋宇皆
> 直立而形圓，以至照有天光、蒸為雲氣，窮深極遠，均粲布於寸縑
> 尺楮之中。秉貞職守靈臺，深明測算，會悟有得，取西法而變通之，
> 聖祖之獎其丹青，正以獎其數理也。〔註35〕

在《國朝畫徵錄》中稱焦秉貞：「工人物，其位置自近而遠、由大及小，不爽毫毛，蓋西洋法也。」〔註36〕可見焦秉貞繪畫中所呈現的「窮深極遠」的空間效果，不是使用中國傳統繪畫的空間表現方式，而是學習和吸收了西洋繪畫的透視表現方法。焦秉貞康熙二十一年（1682 年）入值內廷，如此推算，康熙早期在清宮中就已經能夠接觸到了西洋透視法。焦秉貞由於任欽天監五官正，有機會長期與南懷仁等深諳幾何透視之法的西洋傳教士接觸（南懷仁於1623～1688 年出任欽天監監正），對西畫的透視法自然有所體會，於是逐漸將透視法運用到中國傳統繪畫中，與界畫的手法相融合，其最有影響的作品是康熙三十五年（1696 年）完成的《耕織圖》（圖 4-2），成功地將西洋透視法融入中國傳統繪畫樣式中。

最早的《耕織圖》是由南宋初期的於潛（今臨安）縣令樓璹所繪，描繪了糧食生產、蠶桑生產的具體操作過程，後廣為流傳，繪製《耕織圖》遂成為一種風氣。宋代的劉松年、梁楷、程棨，明代的宋宗魯、仇英、唐寅等都曾繪製過。清朝康熙南巡得宋版耕織圖，於是命宮廷畫家焦秉貞參照宋版《耕織圖》

〔註35〕〔清〕胡敬：《國朝院畫錄》卷上「焦秉貞」，清嘉慶刻本。
〔註36〕〔清〕張庚、劉瑗：《國朝畫徵錄》，祁晨越點校，浙江人民美術出版社 2011
　　　　年版，第 59 頁。

重新繪製。焦秉貞的《耕織圖》是以南宋樓璹《耕織圖》為藍本繪製，耕圖、
織圖各二十三幅，共計四十六幅，由內府刊刻。在此畫中，焦秉貞「取西法而
變通之」，將西洋透視法和中國畫的表現技巧相融合，畫中人物動態準確生動，
樹木屋室等均依照透視關係，嚴謹有序，設色豔麗，並且在有些地方還塗繪陰
影。

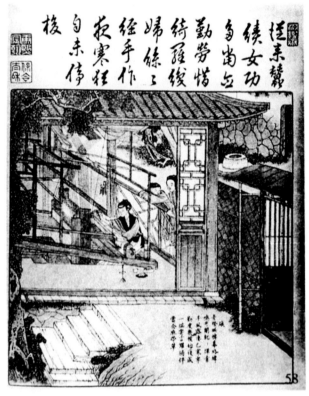

圖 4-2　焦秉貞，《耕織圖》之一，1696 年，紙本，24×23.8 釐米，國家圖書館。

　　焦秉貞的《耕織圖》得到康熙皇帝的褒獎，不僅為之作序，每圖還都題了
詩，由朱圭、梅玉鳳鐫刻並刊行。由於皇帝的重視與褒獎，這套《耕織圖》被
廣泛翻刻傳播，這也起到了對西洋透視法的肯定與推廣傳播的作用。在此之
後，社會上又出現了許多以焦秉貞《耕織圖》為藍本的《耕織圖》，如冷枚、
陳枚、何太青等人的版本，但就藝術水平和影響而言，仍以焦秉貞《耕織圖》
為最佳。

　　乾隆時期，畫院日漸興盛，中西合璧成為這一時期院畫的最大的特點，線
法畫開始在宮中流行，並且在畫院內逐漸成為一個特殊的畫種。清代宮廷中稱
西洋焦點透視為「線法」，稱運用焦點透視法的繪畫為「線法畫」。「線法」和

「線法畫」多次出現在清宮內務府造辦處的檔案之中。如「乾隆二十三年（1758年）十月初五日，接得庫掌德魁押帖一件，內開本月初三日太監胡世傑傳旨：瀛臺寶月樓著郎世寧照眉月軒畫西洋式壁子隔斷，線法畫一樣畫」；「乾隆三十五年（1770年）正月二十四日，接得郎中李文照押帖，內開正月十一日太監胡世傑傳旨：延春閣西門殿內寶座兩邊，北門內西牆著王幼學畫線法畫二張」；「同年正月二十七日，接得郎中李文照押帖，內開本月二十四日太監胡世傑傳旨：熙春園主善齋東進間北牆線法畫一張，著於世烈畫」，「次年五月十六日，接得郎中李文照押帖，內開本月十一日太監胡世傑傳旨：養心殿內南牆線法畫一份，著交艾啟蒙改正線法，另用白絹畫一份」〔註37〕。從上述清檔可以看出，清宮中除郎世寧、艾啟蒙這些傳教士畫家外，也有他們的中國弟子參與線法畫的繪製。

　　郎世寧可以說是清宮線法畫的創始人和傳播者，年希堯在編著《視學》一書時曾就透視學方面的有關問題請教郎世寧。郎世寧的弟子丁觀鵬、張為邦、王幼學及柏阿唐出身的徒弟等均師從於他學習並掌握了線法畫技法，可以進行獨立的創作。北京故宮倦勤齋的通景裝飾畫，既有全景畫，又有天頂畫，明顯地運用了西洋透視畫法，造成了強烈的空間幻覺效果，其作者即郎世寧的弟子王幼學。在其他許多中國宮廷畫家的作品中，也都能夠明顯地看到這種焦點透視的影響，乾隆三年（1738年）陳枚作《人物冊》同樣運用了透視法。可見，在康乾時期，經由西方傳入的透視法已為中國畫家所逐步掌握並運用於創作之中。

　　在透視法傳入清宮以後，首先被應用於界畫，在《康熙南巡圖》中就可以看到這種影響。在西洋透視畫法中，畫面中斜向的平行線條按照一定的規律，集中於畫面內或畫面外固定的一點，即透視學中所說的「滅點」，這樣就形成了具有縱深感的畫面效果，也就是在二維的平面上表現三維的空間。這一點明顯不同於中國傳統的界畫，在界畫中，斜向的平行線條在畫面中彼此之間依舊都是平行的，沒有向縱深的匯聚。但界畫作畫時使用界尺引線，和透視畫中的「定點引線之法」一樣，都強調畫中線條對視線的引導，這給中國畫家學習透視法找到一種形式轉化的有效載體。應該說線法畫最適用於樓閣、街衢等題材的工筆界畫，所以清宮內的線法畫多由工筆界畫轉變而來，配以人物、山石、花卉、景物，以增加畫面的層次感和空間感。這種線法畫，多採用絹本工筆重

〔註37〕聶崇正：《清宮繪畫與「西畫東漸」》，紫禁城出版社2008年版，第180頁。

彩且大都尺寸較大，以「貼落」的形式裝裱後張貼在牆上。「《清檔》中的『通景絹畫』即絹地線法工筆劃，當然，油畫也採用焦點透視法，可以獲得咫尺萬里、深遠無際的藝術效果，但因油畫不以線條表現物象，故不包括在線法畫之內。」〔註38〕

在採用透視法表現空間的繪畫中，中西畫家在作品中表現出的效果略有不同，歐洲畫家的畫中，其滅點大都在畫面之內，而中國畫家的畫中，其滅點大都在畫外；歐洲畫家多採取平視構圖，而中國畫家多採取俯視，這和中國傳統山水畫大多以「三遠」法中的平遠法經營畫面有關，同時這種把人的視線從畫面引發出去，導向無限空間的方式，也與中國畫力求突破時空侷限性，不受拘礙，追求超拔的審美旨趣有關。

第二節　西洋畫理畫論

繪畫自文藝復興時期開始在歐洲被視為一種認識世界的手段，自然科學的發展更為繪畫的發展提供了學理上的支持，由此逐漸形成了涵蓋材料技法和畫法畫理的獨特而完備的體系。明清時期隨西洋繪畫進入中國的還有與之相關的畫理畫論，它們共同構成了西畫東漸的核心框架。

一、利瑪竇論畫及《幾何原本》譯本

利瑪竇對中國文化頗有感悟，號稱「西儒」，對於所接觸到的中國繪畫，利瑪竇善於觀察、分析和總結，並且形成了自己的一番獨到見解，而對西洋畫的畫理畫法，他更是了然於胸。他是以數學家的身份來到中國的，他系統地學習過數學，特別是幾何學，研究過透視法，還有過繪製地圖的經歷，這得益於他在歐洲所接受的教育，更得益於他生存的時代，16 世紀的意大利是天主教的中心，那裡是利瑪竇的故鄉，也是文藝復興的故鄉。

尤為難得的是，利瑪竇還有一段關於繪畫的論述留存下來。顧起元的《客座贅語》在述及利瑪竇所攜之聖母抱耶穌像時，記述了利瑪竇從中西繪畫的差異的角度對西洋畫畫理和技法的論述：

> 中國畫但畫陽不畫陰，故看之人面軀正平，無凹凸相。吾國畫兼
> 陰與陽寫之，故面有高下，而手臂皆輪圓耳。凡人之正面迎陽，則皆

〔註38〕楊伯達：《清代院畫》，紫禁城出版社 1993 年版，第 169 頁。

明而白；若側立則嚮明一邊者白，其不嚮明一邊者眼耳鼻口凹處，皆

有暗相。吾國之寫像者解此法用之，故能使畫家與生人亡異也。〔註39〕

在此，利瑪竇提出了繪畫中陰影的概念，將西畫的立體效果歸因於明暗造型，即明暗法的運用，指出畫面中明暗的產生是源於畫面外因素——光線的作用，這是最為關鍵和重要的。在中國的繪畫傳統中，光作為無形之物，歷來都不是繪畫所表現的對象，甚至一直被忽視，而西洋畫中對光的關注是和文藝復興以來近代科學的發展密不可分的，光學知識的普及給畫家提供了理論上的支持，三棱鏡和凹面鏡等光學器材的廣泛運用為畫家們提供了物質和技術上的必要保證。利瑪竇很具體地用明暗和光影（陰陽、嚮明和不嚮明）闡釋了「凹凸相」的成因，使國人對「凹凸畫」的技法和畫理有了理論化的認識。

利瑪竇在萬曆三十五年（1607 年）與徐光啟合譯完成歐幾里得《幾何原本》（圖 4-3）一書的前六卷，書中有關於比例、透視和立體表現等方面的論述，在《譯〈幾何原本〉引》中，他寫到：

其一察目視勢，以遠近、正邪、高下之差，照物狀可畫立圓、

立方之度數於平版之上，可遠測物度及真形，畫小使目視大，畫近

使目視遠，畫圜使目視球，畫像有坳突，畫室屋有明暗也。〔註40〕

這裡利瑪竇闡述了比例、透視由何而來，這也是西方繪畫中比例、透視的技術性依據，但在本書中談及此話題，還會引發更深一層的聯想。《幾何原本》是利瑪竇所譯眾多天文曆算書籍中的一部，作《譯〈幾何原本〉引》一文，主要是介紹幾何學的來由和功用，從文中可以看到，學習和掌握幾何學，目的在於明達物理，除了繪事之外，其功用還在於天文曆算、土木建築、機械製造、地理測繪等等，正所謂「大道、小道無不藉幾何之論以成其業者」。利瑪竇時代的歐洲繪畫是經過文藝復興洗禮的近代藝術，是在充分吸收了近代科學有益成果的基礎上發展起來的，從其地位而言，是和天文、建築、製造等實用之學等同的一門學科；從學科性而言，它具有其自身的系統性和嚴謹性，是建立在視覺基礎之上的「繪畫科學」，這和歷來主張「聊以自娛」和「墨戲」的中國文人繪畫有著本質的區別，這種區別從根本上講是繪畫觀念的分歧，它從明

〔註39〕〔明〕顧起元：《庚巳編·客座贅語》，譚棣華、陳稼禾點校，中華書局 1987
　　　年版，第 193～194 頁。
〔註40〕徐宗澤：《明清間耶穌會士譯著提要》，上海世紀出版集團 2010 年版，第 194
　　　頁。

末西畫最初進入中國就已開始顯露端倪，至清代則完全突現而成為中西繪畫間幾乎不可調和的一個矛盾焦點。

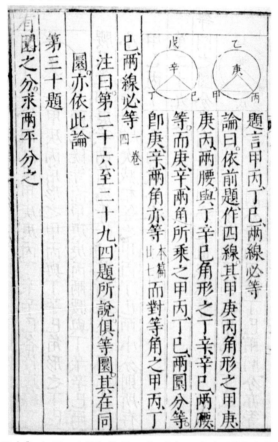

圖4-3　《幾何原本》內頁，1610年後，印刷書，意大利羅馬中央國立圖書館。

二、《遠鏡說》

　　《遠鏡說》是第一部將歐洲光學知識介紹到中國的專著，作者為德國傳教士湯若望。此書由湯若望口述，李祖白筆錄而成。此書初刻於天啟六年（1626年），刊行於崇禎三年（1630年），有《藝海珠塵》等本傳世，該書有可能是參考吉羅拉莫·西爾圖里（Girolamo Sirturi）所著的《望遠鏡，新的方法，伽利略觀察星際的儀器》（Telescopium，Sive ars per-ficiendi novum illud Galilaei Visorium Instrumentum adSidera，1618年，法蘭克福）寫成的。其內容係介紹透鏡，主要是望遠鏡的製法和用法，同時對光學原理進行了詳細的解說。

　　玻璃面鏡和透鏡在歐洲自文藝復興以來一直是重要的光學器材，廣泛用

於科學的各個領域。望遠鏡最早出現於 16 世紀下半葉，17 世紀初期，伽利略（Galileo Galilei，1564～1642 年）因獨立研製出望遠鏡，在天文學上取得了重要發現，引起歐洲轟動。葡萄牙入華傳教士陽瑪諾（Em-manuel Diaz，1574～1659 年）萬曆四十三年（1615 年）所著《天問略》一書中曾有介紹，但未言及具體製作和使用方法。

《遠鏡說》（圖 4-4）全書五千餘字，內容比較詳盡，附有插圖說明，分為利用、緣由、造法用法三篇，具體涉及到如下方面內容：

> 首利用，一利用於仰觀，一利用於直觀；次附分用之利，一利
> 於苦近視者用，之一利於苦遠視者用之，一分用不如合用之無不利；
> 次原由，一易象不同而遠鏡獨妙於透視以為利用之原，一射線不一
> 而遠鏡兼攝乎屈曲以為斜透之由，一視象明而大者由乎二鏡之合用；
> 次造法用法，一鏡，一桶，一遠近各得其宜，一避眩觀，一安放調
> 停，一衰目近視用訣，一借照作畫，一習用訣，一去污訣，用鏡測
> 星法，用鏡交食法。〔註41〕

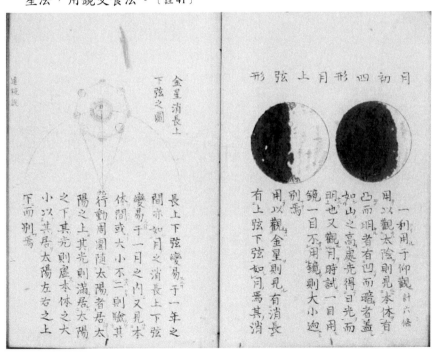

圖 4-4　湯若望，《遠鏡說》，早稻田大學藏本。

〔註41〕徐宗澤：《明清間耶穌會士譯著提要》，上海世紀出版集團 2010 年版，第 224
頁。

　　「利用」一節介紹了意大利天文學家伽利略的天文學成果，比《天問略》更詳盡。列舉了用望遠鏡仰觀太陰、金星、太陽、木星、土星和宿天諸星，及直視遠處山川江河、樹林村落、海上行舟和室中諸遠物的情形，並介紹了「中高鏡」（即凸透鏡）和「中窪鏡」（即凹透鏡）的特殊功用；其中「利用於直觀」中有歐洲畫家使用透鏡作畫的介紹：

　　　　居室中用之，則照見諸遠物，其體其色活潑地各現本相。大西
　　洋有一畫士，秘用此法畫種種物象，儼然如生，舉國奇之。〔註42〕

　　「原由」和「造法用法」還分別介紹了望遠鏡的光學原理和望遠鏡的製作和使用方法。其中專有「借照作畫」一項，介紹了利用透鏡作畫的具體方法，更值得我們關注：

　　　　室中照鏡畫像，全閉門窗，務極幽暗。或門或窗開一孔，大小
　　與前鏡稱，取出前鏡，置諸孔眼，以白淨紙如法對置內室，則鏡照
　　諸外像入紙上，絲毫不爽，模而畫之，西士所謂物象像物者，此也。
〔註43〕

　　這是一種在目鏡下放置像屏，觀察日光通過透鏡後在像屏上的成像並記錄下來的方法。在歐洲，繪畫與鏡有著不解之緣，最具代表性的就是「維米爾暗箱」，17世紀的荷蘭畫家維米爾經常使用「遮光取景器」作畫，這是一種包含有一個暗箱、一組鏡頭與鏡子的裝置，如同近代的照相機，維米爾用這一裝置將真實的景物投射在畫布上並依此作畫，這與上文所載的方法極為相似。《遠鏡說》刊行之時，維米爾剛剛出生，文中所說的用鏡作畫的「大西洋有一畫士」應另有其人，但可以肯定的是在17世紀以前，歐洲畫家已經開始使用透鏡等玻璃光學製品作為繪畫的輔助工具了。

　　16世紀末，意大利畫家卡拉瓦喬在受尼德蘭藝術影響的倫巴第接受藝術訓練，可能在此期間瞭解到了透鏡的知識。卡拉瓦喬的寫實主義被美術史家們認為是擺脫意大利樣式主義的一次巨大的轉變。在1590年前後，寫實主義樣式在歐洲突然爆發，風格、手法及畫面效果與之前的繪畫迥異，在卡拉瓦喬的作品之中，人物刻畫異常真實，就像現實生活中的人物，強烈的明暗對比造成

〔註42〕　〔德〕湯若望：《遠鏡說》，載《明清之際西學文本50種重要文獻彙編第三冊》，
　　　　黃興濤、王國榮編，中華書局2013年版，第1118頁。
〔註43〕　〔德〕湯若望：《遠鏡說》，載《明清之際西學文本50種重要文獻彙編第三冊》，
　　　　黃興濤、王國榮編，中華書局2013年版，第1124頁。

了舞臺化的畫面效果，具有不同凡響的視覺衝擊力。這種「逼真」的視覺效果立刻在歐洲畫壇產生了巨大的影響，繼而產生了眾多追隨者。有諸多跡象表明，卡拉瓦喬在這一時期的繪畫創作中使用了透鏡一類的光學器材，畫面上的形象是被投射上去的，與之相同的還有同時期的西班牙畫家委拉斯貴支。

除透鏡外，玻璃面鏡也常被用於繪畫，《遠鏡說》由於主要介紹望遠鏡的光學原理和運用，對面鏡這方面內容並未涉及。面鏡是最早為歐洲畫家所使用的光學器材，在文藝復興早期，玻璃鏡子還是非常珍貴之物，由於製鏡技術的原因，凸面鏡的歷史要更早一些，因為平面鏡的製作難度要更大一些。這一時期的尼德蘭是歐洲面鏡及透鏡的製造中心，在凡·愛克的《阿爾諾芬尼夫婦像》一畫中我們可以看到掛在牆上的鏡子及鏡中映像出的人物形象。據英國畫家大衛·霍克尼分析：「凡·愛克兄弟在 15 世紀中期已經再現過鏡子裏的景象，他們作品中清澈的視覺效果肯定與鏡子有關。」〔註44〕凡·愛克兄弟和稍早的康賓的作品裏的那種細膩的、極度真實的、鏡子影像般的風格被認為是使用了諸如鏡子等光學器材作為繪畫輔助工具的產物。我們目前無法確認，應用光學器材所產生的畫面效果是否會促使像凡·愛克這樣的畫家有意識地選取不同於以往的繪畫媒材（在美術史上，凡·愛克兄弟被認為是油畫的發明者，而在油畫發明之前，坦培拉乳液一直是架上繪畫的主要媒材），但這種鏡像風格正好和油畫材料完美地結合起來卻是毋庸置疑的。

油畫發明後迅速從尼德蘭傳播到南方的意大利，在這裡透視法的研究已卓有成效。在看待和運用透視的問題上，尼德蘭人往往採取直覺式的態度，而意大利人則不同，他們對待透視的態度是數學式的，他們有嚴密的理論推導，形成了完善的透視學理論，並以之指導繪畫創作。16 世紀意大利學者丹尼爾·巴爾巴羅《論透視》（1568 年）一書就是在弗蘭切斯卡等前人研究基礎上撰寫的，在當時頗具影響，耐人尋味的是，此書在探究透視原理的同時，也提到了透鏡的運用，被認為是最早提到投射的藝術家技法書，看來在文藝復興時期，人們已經注意到了透鏡和透視的不解之緣。而如果真如大衛·霍克尼等人所研究推斷的那樣：15、16 世紀繪畫媒材的更新、寫實技術的突破在很大程度上都得益於光學的發展和像鏡這一類光學器材的運用，那麼我們也就不難理解為什麼 15 世紀在油畫的誕生地——布魯日，畫家和製鏡工人都同屬聖路加行

〔註44〕〔英〕大衛·霍克尼：《隱秘的知識——重新發現西方繪畫大師的失傳技藝》，萬木春、張俊、蘭友利譯，浙江人民美術出版社 2013 年版，第 261 頁。

會，都遵奉聖路加為行業的保護神。

　　17 世紀，自然主義的表現手法出現在全歐洲的藝術中並成為了一種主流。而正是這種「逼真」的視覺效果使以前從未接觸過西洋繪畫的中國人驚歎不已，他們無從瞭解這種「逼真」的背後可能還有種種不為他們所知的機巧，畢竟像透鏡之類的玻璃光學製品在明清時期的中國還是難得一見的，《遠鏡說》的刊印在當時正好為國人普及了這方面的知識。從美術史的角度來看，《遠鏡說》的意義不僅在於將當時歐洲的光學知識引入中國，而且還介紹了歐洲畫家在繪畫中對光學製品的應用及其具體方法。

三、《畫答》

　　畢方濟（P．Franciscus Sambias，1582～1649），意大利耶穌會士，萬曆四十一年（1613 年）到北京，後南下杭州、嘉定、上海、開封等地，崇禎二年（1629 年）經徐光啟舉薦，同鄧玉函、龍華民一起應召入京修曆法，清入關後，一直與南明政權保持聯繫並任要職。著有《畫答》一卷，《睡答》一卷，後有《睡畫二答》合印本，初刻於崇禎二年（1629 年），孫元化訂，李之藻引，其中《畫答》一直被認為是最早介紹西洋繪畫技法的著述，是「利瑪竇以後講西方繪畫道理的第一篇專論」〔註45〕。

　　關於《畫答》一書的性質，存在著不同的看法。蘇立文將其歸為繪畫類書籍：「1649 年（按：年代有誤）畢方濟神父寫了一本題為《睡答》的關於繪畫的書，由利瑪竇的朋友和合作者李之藻作序並且刊印發行。」〔註46〕方豪在《中西交通史》中將《畫答》和艾儒略的《玫瑰十五端圖像》及《出像經解》並稱，列在其著作的《繪畫》一章內〔註47〕，可見方豪是將《畫答》視為和西畫有關的論述；其後的學者如湯開建、胡光華等也大都持此觀點。

　　而另一方面，明代學者李之藻所作《睡畫二答引》指出人世間萬事皆可視之為一畫、一夢，而《畫答》正是寓理於畫，寓義於夢。

　　　　人自有生迄沒齒，自省皆是一夢；他人從旁看之，則皆一畫。

　　　　從古人至今人，皆夢皆畫也。則從小事至大事，從一事至億萬事，

〔註45〕戎克：《萬曆、乾隆期間西方美術的輸入》，《美術研究》1959 年第 1 期，第 51 頁。

〔註46〕〔英〕蘇立文：《東西方美術的交流》，陳瑞林譯，江蘇美術出版社 1998 年版，第 54 頁。

〔註47〕方豪：《中西交通史》，上海人民出版社 2008 年版，第 633 頁。

愉悲妒戀、得喪死生，以至征誅揖讓，無不夢、無不畫也。」又「此
今梁子睡畫二答之旨。粗論則隨事省克，精論則通晝夜為大覺，微
宇宙為繪觀，無非道無非學也。〔註48〕

　　與之類似，徐宗澤在《明清間耶穌會士譯著提要》一書中將《畫答》歸
為格言類文章：「書為問答體，所論關於衛生、生理等之常識，而參之以哲
理，作者之意，是以自然之學問而興起超越之意念……此書可作警世之鏡。」
〔註49〕指出《睡畫二答》是借夢和畫喻人生和宇宙萬物之理。更有文章指出
《畫答》原非論畫之書，而是畢方濟論人性道德之書〔註50〕。

　　《畫答》採用問答體，以中士和西先生的對話形式展開。如果認真閱讀《畫
答》原文，我們發現雖然文章圍繞如何畫人來討論，探討「西國之畫人也，靈
氣燁然如生」的原因，其間涉及到一些人的生理結構知識和表現五官、四肢、
軀干時應注意的問題，但並未詳述具體的西洋畫法和畫理，真正在明末引發國
人好奇、對國人產生影響的西洋畫法，諸如透視法、明暗法等問題都沒有在文
中被提及，僅從繪畫的社會功能出發，強調了繪畫的教化作用，即「畫惡鑒也，
畫善法也，師善省惡，畫一得二，踐形省貌，人可合道」〔註51〕，這和中國畫
論中「明勸誡，著升沉」、「成教化，助人倫」等論點略有相似。

　　由此看來，畢方濟的《畫答》一書作為「警世之鏡」的意義可能要遠大於
其作為一般性畫理畫論的意義，書的作者是希望借探討「畫法」來闡述天主教
的修身之道。

四、《視學》

　　《視學》是我國最早系統闡述西方透視學理論的專著，作者年希堯（？—
1739年），漢軍鑲黃旗，為年羹堯之兄，初自筆帖式，累官廣東巡撫，工部右
侍郎，因年羹堯奪官，雍正四年（1726年）復起授內務府總管，管理淮安板閘
關稅務，兼管景德鎮御窯廠甸，後為江蘇巡撫。年希堯擅畫，工山水、花卉、
翎毛；對數學頗有研究，《視學》是他三十多年潛心研究的成果。

〔註48〕〔明〕李之藻：《睡畫二答引》，載《明清之際西學文本50種重要文獻彙編》，
　　　　黃興濤、王國榮編，中華書局2013年版，第386頁。
〔註49〕徐宗澤：《明清間耶穌會士譯著提要》，上海世紀出版集團2010年版，第261
　　　　頁。
〔註50〕王漢：《論〈畫答〉不論畫理》，《南京藝術學院學報》2010年5期。
〔註51〕〔意〕畢方濟：《睡答・畫答》，載《明清之際西學文本50種重要文獻彙編》，
　　　　黃興濤、王國榮編，中華書局2013年版，第387頁。

　　雍正七年（1729 年）年希堯出版《視學精蘊》一書，後於雍正十三年（1735
年）增訂後再版，更名《視學》。年希堯編寫《視學》是以郎世寧帶到中國的
《透視畫法和構圖》（Perspectiva Pictorum et Architerctorum，又譯《畫家和建
築師的透視學》）一書為藍本，此書的作者為意大利建築師、畫家、耶穌會士
安德烈奧‧波佐，該書於 1698 年在羅馬發行後不久就被傳教士帶到了中國，
對中國影響極大。

　　年希堯在編著《視學》一書時曾就透視學方面的有關問題請教郎世寧，他
在初版序文中詳述了成書經過和心得體會：

　　　　余曩歲即留心視學，率嘗任智殫思，究未得其端緒，迨後獲與
　　泰西郎學士數相晤對，即能以西法作中土繪事。始以定點引線之法
　　貽余，能盡物類之變態。一得定位，則蟬聯而生，雖毫忽分秒，不
　　能互置。然後物之尖斜平直，規圓矩方，行筆不離乎紙，而其四周
　　全體，一若空懸中央，面面可見。至於天光遙臨，日色傍射，以及
　　燈燭之輝映，遠近大小，隨形成影，曲折隱顯，莫不如意，蓋一本
　　乎物之自然，而以目力受之，摯然有當於人心，余然後知視之為學
　　如是也。今一室之中而位置一物，不得其所則，觸目之頃即有不適
　　之意生焉，矧筆墨之事可以捨是哉，然古人之論繪事者有矣，曰仰
　　畫飛簷，又曰深見溪谷中事，則其目力已上下無定所矣，烏是以語
　　學耶？而其言之近似者則曰透空一望，百斜都見，終未若此冊之切
　　要著明也。余故悉次為圖，公諸同好，勤敏之士得其理而通之，大
　　而山川之高廣，細而蟲魚花鳥動植飛潛，無一不可窮神盡秘而得其
　　真者。毋圖漫語人曰真而不妙，夫不真，又安所得妙哉？〔註52〕

　　序文中所說的「定點引線之法」即「線法」，「是從畫稿中各種景物對象引
向焦點的密集的細線而引申命名的，以取代『視學』之詞」〔註53〕，「線法」
是對焦點透視的最簡潔直觀的概括。序中還將中西繪畫作了對比，指出中國畫
中「仰畫飛簷」、「深見溪谷中事」實為「目力已上下無定所」，即沒有固定的
視點，這無疑點出了問題的本質。對於繪畫的評價標準，年希堯也提出了自己
的見解「夫不真，又安所得妙哉」，繪畫作品還是靠真實描繪取勝，這種強調

〔註52〕〔清〕年希堯：《視學》，載《明清之際西學文本 50 種重要文獻彙編》，黃興
　　　　濤、王國榮編，中華書局 2013 年版，第 1920 頁，1921 頁。
〔註53〕楊伯達：《清代院畫》，紫禁城出版社 1993 年版，第 169 頁。

繪畫客觀真實性的主張更接近西方繪畫的審美觀。而要獲得「真」，必「得其理而通之」，這又與西方繪畫強調科學性是一脈相承的。再版序言中還闡述了透視學在繪畫中的重要性：

> 視學之造詣無盡也，予曷敢遽言得其精蘊哉？雖然，予究心於此三十年矣，嘗謂中土工繪事者或千岩萬壑，或深林密箐，意匠經營，得心應手，固可縱橫自如，淋漓盡致，而相賞於尺度風裁之外。至於樓閣器物之類，欲其出入規矩，毫髮無差，非取則於泰西之法，萬不能窮其理而造其極。〔註54〕

《視學》一書中圖文並茂，文字闡述都有配圖。全書依問題展開，共提出60個問題，萬餘字，附以文字說明的圖樣共75幅（圖4-5），既有理論方法的論述，又有具體的製圖過程，對於透視圖的畫法，闡述嚴謹，製圖簡潔明瞭。有研究表明，《視學》中的前30幅和後面3幅透視圖就取自波佐的《透視畫法和構圖》〔註55〕，中間帶有序號的59幅例圖由年希堯自己所繪，而其他95幅例圖有研究者通過比對分析推斷來自與之「數相晤對」的郎世寧〔註56〕。

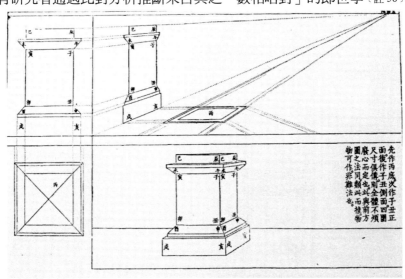

圖4-5　年希堯，《視學》，雍正刻本。

〔註54〕〔清〕年希堯：《視學》，載《明清之際西學文本50種重要文獻彙編》，黃興濤、王國榮編，中華書局2013年版，第1920頁，1921頁。

〔註55〕吳文俊：《中國數學史大系第七卷》，北京師範大學出版社2001年版，第396頁。

〔註56〕楊澤忠、徐洪婷：《〈視學〉中透視方法之由來》，《山東師範大學學報（自然科學版）》2008年第4期，第132頁。

　　此書雖是在西方透視學知識影響下完成的，但其中有不少工作是年希堯的獨創，例圖中很多是選用中國器皿、建築物的圖樣。在《視學》中很多圖形除有透視原理繪製外，還採用正投影原理作圖，這正是畫法幾何學的視圖原理，而《視學》再版於雍正十三年（1735 年），比公認的畫法幾何學奠基人法國數學家蒙諾出版於 1799 年的《畫法幾何學》早了六十多年。

　　《視學》所論述的透視學原理和方法主要有四方面：一、用「量點法」作出圖形的平行透視圖和成角透視圖；二、利用幾何體二視圖以及視線在座標軸上截距作出透視圖（截距法），近代畫法幾何教科書中「根據視線跡點原理作透視圖」就是《視學》中的「截距法」；三、軸測圖上中心光源陰影作圖法；四、運用仰望透視法作圖〔註57〕。《視學》一書中論述的透視圖做法多種多樣，有平面圖，有立體圖，圖例豐富精美，其中有大量二視圖，說明年希堯對投影法的掌握已很熟練。

　　西洋繪畫於明清時期傳入我國時，其所用透視畫法、畫理尚不為人所瞭解，《視學》的出現，使中國畫家有了學習西法的有效門徑，清宮中將重點表現透視的繪畫作品稱為「線法畫」，這一稱謂即來源於《視學》序言中的「定點引線之法」。

〔註57〕劉逸：《〈視學〉的形成及其與透視學、畫法幾何學的關係》，《徐州師範大學學報（自然科學版）》1983 年第 1 期，第 157～160 頁。

結　語

　　從明萬曆到清乾隆時期的西畫東漸，歐洲繪畫經由兩個途徑傳入了中國，一是作為宗教美術品，由入華傳教士傳入；一是作為世俗美術品，通過口岸商貿渠道傳入。在這些由歐洲傳入的美術品中，油畫占相當大的比重，是西畫東漸當中的一個重點。通過對油畫東漸中國的研究，我們不難形成如下認識：

　　首先，歐洲傳教士可謂第一條途徑的主體，在明末他們率先將油畫聖像帶入中國，開西洋油畫進入中國之先河。清代歐洲傳教士又作為「有技藝之人」供奉宮廷，帶來了西方近代科學技術，清宮中的傳教士畫家在進行繪畫活動同時，還向中國畫家傳授油畫技法，使得油畫得以傳播；而口岸外銷油畫興起於十八世紀中期，繪製外銷畫的多是職業畫師和畫工畫匠，銷售對象是來華貿易的國外商人和旅遊者，他們對油畫在民間的傳播同樣起到了不可忽視的作用。由於傳播主體和對象的不同，造成了傳播效果和影響的差異。口岸外銷畫重市場導向，多模仿而造成趨同；宮廷繪畫重文化交流，多彼此激發而形成匯通。就複雜性和深刻性而言，後者更值得關注。

　　其次，明清時期的西畫東漸，是中西繪畫觀念與實踐的碰撞與融合。國人對西洋畫的認識是在逐漸深入的，從材質技法到畫法畫理，從感性經驗到理性分析，相對於中國傳統繪畫，這是一個辨異的過程。由於彼此文化傳統的差異和時代的侷限性，有些認識難免偏頗，但這些觀點在當時卻具有著代表性。站在現今的立場，審視這段油畫在中國傳播的歷史，還是不無意義的。

　　明清時期傳入中國的油畫是經過文藝復興洗禮的歐洲近代藝術，在材料技法、畫法畫理、風格樣式和造型觀念等方面形成了完備的體系，歷史傳承脈

絡清晰，且蘊含西方人文精神和科學精神於其中。油畫自十五世紀在歐洲誕生，能夠逐漸發展完善，傳承數百年，其中一個主要原因在於學理的支持。文藝復興時期提出了「繪畫是一門科學」，將繪畫看作是認識世界的重要手段，這不僅提高了繪畫的地位，使繪畫可以與「七藝」為伍，也能更有效地將透視學、解剖學、光學等科學手段和成果運用於繪畫，這實際上促成了科學與繪畫的聯姻，為繪畫提供了豐富的、持續性的學理支持，這是一種西方式的繪畫觀。同時值得注意的是，歐洲的繪畫傳統是以自然為源，以真實為本，油畫的產生在很大程度上就是為了在材料和技術手段上能夠更加便利地復現真實，當然除了這些必要的材料和技術手段，歐洲畫家們可能更需要光學、物理學等的輔助，明暗法就是和光學投影相伴相隨的；與之相似的線性透視法也是首先得自光學試驗，而後經由幾何學的理論歸納而逐漸完善成為透視學的。這就決定了歐洲油畫在材料技法和畫法畫理方面的一體性，無視或割裂兩者的關係勢必會造成油畫特性的不完整，畢竟歐洲油畫不是簡單模仿自然的手藝，它是特定時期歷史和文化的產物。

　　與西方繪畫不同，中國傳統繪畫則完全在自足的狀態依自己的軌道完成著自我發展，中國繪畫關鍵性技法的形成全然存在於中國文化的延續當中，它獨立於外部影響之外，偶而才與外部有所接觸。面對來自異域的西洋畫，國人難免對有些新鮮事物感到陌生和隔膜，而這些新鮮事物大多就是中西繪畫的差異所在，也是雙方關注的焦點。由於彼此的知識框架和文化傳統的不同，在審視這些焦點時，國人往往求諸於自己的傳統，在傳統繪畫的框架中尋找相對應的語彙與之匹配或比附。由於這些語彙雖各自在自己的繪畫語言體系中有確定指涉，但彼此之間含義並不能完全對應，在轉譯對方的同時往往會造成意義的偏差，可以說這是一種在技術層面的誤讀。

　　另外，在繪畫實踐中，作為舶來品的油畫常常被限制在特定的範圍內，油畫的材料、技法也往往被選擇性參用，與中國傳統畫法作有限的融合，這無疑是受到上述文化心理、繪畫觀念和技術誤讀等方面影響的結果。清代繪畫中中西合璧最突出的是郎世寧的新體畫，為適應宮廷需要和中國審美趣味，郎世寧努力進行材料和技法的變通，其中國化的嘗試已經使得油畫的材料載體和造型載體都相應地發生了轉化，雖就其本質而言還是一種折衷主義的產物，但卻是將一種美術樣式從一種載體轉移到另一種載體的突破性實踐，在當時的歷史條件下，這仍可視為是中西匯通的一個有益探索。

　　就整個中國油畫的發展而言，明清之際的油畫傳入或許只能稱為萌芽，還並未生根，它還受到現實需要的制約，其持續性也受到心理準備和學理準備不足的困擾，這些都注定了油畫在中國傳播發展是曲折的，但歷史畢竟邁出了第一步，它對後繼者具有無限的啟發性。

參考文獻

一、中文著作及史料文獻

1. 方豪：《中西交通史》，人民出版社，2008 年 2 月第一版。
2. 向達：《唐代長安與西域文明》，重慶出版社，2009 年 3 月第一版。
3. 向達：《中西交通史》，嶽麓書社，2012 年 3 月第一版。
4. 李浴：〈中國美術史綱〉，遼寧美術出版社，1984 年 4 月第一版。
5. 鄭午昌：《中國畫學全史》，上海書畫出版社，1985 年 3 月第一版。
6. 潘天壽：《中國繪畫史》，團結出版社，2011 年 10 月第一版。
7. 陳師曾：《中國繪畫史》，中華書局，2010 年 8 月第一版。
8. 劉淳：《中國油畫史》，中國青年出版社，2010 年 1 月第二版。
9. 李超：《中國早期油畫史》，上海書畫出版社，2004 年 12 月第一版
10. 胡光華：《中國明清油畫》，湖南美術出版社，2001 年 12 月第一版。
11. 蔣玄佁：《中國繪畫材料史》，上海書畫出版社，1986 年 6 月第一版。
12. 趙權利：《中國古代繪畫技法·材料·工具史綱》，廣西美術出版社，2006 年 10 月第一版。
13. 王鏞主編：《中外美術交流史》，中國青年出版社，2013 年 5 月第一版。
14. 冀之允：《圖像與範式早期中西繪畫交流史（1514～1885）》，商務印書館，2014 年 9 月第一版。
15. 葛路：《中國畫論史》，北京大學出版社，2009 年 1 月第一版。
16. 葛路：《中國繪畫美學範疇體系》，北京大學出版社，2009 年 1 月第一版。
17. 葉朗：《中國美學史大綱》，上海人民出版社，1985 年 11 月第一版。

18. 陳傳習：《中國繪畫美學史》，人民美術出版社，2012 年 5 月第一版。

19. 徐鳳林：《東正教聖像史》，北京大學出版社，2012 年 1 月第一版。

20. 徐宗澤：《中國天主教傳教史概論》，上海世紀出版集團，2010 年 8 月第一版。

21. 徐宗澤：《明清間耶穌會士譯著提要》，上海世紀出版集團，2010 年 7 月第一版。

22. 上海博物館編：《利瑪竇行旅中國記》，北京大學出版社，2010 年 4 月第一版。

23. 吳旻、韓琦編校：《歐洲所藏雍正乾隆朝天主教文獻彙編》，上海人民出版社，2008 年 2 月第一版。

24. 莫小也：《十七——十八世紀傳教士與西畫東漸》，中國美術學院出版社，2002 年 3 月第一版。

25. 黃興濤、王國榮編：《明清之際西學文本 50 種重要文獻彙編》，中華書局，2013 年 4 月第一版。

26. 商傳：《走進晚明》，商務印書館，2014 年 7 月第一版。

27. 俞劍華編著：《中國古代畫論類編》，人民美術出版社，2007 年 11 月第一版。

28. 周積寅編著：《中國畫論輯要》，江蘇美術出版社，1985 年 8 月第一版。

29. 楊身源、張弘昕編著：《西方畫論輯要》，江蘇美術出版社，1990 年 4 月第一版。

30. 潘運告主編，云告譯注：《明代畫論》，湖南美術出版社，2002 年 11 月第一版。

31. 潘運告主編，云告譯注：《清代畫論》，湖南美術出版社，2003 年 12 月第一版。

32. 楊伯達：《清代院畫》，紫禁城出版社，1993 年 6 月第一版。

33. 聶崇正：《清宮繪畫與「西畫東漸」》，紫禁城出版社，2008 年 12 月第一版。

34. 聶崇正：《清代宮廷繪畫》，上海科學技術出版社，商務印書館（香港），1999 年 9 月第一版。

35. 故宮博物院編：《清代宮廷繪畫》，文物出版社，1995 年 4 月第一版。

36. 朱家溍：《養心殿造辦處史料輯覽第一輯雍正朝》，紫禁城出版社，2003

年8月第一版。

37. 張榮:《養心殿造辦處史料輯覽第二、三輯乾隆朝》,紫禁城出版社,2012年12月第一版。

38. 故宮博物院編:《倦勤齋研究與保護》,紫禁城出版社,2010年9月第一版。

39. 清史編委會編:《清代人物傳稿》,中華書局,1995年7月第一版。

40. 江瀅河:《清代洋畫與廣州口岸》,中華書局,2007年2月第一版。

41. 〔美〕巫鴻:《重屏——中國繪畫中的媒材與再現》,世紀出版集團,上海人民出版社,2009年12月第一版。

42. 〔美〕方聞:《心印——中國書畫風格與結構分析研究》,陝西人民美術出版社,2004年2月第一版。

43. 胡巧利主編:《廣東方志與十三行——十三行資料輯要》,廣東人民出版社,2014年3月第一版。

44. 林柳源:《美術技法大全——世界歷代名畫家技法剖析》,四川美術出版社,1988年3月第一版。

45. 褚瀟白:《聖像的修辭:耶穌基督形象在明清民間社會的變遷》,中國社會科學出版社,2011年3月第一版。

46. 袁寶林:《比較美術教程》,高等教育出版社,1998年6月第一版。

47. 復旦大學文史研究院編:《西文文獻中的中國》,中華書局,2012年11月第一版。

48. 《熙朝崇正集、熙朝定案(外三種)》,韓琦、吳旻校注,中華書局,2006年9月第一版。

49. 〔唐〕張彥遠:《歷代名畫記》,京華出版社,2000年5月第一版。

50. 〔明〕顧起元:《庚巳編‧客座贅語》,譚棣華、陳稼禾點校,中華書局,1987年4月第一版。

51. 〔明〕姜紹書:《無聲詩史‧韻石齋筆談》,印曉峰點校,華東師範大學出版社,2009年11月第一版。

52. 〔明〕董其昌:《畫禪室隨筆》,上海遠東出版社,1999年1月第一版。

53. 〔清〕張潮:《虞初新志》,河北人民出版社,1985年8月第一版。

54. 〔清〕鄒一桂:《小山畫譜》,王其和點校纂注,山東畫報出版社,2009年4月第一版。

55. 〔清〕唐岱：《繪事發微》，周遠斌注釋，山東畫報出版社，2012 年 4 月第一版。

56. 〔清〕趙翼、姚元之：《簷曝雜記‧竹葉亭雜記》，李解民點校，中華書局，1982 年 5 月第一版。

57. 〔清〕印光任、張汝霖：《澳門記略》，趙春晨校注，廣東高等教育出版社，1988 年 7 月第一版。

58. 〔清〕汪啟淑：《水曹清暇錄》，楊輝君點校，北京古籍出版社，1998 年 6 月第一版。

59. 〔清〕張庚、劉瑗：《國朝畫徵錄》，祁晨越點，浙江聯合出版集團，浙江人民美術出版社，2011 年 12 月第一版。

60. 〔清〕胡敬：《國朝院畫錄》，清嘉慶刻本。

61. 〔清〕年希堯：《視學》，清雍正刻本。

62. 〔清〕沈宗騫：《芥舟學畫編四卷》，清乾隆辛丑年刻本。

63. 〔德〕湯若望：《遠鏡說》，早稻田大學藏本。

二、譯著

1. 〔意〕利瑪竇、〔比〕金尼閣：《利瑪竇中國箚記》，何高濟、王遵仲、李申譯，中華書局，2010 年 4 月第一版。

2. 〔法〕裴化行：《利瑪竇評傳》，管鎮湖譯，商務印書館，1993 年 3 月第一版。

3. 〔意〕利瑪竇：《利瑪竇全集》，羅漁譯，光啟出版社，輔仁大學出版社，民國七十五年六月初版。

4. 〔意〕馬國賢：《清廷十三年──馬國賢在華回憶錄》，李天綱譯，上海古籍出版社，2004 年 4 月第一版。

5. 〔捷〕嚴嘉樂：《中國來信》，叢林、李梅譯，大象出版社，2002 年 9 月第一版。

6. 〔法〕杜赫德：《耶穌會士中國書簡集──中國回憶錄》，鄭德弟、朱靜等譯，大象出版社，2001 年 1 月第一版。

7. 〔美〕嚴伯嘉：《利瑪竇紫禁城裏的耶穌會士》，向紅豔、李春園譯，董少新校，上海古籍出版社，2012 年 4 月第一版。

8. 〔法〕費賴之：《在華耶穌會士列傳及書目》，馮承均譯，中華書局，1995

年 11 月第一版。

9. 〔法〕榮振華:《在華耶穌會士列傳及書目補編》,耿昇譯,中華書局,1995 年 1 月第一版。

10. 〔法〕裴化行:《天主教十六世紀在華傳教志》,蕭濬華譯,商務印書館,民國二十五年六月初版。

11. 〔法〕謝和耐、戴密微等:《明清間耶穌會士入華與中西匯通》,耿昇譯,東方出版社,2011 年 1 月第一版。

12. 〔法〕謝和耐:《中國與基督教——中西文化的首次撞擊》,耿昇譯,商務印書館,2013 年 2 月第一版。

13. 〔英〕赫德遜:《歐洲與中國》,王遵仲、李申、張毅譯,中華書局,1995 年 4 月第一版。

14. 〔英〕斯當東:《英使謁見乾隆紀實》,葉篤義譯,商務印刷館,1963 年 11 月第一版。

15. 〔日〕關衛:《西方美術東漸史》,熊得山譯,上海世紀出版集團,2007 年 4 月第一版。

16. 〔法〕達尼埃爾‧阿拉斯:《繪畫史事》,孫凱譯,董強審校,北京大學出版社,2007 年 1 月第一版。

17. 〔英〕蘇立文:《東西方美術的交流》,陳瑞林譯,江蘇美術出版社,1998 年 6 月第一版。

18. 〔法〕伯德萊:《清宮洋畫家》,耿昇譯,山東畫報出版社,2002 年 1 月第一版。

19. 〔美〕高居翰:《氣勢撼人——十七世紀中國繪畫中的自然與風格》,李佩樺譯,生活‧讀書‧新知三聯書店,2009 年 8 月第一版。

20. 〔美〕高居翰:《山外山——晚明繪畫》,王嘉驥譯,生活‧讀書‧新知三聯書店,2009 年 8 月第一版。

21. 〔德〕羅爾夫‧托曼、阿希姆‧貝德諾茲、巴巴拉‧波隆加塞爾:《巴洛克藝術》,李建群、趙暉譯,北京美術攝影出版社,2013 年 3 月第一版。

22. 〔英〕E‧H‧貢布里希:《藝術與錯覺——圖像再現的心理學研究》,林夕、李本正、范景中譯,浙江攝影出版社,1987 年 11 月第一版。

23. 〔英〕孔佩特:《廣州十三行中國外銷畫中的外商(1700～1900)》,於毅穎譯,商務印書館 2014 年 9 月第一版。

24. 〔美〕瑪格麗特·L·金:《歐洲文藝復興》,李平譯,上海人民出版社,
　　2010 年 8 月第二版。

25. 〔瑞士〕海因里希·沃爾夫林:《藝術風格學——美術史的基本概念》,潘
　　耀昌譯,中國人民大學出版社,2004 年 1 月第一版。

26. 〔德〕馬克斯·多奈爾:《歐洲繪畫大師技法和材料》,楊鴻晏、楊紅太譯,
　　重慶出版社,1993 年 6 月第一版。

27. 〔美〕拉爾夫·邁耶:《美術術語與技法詞典》,邵宏、羅永進、樊林等譯,
　　江蘇教育出版社,2005 年 4 月第一版。

28. 〔英〕大衛·霍克尼:《隱秘的知識——重新發現西方繪畫大師的失傳技
　　藝》,萬木春、張俊、蘭友利譯,浙江人民美術出版社,2013 年 1 月第一
　　版。

三、期刊論文

1. 〔意〕伊拉里奧·菲奧雷:《畫家利瑪竇》,《世界美術》1990 年第 2 期。

2. 林梅村:《野墅平林圖考》,《文物》2010 年第 12 期。

3. 〔日〕小也忠重:《利瑪竇與明末版畫》,《新美術》1999 年第 3 期。

4. 莫小也:《游文輝與油畫利瑪竇像》,《世界美術》1997 年第 3 期。

5. 王慶餘:《利瑪竇攜物考》,《中外關係史論叢(第一輯)》1981 年。

6. 〔法〕伯希和:《利瑪竇時代傳入中國的歐洲繪畫與版刻》,《中華讀書報》
　　2002 年 11 月 6 日。

7. 聶崇正:《中國早期的油畫》,《中國油畫》1987 年第 1 期。

8. 水天中:《中國早期的油畫二》,《中國油畫》1987 年第 2 期。

9. 水天中:《油畫傳入中國及早期的發展》,《美術研究》1987 年第 1 期。

10. 水天中:《西方繪畫傳入中國的三條途徑》,《美術史論》1992 年第 3 期。

11. 汪洋:《明清時期西洋畫在中國的傳播及際遇》,《南京藝術學院學報(美
　　術與設計版)》2007 年第 2 期。

12. 文錚:《偏見與寬容——利瑪竇與中西美術的相遇》,《美術觀察》2008 年
　　第 8 期。

13. 羅世平:《中國古代的油畫》,《美術研究》2005 年第 3 期。

14. 秦長安:《油畫之發明與中國傳統油畫考》,《新美術》1994 年第 2 期。

15. 陳綬祥:《國畫的視覺機制》,《美術觀察》2008 年第 3 期。

16. 戎克：《萬曆、乾隆期間西方美術的輸入》，《美術研究》1959 年第 1 期。

17. 胡光華：《明清西方油畫傳入中國研究》，《美術》2004 年第 1 期。

18. 胡光華：《西方繪畫東漸中國的「第二途徑」研究蠡論》，《美術觀察》，1998 年第 1 期。

19. 胡光華：《傳教士與明清中西繪畫的接觸與傳通上》，《美術觀察》1999 年第 10 期。

20. 胡光華：《傳教士與明清中西繪畫的接觸與傳通下》，《美術觀察》1999 年第 11 期。

21. 聶崇正：《清代宮廷油畫肖像談》，《美術》1997 年第 6 期。

22. 聶崇正：《王致誠、艾啟蒙和潘廷章的油畫》，《美術》1990 年第 10 期。

23. 聶崇正：《清代外籍畫家與宮廷畫風之變》，《美術研究》1995 年第 1 期。

24. 聶崇正：《故宮藏清代早期油畫》，《美術觀察》1997 年第 9 期。

25. 聶崇正：《故宮倦勤齋天頂畫、全景畫探究》，《美術研究》2000 年第 1 期。

26. 趙瑞：《乾隆時期宮廷肖像畫》，《美術研究》1999 年第 1 期。

27. 孔令偉：《夷畫·儒畫——17、18 世紀海西法在不同人群中的反應》，《新美術》2002 年第 4 期。

28. 葉農：《明清之際西畫東漸與傳教士》，《美術研究》2004 年第 2 期。

29. 秦長安：《現存中國最早之西方油畫》，《美術觀察》1985 年第 4 期。

30. 梁光澤：《油畫〈木美人〉研究——中國早期油畫溯源之三》，《嶺南文史》2001 年第 2 期。

31. 吳楊波：《中國早期油畫〈木美人〉考辯》，《美術》2013 年第 4 期。

32. 鞠德源：《清宮廷畫家郎世寧年譜》，《故宮博物院院刊（紀念郎世寧誕生三百週年特輯）》1988 年第 2 期。

33. 湯開建：《清宮畫家法國耶穌會修士王致誠在華活動考述》，《國際漢學》2012 年第 2 期。

34. 湯開建：《澳門——西洋美術在中國傳播的第一站》，《美術研究》2002 年第 4 期。

35. 陳繼春：《澳門與西畫東漸》，《嶺南文史》1997 年第 1 期。

36. 莫小也：《澳門與早期中國外銷畫》，《美術觀察》2010 年第 1 期。

37. 莫小也：《近年來傳教士與西畫東漸研究評述》，《美術觀察》1997 年第 3 期。

38. 陳瀅：《清代廣州的外銷畫》，《美術觀察》1992 年第 3 期。

39. 陳瀅：《18 至 19 世紀的廣州外銷畫家及其藝術》，《美術》2013 年第 4 期。

40. 劉道廣：《曾鯨的肖像畫技法分析》，《美術觀察》1984 年第 2 期。

41. 徐書城：《透視學的歷史命運——中西繪畫比較研究》，《美術研究》1991 年第 2 期。

42. 劉逸：《〈視學〉評析》，《自然雜誌》10 卷第 6 期。

43. 劉逸：《〈視學〉的形成及其與透視學、畫法幾何學的關係》，《徐州師範大學學報（自然科學版）》1983 年第 1 期。

44. 沈康身：《〈視學〉再析》，《自然雜誌》13 卷第 9 期。

45. 楊澤忠、徐洪婷：《〈視學〉中透視方法之由來》，《山東師範大學學報（自然科學版）》2008 年第 4 期。

46. 王漢：《論〈畫答〉不論畫理》，《南京藝術學院學報（美術與設計版）》2010 年第 5 期。

47. 姚爾暢：《中國近現代油畫材料技法述略》，《中國油畫中國畫材》第 1、2 期。

四、外文著作及文獻

1. Ralph Mayer. The Artist's Handbook of Materials and Techniques. New York.VIKING. 1991.

2. Cennino d'Andrea Cennini. The Craftsman's Handbook "Il Libro dell' Arte". New York.Dover Publications,INC. 1954.

3. Michael Sullivan. The Meeting of Eastern and Western Art. New York. Graphic Society. 1973.

4. Michael Sullivan. The Chinese Response to Western Art. Art International 24(11-12,1980).

5. Berthold Laufer. Christian Art in China. Ostasiatische Studien,1910.

6. Jack S C Lee.China Trade Painting 1750s to 1880s. 中山大學出版社 2014 年 11 月第一版.

五、展覽圖錄

1. 《中西變奏——澳門油畫集》，澳門藝術博物館 2010 年 12 月。

2. 《東西共融——從學師到大師》，香港藝術館編製 2011 年 9 月。

3. 《利瑪竇——明末中西科學技術文化交融的使者》，首都博物館、上海博物館、南京博物院 2010 年。

附錄　14～18 世紀中西繪畫對照及
西畫東漸大事列表

公元紀年	歐洲繪畫	西畫東漸重要事件	中國繪畫	朝代紀年
14 世紀 1368	文藝復興開端 喬托（Giotto，約 1266～1337）意大利文藝復興藝術的先驅之一，喬托的藝術是歐洲中世紀與文藝復興的分水嶺，奠定了文藝復興藝術的現實主義基礎。喬托的主要創作形式是壁畫，代表作《逃亡埃及》。這一時期另一種主要的繪畫形式是坦培拉（tempera，是一種以水溶乳劑為載色劑的繪畫技法）繪畫，坦培拉技法始於古希臘、興於中世紀、盛於拜占庭時期，在早期文藝復興的意大利得到了發展和完備，它卓有成效地滿足了 15 世紀以前歐洲架上繪畫在技術和風格上提出的要求，		山水畫在元代躍居諸科之首，出現了對後世產生巨大影響的元四家。 黃公望（1269～1354 前後），代表作《富春山居圖》 吳鎮（1280～1354），代表作《漁父圖》 王蒙（1301～1385），代表作《青卞隱居圖》 倪瓚（1301～1374），代表作《漁莊秋霽圖》 始於唐代，成於五代的水墨畫在元代得到空前的發展。	元代 元、明朝代更迭。 至正二十八年朱元璋在應天稱帝，建立明朝，改元洪武。

15世紀				
	為契馬布埃（Cimabue，約 1240～1300）、杜喬（Duccio，約 1250～1318）和喬托等所運用。			
	早期文藝復興 布魯內萊斯基（Filippo Brunelleschi，1377～1446）			
	1412 年前，用鏡子描繪佛羅倫薩小洗禮堂，完成了線性透視法的實踐研究。		明代復設畫院，於宣德、成化、弘治最盛。 自宣德起，院體畫開始形成。	宣德 （宣宗1426～1435）
	北方的佛蘭德斯畫家通過反覆試驗發現了線性透視法，並開始探索空氣透視法，同時他們在探索新的繪畫媒介的過程中發明了油畫。實際上油畫是在15、16 世紀一百多年時間中逐漸發展起來的，但揚·凡·艾克(Jan van Eyck，約 1390～1441)長期以來一直被認為是油畫的發明者，其貢獻在於嘗試使用亞麻仁油、胡桃油和樹脂作為繪畫的媒介。	《木美人》，佚名（明中期以後）	浙派（江夏派） 戴進（1388～1462）《風雨歸舟圖》《關山行旅圖》 吳偉（1459～1508）《漁樂圖》	正統 （英宗1436～1449） 景泰 （代宗1450～1456） 天順 （英宗1457～1464）
	阿爾貝蒂（Leon Battista Alberti，1404～1472）在 1453 年的畫論《論繪畫》是透視法的理論總結。			成化 （憲宗1465～1487）
	坦培拉技法更加完善，代表畫家安吉利科（Angelico，約 1400～1455）波提切利（Botticelli，1444／5～1510），其在技術掌握上達到了高峰。			

15世紀末到16世紀20年代 1495 1503	盛期文藝復興 萊奧納多・達・芬奇（Leonardo da Vinci，1452～1519）《最後的晚餐》（1495～1498）、《蒙娜麗莎》（1503～1505） 明暗對照法開始運用於繪畫中。		吳門畫派 沈周（1427～1509） 《盧山高圖》、《煙江疊嶂圖》 文徵明（1470～1559） 《萬壑爭流》《石湖清勝圖》	弘治（孝宗1488～1505）
1508	米開朗基羅（Michelangelo Buonarroti，1475～1564）《創世紀》（1508～1512）		唐寅（1470～1523） 《王蜀宮妓圖》，《春山伴侶圖》	正德（武宗1506～1521）
1509	拉斐爾（Raffaello Sanzio，1483～1520）《雅典學院》（1509～1511） 德國畫家阿爾佈雷特・丟勒（Albrecht Dürer，1471～1528）把幾何學運用到藝術中來，其透視作圖法一直影響著不同時代的藝術家，被稱為「丟勒法」。		仇英（約1498／1502～1553） 《漢宮春曉圖》《右軍洗硯》	
1520～1580	樣式主義流行於意大利			嘉靖（世宗1522～1566）
1565	北方佛蘭德斯畫家彼得・勃魯蓋爾（Peter Bruegel the Elder，1525～1569）《獵歸》（1565）《盲人引路》（1568）	浙江寧波等葡萄牙人活動的沿海地區開始有西洋繪畫和雕塑。		隆慶（穆宗1567～1572）
1579		西班牙人阿爾法羅將筆致精妙五光燦爛的手繪聖像帶入中國內地；羅明堅從澳門進入內地。	松江派 董其昌（1555～1636）、莫是龍（1537～1595）首創「南北宗」與「文人畫」說。	萬曆（神宗1573～1619） 萬曆七年

1582	波倫亞卡拉奇學院創立。			
1583		利瑪竇進入中國內地，並與羅明堅一同到達廣東肇慶，在當地建立教堂，教堂內懸掛有聖母油畫像。十六世紀末《全球史事輿圖》《全球城色》等書由耶穌會士引進到中國。		萬曆十一年
1589	巴羅克藝術時期安尼巴萊·卡拉奇（Annibale Carracci，1560～1609）意大利羅馬法爾內塞宮天頂壁畫（1597～1601）	利瑪竇分別在韶州、南昌、南京等地傳教，展示並贈送其所攜帶的西洋美術品。		萬曆十七年
1601		利瑪竇入京進呈貢物，其中有三幅聖像油畫，傳在京期間繪製《野墅平林圖》。		萬曆二十八年
1602	卡拉瓦喬（Caravaggio，1571～1610）《召喚聖馬太》（1599～1602）	利瑪竇繪製《坤輿萬國全圖》。		萬曆三十年
1606			《程氏墨苑》刊行，收錄四幅西洋宗教畫，為利瑪竇所贈。	萬曆三十四年
1610	魯本斯（Peter Paul Rubens，1577～1640）《基督下十字架》（1612～1614）《瑪麗·美第奇在馬賽登岸》（1622～1625）	利瑪竇卒於北京。游文輝繪製油畫《利瑪竇像》。倪雅谷在澳門繪製《聖彌額爾大天使》木版油畫。		萬曆三十八年泰昌（光宗1620）天啟（熹宗1621～1627）
1626		湯若望《遠鏡說》初刻。		崇禎（思宗1628～1644）

1629		畢方濟《畫答》初刻。	曾鯨（1568～1650）及波臣派《張卿子像》（1622）	崇禎二年
1630		《遠鏡說》刊印，湯若望由徐光啟疏薦，供職于欽天監。	崔子忠（？～1644）《長白仙跡圖》	崇禎三年
1640		巴伐利亞國王託湯若望轉贈明帝「彩繪天主降凡一生事蹟各圖」和「蠟質裝成三王來朝天主像一座」。	陳洪綬（1599～1652）《西廂記》《博古葉子》	崇禎十三年
1642	倫勃朗（Rembrandt van Rijn，1606～1669）《夜巡》		龔賢（1618～1689）等金陵八家	
1643	路易十四即位，法國藝術開始逐漸取代意大利在歐洲的影響力。		清初四王與吳、惲和四僧	
1644				明崇禎十七年、清順治元年，明亡，清入關。
1656	委拉斯貴支（Diego Velazquez，1599～1660）《宮娥》 維米爾（Jan Vermeer，1632～1675）《繪畫的寓言》（1666～1667）	意大利耶穌會士利類思（P·Ludovicus Buglio，1606～1682），1637年即來華，曾在清宮中展示透視法繪成的繪畫。		康熙（聖祖1662～1722）
1688		法國傳教士白晉等抵京，為康熙講授幾何學和解剖學，繪製《皇輿全覽圖》。		康熙二十七年
1691			王翬、冷枚等繪製《康熙南巡圖》。	康熙三十年
1693	意大利畫家安德烈奧·波佐（Andrea Pozzo 1642～1709），他於1693年作《透視畫法和構圖》一書，該書於1698年在羅馬發行後不久就被傳教士帶到了中國。			
1696			焦秉貞繪製《耕織圖》。	康熙三十五年
1699		白晉再次來華，帶來了法國國王託他轉贈康熙皇帝的一冊銅版畫集。		康熙三十八年
1700		意大利人格拉蒂尼（Giovanni Gheradini）來到北京，以畫家身份供奉		康熙三十九年

		宮廷。為皇室成員繪製肖像，並在宮內向中國學徒教授透視法和油畫技法。	
1702		格拉蒂尼用巴洛克風格繪製了耶穌會北堂的天頂畫和壁畫。	康熙四十一年
1704		格拉蒂尼返回歐洲。	康熙四十三年
1711		意大利人馬國賢（Matteo Ripa 1682～1745）和山遙瞻、德理格一起作為「技巧三人」入宮，他是清宮第一位傳教士畫家。馬國賢為康熙繪製肖像，創作了不少油畫作品和還在宮廷指導過繪畫學徒。	康熙五十年
1714		銅版畫《避暑山莊三十六景》。	康熙五十三年
1715	路易十四卒；路易十五即位，洛可可藝術時期。	郎世寧（Giuseppe Castiglione 1688～1766）到達中國，並於康熙末年入宮。	揚州八怪	康熙五十四年
1717	華托（Antoine Watteau，1684～1721）《發舟西苔島》		
1723		郎世寧畫《聚瑞圖》，並奉命繼續教徒。	雍正（世宗1723～1735）
1724		馬國賢回國；郎世寧作《百駿圖》。	雍正二年
1729		年希堯出版《視學精蘊》。	莽鵠立繪製《果親王允禮像》。	雍正七年
1735	弗拉戈納爾（Jean Honore Fragonard，1732～1806）《秋韆》	《視學精蘊》再版更名《視學》。		雍正十三年乾隆（高宗1736～1795）

1736		設畫院處、如意館。	乾隆元年
1738			乾隆三年
1740	夏爾丹（Jean Baptiste Simeon Chardin，1699～1779）《餐桌上的禮儀》	法國耶穌會傳教士王致誠（Jean Denis Attiret 1702～1768）入宮。	
1742	布歇（Francois Boucher，1703～1770）《沐浴中的戴安娜》		
1745		波西米亞耶穌會傳教士艾啟蒙（Ignatius Sickeltart 1708～1780）入宮；法國人耶穌會士蔣友仁（P・Michael Benoist 1715～1774）入宮。	乾隆十年
1746		金昆等繪製《大閱圖》。	乾隆十一年
1754		王致誠赴熱河畫少數民族首領油畫臉像十二幅；郎世寧、王致誠和艾啟蒙前往熱河繪製阿睦爾撒納油畫肖像。	乾隆十九年
1755		王致誠繪製《乾隆射箭油畫掛屏》；郎世寧畫阿玉錫油畫臉像；郎世寧、王致誠和艾啟蒙再次前往熱河繪製厄魯特首領像；郎世寧畫御容油畫。	乾隆二十年
1756		郎世寧畫達瓦齊油畫臉像。	乾隆二十一年
1757		廣州一口通商，口岸外銷畫興起；郎世寧為南堂作壁畫。	乾隆二十二年
1758	提埃波羅（Giovanni Battista Tiepolo，1696～1770）		

	《雷佐尼科與薩沃格南婚姻之喻》		
1762	意大利奧斯汀會傳教士安德義（Joannes Damascenus Salusti ?～1781）入宮；郎世寧繪製《平定西域戰圖》畫稿。	畫院處歸併於琺瑯處。	乾隆二十七年
1764	郎世寧、王致誠、艾啟蒙、安德義等繪製的《平定西域戰圖》完成，陸續交粵海關轉交法國鐫刻銅版畫。	徐揚繪製《乾隆南巡圖》（絹本）。	乾隆二十九年
1766	郎世寧卒於北京。		乾隆三十一年
1768	王致誠卒於北京。		乾隆三十三年
1770	法國耶穌會傳教士賀清泰（Louis de Poirot1735～1814）來到中國，大約兩年後進入宮廷。		乾隆三十五年
1771	意大利耶穌會傳教士潘廷章（Joseph Panzi 1733～1812）來華，次年入宮供職；艾啟蒙和潘廷章受命為平定大小金川叛亂的功臣繪製了油畫肖像，至乾隆四十一年完成。		乾隆三十六年
1773	安德義離開宮廷，擔任天主教北京教區的主教。		乾隆三十八年
1774	蔣友仁卒於北京；廣州口岸外銷畫家Spoilum 繪製玻璃肖像畫。		乾隆三十九年

1775		艾啟蒙、姚文翰繪製《平定金川戰圖》。		乾隆四十年
1776		潘廷章為東堂繪聖母無罪像。		乾隆四十一年
1780		艾啟蒙卒於北京。		乾隆四十五年
1781		安德義卒於北京。		乾隆四十六年

後　記

　　本書是在我的博士學位論文基礎上修改而成的。2010 年至 2014 年，我在首都師範大學美術學院攻讀油畫創作與理論研究方向博士學位，師從國內坦培拉繪畫領域的專家、著名畫家劉孔喜教授。由於是工作多年後在職學習，論文撰寫期間備受各種瑣事困擾，加之學識所限，辛苦艱難自不待言，現在重新整理文稿，結集付梓，也算是對這四年付出的一種回報。在此特向一直關心、幫助我的師長、朋友和家人表示誠摯的謝意。

　　首先感謝導師劉孔喜教授，四年中先生傾注了大量心血，就專業學習以及論文的選題、構思、寫作等方面問題悉心指教，嚴謹細膩的教學風格使我如沐春風，令我在專業和論文寫作上獲益匪淺，這次書稿的出版也得益於先生的大力推薦。

　　在論文寫作過程中，常銳倫、李福順、孫志鈞、尹少淳、段正渠、謝繼勝、寧強、丁方等諸位博士生導師，多有賜教，指點迷津，使我深受啟迪。主瑪于江、呂鵬、劉學惟、段鵬博士，不僅給予我寫作方面的建設性建議，還饋贈了可資參考的論文資料。我的同事白雁、桂小虎、劉彥、孫滌等老師，他們分享了各自研究領域的 極有價值的材料和信息，使我的寫作思路更加清晰、視野更加開闊。首都師範大學美術學院劉進安、蘆豔芳、常建勇、韓振剛、吳明娣、王自彬、李南、英帆和武琳琳等諸位領導和老師，在繁忙的事務中抽出寶貴的時間，給予我生活上的關心和業務上的支持。同期的蘇剛同學，學習期間對我幫助良多，事無大小，多有煩勞，我們一起度過了最值得珍視和懷念的日子。

　　此外，遼寧省博物館馬寶傑館長、廣東新會博物館林文斌副館長、首都博

物館倪葭女士、澳門藝術博物館吳方洲先生、北京故宮博物院鄒一葦先生、上
海師範大學姚爾暢教授、上海大學李超教授、中央美術學院于洋教授，他們為
我提供了寶貴的研習、觀摩機會以及專業上的指導和幫助。

最後感謝我的家人的全力支持，如果沒有他們的理解和鼓勵，很難想像我
能走到今天。

以上人士的無私幫助，令我的學習生涯更加難忘，現在想來還倍感親切溫
暖，激勵鞭策我完成書稿的修改和完善。受惠於花木蘭文化事業有限公司多年
來的文化堅守以及在學術出版方面的不懈努力，本書能夠有機會以繁體版論
著形式付諸於眾。在此，謹以《碰撞與匯通》一書，作為這一階段學習和探索
的總結，不揣淺陋，敬陳管見，對於此領域的研究，畢竟是綆短汲深，錯誤疏
漏之處，希望各位專家、學者批評指正。

陳晟　2014 年 5 月　初稿於北京花園村
2022 年 6 月　修訂於北京萬泉莊